Neue
LÖSUNGEN
FÜR VERTRAUTE PROBLEME

Entdecke
Deinen
SCHLÜSSEL
ZUR
PSYCHE

Die Pusteblume -
Symbol für Veränderung

Neue
LÖSUNGEN
FÜR VERTRAUTE PROBLEME

Entdecke
Deinen
SCHLÜSSEL
ZUR
PSYCHE

Impressum

© 2017 Reinhardt Krätzig

2. leicht überarbeitete Auflage

Herstellung und Verlag:

BoD – Books on Demand, Norderstedt

ISBN 978-3-7448-0206-2

Printed in Germany

Textkorrektur: Christa Fengler, Summt, Mühlenbecker Land

Beratung Cover-Gestaltung: A. Krätzig, Berlin

Titelfoto: «Fliegende Löwenzahn Samen», © Urheberrecht: billiondigital, über depositphotos.com, ID: 114728738

Sicher kennen Sie diese Momente, in denen Sie sich vollkommen überzeugt entschließen, ab heute etwas anders zu machen und jetzt endlich eine Veränderung in Ihr Leben zu bringen. Ich komme nicht mehr zu spät, mache bei der Arbeit früher Schluss, höre mit dem Rauchen auf, streite mich nicht mehr mit dem Partner oder ... Vielleicht kriegen Sie es sogar ein paar Mal hin, Ihr »vertrautes« Problem anders anzugehen - aber einige Zeit später ist doch alles wieder wie vorher.

Vielleicht denken Sie, dass Sie zu willensschwach sind, vielleicht denken Sie auch darüber nach, ob dieses Problem vielleicht zu Ihrem Leben dazugehört und Sie sich damit abfinden müssen.

Beide Überlegungen gehen in eine falsche Richtung, denn die meisten Probleme entstehen lediglich, weil etwas Wesentliches in Ihrem Leben fehlt. Warum das so ist, werden Sie gleich erfahren. Solange das Fehlende nicht da ist, bleibt alles Bemühen vergeblich. Mit Ihrem »Schlüssel zur Psyche« greifen Sie wirkungsvoll in dieses System ein und können sich damit endlich von vielen unangenehmen Gewohnheiten verabschieden.

Im Buch erfahren Sie in anschaulicher Weise, wie Sie Ihren »Schlüssel« finden und wie Sie ihn zur Selbsthilfe benutzen. Sie erhalten Zugang zu einem Werkzeug aus der praktischen psychotherapeutischen Arbeit.

INHALTSVERZEICHNIS

ZUM BUCH

Der »Schlüssel zur Psyche« ist aus der praktischen psychotherapeutischen Arbeit entstanden. Er hat sich in vielen Jahren als wirksames Instrument im Umgang mit sehr unterschiedlichen Problemfeldern erwiesen. Er ist gut als Werkzeug zur Selbsthilfe geeignet. Je mehr die betroffene Person damit arbeitet, umso größer wird der Nutzen. Daher lag es nahe, das Wissen um den »Schlüssel zur Psyche« auch als Buch herauszugeben und so einer breiteren Öffentlichkeit zu ermöglichen, davon zu profitieren.

Die Idee zum »Schlüssel« entstand aus der Beobachtung, dass viele Alltagsprobleme und insbesondere jene, die uns besonders belasten, nicht zufällig entstehen. Es zeigte sich, dass diese ganz eng mit dem verknüpft sind, was wir in unserem Leben ganz besonders vermissen. Meist ist uns dieser Mangelbereich überhaupt nicht bewusst, genauso wenig, wie unsere daran angeknüpfte Suche. Belastungen in der Zeit unserer Kindheit - aufgrund von Mängeln und Unstimmigkeiten - lösten diese Suche aus, Das, was fehlte, sollte endlich in das Leben kommen.

Dieser Zusammenhang liefert auch eine Erklärung, warum diese Suche so viele Probleme erzeugt. Denn immer, wenn wir in diese unbewusste Suche hineinfallen, verwenden wir dieselben Verhaltensmuster, mit denen wir es auch schon als Kind versucht hatten. Dass diese nicht mehr passen, ist vermutlich nachvollziehbar.

Mit dem »Schlüssel zur Psyche« greifen wir in dieses System ein. Wir erschließen zuerst das Fehlende und bringen es dann ins Erleben. Damit geschieht etwas Beeindruckendes: Sofort entsteht ein gutes Gefühl. Man entspannt, erlebt innere Ruhe und Frieden – und findet endlich konstruktive Lösungen für etliche Probleme.

Viele Belastungen verschwinden sofort.

Ich möchte den Hinweis hinzufügen, dass dieses Buch kein

Ersatz für eine Psychotherapie sein kann. Es ist für ganz normale Menschen mit ganz normalen Problemen geschrieben. Leiden Sie unter einer seelischen Erkrankung sollten Sie sich die Unterstützung durch einen Psychotherapeuten suchen. Es kann aber sehr gut als Begleitung zu einer laufenden oder als Auffrischung zu einer bereits abgeschlossenen Psychotherapie eingesetzt werden.

Auch für Fachleute, die sich mit der persönlichen Entwicklung von Menschen beschäftigten, kann das Wissen über den Schlüssel zur Psyche sehr dienlich sein. In der Fachsprache formuliert, wird hier ein Zugang zu einer individuellen Ressource geliefert, die mit Hilfe innerer Bilder unter Zugriff auf Erinnerungen und Fantasien er- und verarbeitet wird und in der Lage ist, gegebene Erregungs- und Spannungszustände zeitnah aufzulösen. In einem erweiterten Ansatz ist damit auch Traumaverarbeitung und Heilung seelischer Wunden möglich. Dies ist aber nicht Gegenstand dieses Buches.

Das finden Sie im Buch

Für das Konzept vom »Schlüssel zur Psyche« ist es wesentlich, die eigene Person als in ihrer Geschichte gewordene sehen zu können. Nur auf diesem Hintergrund können die wirklich wichtigen eigenen Bedürfnisse erkannt und verstanden werden und erst dann werden Sie Ihren Schlüssel finden. Verstehen Sie sich bereits in dieser Weise, können Sie auch direkt mit Teil 2 anfangen. Sollten Sie aber noch überzeugt sein, Ihre Probleme allein mit Ihrem Willen vielleicht dadurch lösen zu können, dass Sie sich nur mehr anstrengen oder mehr zusammenreißen, dann empfehle ich Ihnen, mit Teil 1 zu starten und vielleicht auch schon mal einen Blick in den Theorieteil in Teil 4 zu werfen.

Im Teil 1 »Kindheitserfahrungen« vermittele ich Ihnen einen Eindruck, wie Kindheitserfahrungen die Psyche beeinflussen und welche Auswirkungen das auf die erwachsene Person hat. Viele Menschen sind überzeugt, von den Geschehnissen in ihren ersten Lebensjahren vollkommen frei zu sein. »Ach, das ist alles längst vorbei!«, höre ich oft. Tatsächlich lernt ein Kind schon in den ersten Jahren, seinen Platz im Miteinander zu finden und das, was es dort lernt, bestimmt sein weiteres Leben. Negative Erfahrungen haben dabei einen besonderen (und manchmal tragischen) Stellenwert. Aus ihnen erwachsen viele Stärken und Fähigkeiten, sie werden aber auch zur Ursache vieler Probleme der späteren Erwachsenen. Unsere Psyche ist perfekt darin, im Heute das Damals wieder zu entdecken bzw. hinein zu interpretieren. Wer das nicht weiß, kann sich dem nicht entziehen und bleibt darin gefangen.

Im Teil 2 steigen wir in die Praxis sein. Mit der Suche nach einem Schlüssel für eine aus Ihrem Leben beliebig ausgewählte Problemsituation, gestalten wir einen leichten Einstieg. Danach finden wir heraus, welche Not, welcher Mangel oder welche Unstimmigkeit in Ihrem Leben eine besondere Rolle (Lebensthema) spielt und was Ihre Psyche als positive Antwort darauf braucht. Da die Lösung bei jedem Menschen anders lautet, gibt es hier keine allgemeingültigen Aussagen, sondern stattdessen Unterstützung bei der Selbstbeobachtung und -befragung – ergänzt durch viele Beispiele aus der Praxis. So werden Sie angeleitet, Ihren eigenen »Schlüssel zur Psyche« zu erarbeiten und dann auch zu benutzen.

Den eigenen Schlüssel anzuwenden, wird immer als angenehm erlebt. Die Psyche bekommt das, wonach sie hungert. Es ist faszinierend zu beobachten, was es mit einem Menschen macht, wenn das, was in der Tiefe der Person gebraucht wird, auf einmal da ist. Für jeden ist es anders: Frieden, Entspannung, Ruhe, Gelassenheit, Lebendigkeit, Frische, Perspektive und vieles andere werden genannt.

Damit das Ganze nicht zur Eintagsfliege wird, geht es im anschließenden Teil 3 - »Das Bewusstsein trainieren« darum, eine Beobachterinstanz zu errichten, die das Geschehen im eigenen Kopf im Blick behält. Es geht um die Fähigkeit, Rückfälle in alte Verhaltensweisen zu erkennen, um sie zu verhindern oder wenigstens nicht lange darin zu verweilen. Sie bekommen eine Einführung in Techniken zur Kontrolle Ihres Denkens und Fühlens. Im anschließenden Abschnitt »In die Aktivitäten des eigenen Gehirns eingreifen« geht es schließlich um Anregungen und Aufgaben, wie Sie mit den neu errungenen Fähigkeit umgehen sollen.

Wenn Sie bis hierher fleißig mitgemacht haben, verfügen Sie jetzt über ein kraftvolles Instrument zur Veränderung Ihres Lebens und Sie haben vermutlich auch schon in angenehmer Weise erfahren, was Sie damit bewirken können.

Der Teil 4 - »Theorie« ist ein Anhang. Er bietet eine Auswahl neuerer Erkenntnisse der Neurobiologie und Neuropsychologie und wir schauen auf das Zusammenwirken von bewussten und unbewussten Anteilen der Psyche bei der Steuerung eines Menschen. Um mit dem Schlüssel zur Psyche zu arbeiten, brauchen Sie dieses Wissen nicht, aber es hilft dabei, etwas skeptischer auf das eigene Bewusstsein zu schauen und mehr Respekt vor dem zu haben, was in der eigenen Person unbewusst abläuft. Wir Menschen haben so viele Jahre mit falschen Vorstellungen über die Organisation der Psyche und die Rolle des Bewusstseins darin gelebt, dass sich diese Vorstellungen tief in unser Selbstverständnis eingegraben haben. Sowohl das Bewusstsein als auch die unbewusste Psyche werden dabei falsch eingeschätzt. Das Bewusstsein bekommt einen viel zu hohen Rang und die unbewusste Psyche zu wenig Beachtung. Die Überschätzung des bewussten Willens hat ihre Gründe in der Natur des Bewusstseins. Es entspricht einfach nicht seiner Art, die eigene Begrenztheit zu sehen und anzuerkennen, dass es oft nur als Assistent des emotionalen Gehirns dient. Lieber denkt es sich als frei, mächtig und unabhängig. Aber es ist nicht »Herr im Hause«, sondern wird insbesondere dann von den unbewussten Seiten der Psyche dominiert, wenn zentrale Themen der eigenen Person berührt werden. Deshalb macht es durchaus Sinn, den eigenen Gedanken und Gefühlen manchmal zu misstrauen und sich ihnen womöglich sogar entgegen zu stellen. Es hilft auch zu wissen, dass es im Seelenleben nicht logisch zugeht, mit eindeutiger Meinung, Haltung und Moral, sondern dass ein Mensch durchaus zwei oder mehr Standpunkte gleichzeitig vertreten kann. Hinter dem Ich steckt ein Wir, also eine Vielheit verschiedener Aspekte derselben Person. Darüber hinaus hat ein Mensch keinen objektiven Zugang zur Realität. Was er als Wirklichkeit erlebt, ist im Wesentlichen ein Produkt der eigenen Person. Weil das Bewusstsein zu allem was geschieht, immer eine Erklärung finden will, sucht es überall nach Mustern und Ordnungen. Dabei hat es die Fähigkeit, auch aus absurden Konstellationen stimmige Geschichten zu formen – ein weiterer Grund, dem, was sie über sich und die Welt denken, nur bedingt zu vertrauen.

Ich wünsche Ihnen bei Ihrer Schlüsselsuche ein gutes Gelingen und viel Erfolg beim Hantieren mit dem Schlüssel.

Reinhardt Krätzig

EINLEITUNG

Die vertrauten Probleme entstehen, weil wir in immer gleicher Weise irgendwie falsch handeln. Wir kommen dauernd zu spät, machen alles viel gründlicher, als es eigentlich nötig wäre. Wir arbeiten zu viel oder zu wenig, haben dauernd schlechte Laune, können nie Abschalten oder geraten immer wieder in Streit mit dem Partner, den Kindern, Eltern oder Kollegen.

Neue Lösungen für vertraute Probleme – wieso braucht man das überhaupt? Warum verschwinden diese Probleme nicht von allein? Wir lernen alles Mögliche im Laufe unseres Lebens, wie fremde Sprachen, den Umgang mit neuer Technik und auch neue Weisen mit anderen umzugehen und wieso sollte es da nicht gelingen, an die eigenen Problemzonen heranzukommen. Wenn wir ein paarmal denselben Fehler gemacht haben, dann könnten wir es doch ändern - denken wir - und machen dann doch wie vorher weiter. Von allein passiert da gar nichts und wer es schon probiert hat, weiß, wie sehr sich die eigene Psyche wehrt.

Stress
Das hat etwas mit der Konstruktionsweise unseres Gehirns zu tun. Die unbewusste Psyche – die Instanz, welche die Hauptverantwortung für die Auswahl des jeweiligen Verhaltens trägt – kann nämlich nur dann Neues lernen, wenn sie nicht unter Stress steht. Immer wenn Stress herrscht, greift sie nur auf bekannte Muster zurück[1] und das sind dann meist solche, die bereits in der Kindheit gelernt worden waren. Diese waren unter ganz anderen Bedingungen entstanden, passen jetzt einfach nicht mehr und erzeugen die vertrauten Probleme.

Um Neues zu lernen, müsste man zunächst stressfrei werden. Aber schon ganz subtiler, unterschwelliger Stress reicht aus, dieses Vorhaben zu vereiteln. Solcher Stress entsteht bereits, wenn durch das aktuelle Geschehen sensible Bereiche berührt werden, auch wenn das bewusst nicht registriert wird

---

1   Im Theorieanhang, ab Seite 175 können Sie mehr darüber erfahren.

Sensible Bereiche - Lebensthema

Was ist unter »sensiblen Bereichen« zu verstehen? Wenn ich Sie jetzt fragen würde, was so ein sensibler Bereich bei Ihrem Partner oder Ihrer Freundin ist, würden Sie vermutlich nicht lange überlegen müssen. Bei anderen lernen wir relativ schnell, welche Themen unser Gegenüber schnell unruhig werden lassen. Manche kennen auch die eigenen sensiblen Bereiche, viele aber nicht. Solche Stellen, auf die man ungern gestoßen wird, hat jeder Mensch. Wir bringen sie aus unserer Kindheit mit. Sie entstehen aus dem, was damals für unser Erleben nicht stimmte, zu viel oder zu wenig war. Auch wenn ich immer wieder Menschen begegne, die überzeugt sind, eine wunderbare Kindheit gehabt zu haben, kann man allein aus ihren Problemen ablesen, dass es da doch etwas gegeben haben muss. Ich bin überzeugt, dass jede Kindheit auch Belastungen mit sich bringt, einfach deshalb, weil Eltern eben auch nur Menschen sind und Menschen Grenzen haben und damit nur über eingeschränkte Möglichkeiten verfügen.

Jede Kindheit ist anders und deswegen ist das, was sich da bei einem als besondere Last herauskristallisiert, auch anders als bei jedem anderen. Das müssen keine massiven Traumata sein, wie Übergriffe, Prügeleien und ähnliches. Auch in einer insgesamt als gut erlebten Kindheit gibt es Lasten. Hier bleibt ein Kind mal zulange allein, dort schenken die Eltern nicht die notwendige Beachtung. Auch scheinbare Kleinigkeiten können von einem Kind als belastend erlebt oder einfach falsch interpretiert und der Ausgangspunkt für Denkweisen und Verhaltensmuster werden, die lebenslang erhalten bleiben. Bei einigen fehlte Anerkennung, emotionale Unterstützung, elterliche Begleitung oder einfach mal in Ruhe gelassen zu werden. Manchen fehlte ein Zuhörer, anderen Wertschätzung, liebevolles Miteinander oder …

Weil unser Gehirn so funktioniert wie es funktioniert, bleiben diese Themen erhalten. Das, was man als Kind so sehr vermisste, vermisst man auch noch als Erwachsener und versucht – meist unbewusst – immer noch, es zu finden.

So ein Thema hat jeder Mensch. Es geistert durch sein gesamtes Leben und wird dabei zur Ursache für belastende Verstrickungen, ungelöste Konflikte, Ängste, inneren Druck, Unruhe et cetera, kurz gesagt, für die meisten Probleme. Obwohl es eine so dominante Rolle spielt, ist den meisten Menschen ihr eigenes Thema - nennen wir es Lebensthema - vollkommen unbekannt.

Was nutzt uns dieses Wissen über die Verbindung zwischen den Gegenwartsproblemen und dem, was sich in der Kindheit als zentrales Thema herauskristallisiert hatte?

Der Schlüssel - eine positive Antwort auf das Lebensthema

Wir werden das nachher noch genauer herausarbeiten, an dieser Stelle sei schon mal benannt, dass der Schlüssel zur Psyche, mit dem wir hier operieren, eine positive Antwort auf das Lebensthema eines Menschen liefert. Die (meist) unbewusste Suche eines Menschen kommt mit Hilfe seines Schlüssels unmittelbar zu einem Ende. Damit hört von einem Moment auf den anderen der unterschwellige Stress auf, der bislang immer für das Aufrufen der alten Verhaltensmuster gesorgt hatte. Dadurch wird es jetzt möglich, Neues zu lernen und das betrifft auch die vertrauten, aber doch so störenden und belastenden Probleme.

Ein kleines Wunder mit tiefgehender Wirkung

Den eigenen Schlüssel zur Psyche zu finden, ist gar nicht so schwer. Man muss nur genau sein, weil er für jeden Menschen anders aussieht. Die Wirkung ist aber bei allen gleich faszinierend. Denn wenn man einen Schlüssel zur Psyche anwendet, geschieht etwas sehr Beeindruckendes, beinahe wie ein kleines Wunder. Von einem Moment auf den anderen entsteht ein gutes Gefühl. Man entspannt und erlebt innere Ruhe und Frieden. Der Schlüssel berührt seinen Nutzer offenbar an ganz zentraler Stelle.

Mit so einem Schlüssel kann man eine ganze Menge anstellen. So ziemlich alles, wobei einem ein gutes Gefühl und ein klarer Kopf helfen. Zum Beispiel Probleme am Arbeitsplatz angehen oder die aus der Partnerschaft. Aus diesem Schlüssel-Erleben heraus findet man leichter als sonst stimmige Lösungen. Manche Probleme werden auch gar nicht mehr als solche erlebt, weil eine gute innere Distanz entstanden ist. Auch wenn es darum geht, grundlegende Entscheidungen zu treffen oder wenn man nervende Begleiter wie ein Übergewicht oder das Rauchen los werden will, verschafft man sich mit dem Schlüssel zur Psyche eine andere Ausgangsposition.

Wer nun seinen Schlüssel gefunden hat und regelmäßig damit arbeitet – das erfordert nur wenige Minuten pro Tag – greift damit ziemlich tief in sein Leben ein, weil er direkt auf die Ursache der meisten Probleme im eigenen Leben einwirkt. Die eigene Psyche lernt dabei auch, das Problem erzeugende Verhalten nicht mehr anzuwenden. Die Psyche wird also neu programmiert.

Das Leben als Wandertheater

Bis hierher hatte ich nur von den kleinen »vertrauten Problemen« geredet. Solche Wiederholungen von negativen Ereignissen passieren aber nicht nur im Kleinen, sondern auch im Großen. Schaut man aus einer gewissen Distanz auf das Leben eines Menschen, dann sieht man, wie sich auch in größerem Maßstab die immer gleichen Abläufe wiederholen. So, als wäre das Leben ein Wandertheater. Auf ständig wechselnden Bühnen wird immer wieder dasselbe Stück inszeniert. Die Mitspieler und Statisten wechseln, aber der Hauptakteur bleibt, ebenso wie der Ablauf. Auch in großem Maßstab treffen wir auf das Lebensthema der betreffenden Person. Die Titel der »Theaterstücke« heißen: »Das wiederholte Scheitern«, »Die nicht erwiderte Liebe«, »Vergebliches Bemühen«, »Unbelohnte Leistung«, »Nicht gehört werden« oder »Nicht gesehen werden«, »Fehlende Wertschätzung« und vieles mehr. Es sind vor allem die negativen Aspekte des Seins, die sich offenbar in großer Penetranz immer wieder abspielen. Zeit, Ort und Umstände sind immer etwas anders, aber das Grundprinzip bleibt das gleiche.

Auch hier hilft der Schlüssel zur Psyche. Hat man es erst einmal geschafft, den kleinen Wiederholungen ein Ende zu bereiten, werden auch die großen bald versiegen.

An der Praxis orientiert

Das Buch liefert Ihnen einiges an Wissen, aber das vorrangige Ziel bleibt durchgängig, dass Sie zu Ihrem eigenen individuellen Problemlöse-Schlüssel kommen und auch lernen, wie Sie diesen anwenden.

Im folgenden Abschnitt geht es zunächst darum, wie Kindheitserfahrungen die Psyche beeinflussen und welche Auswirkungen das auf die erwachsene Person hat. Dieses Wissen soll Sie bei Ihrer Suche nach Ihrem Schlüssel unterstützen. Wenn Sie sich jetzt nicht damit auseinander setzen wollen, können Sie auch direkt mit dem Teil 2, ab Seite 59 fortfahren.

ALTE MUSTER, VERTRAUT UND UNGELIEBT

Der Schlüssel zur Psyche ist ein Gegenmittel gegen alte Verhaltensmuster. Wir verwenden ihn für die unangenehmen und unpassenden eigenen Verhaltensweisen und insbesondere für solche, in die man immer wieder hineingerät, gleich, ob man das will oder nicht. Verhalten ist ein komplexes Geschehen, in dem Begriff wird zusammengefasst, was ein Mensch gerade fühlt, denkt und handelt. Grundlegende Verhaltensweisen lernt ein Mensch in seiner Kindheit und wenn man wiederholt in ähnlicher Weise auf bestimmte Situationen reagiert, stammt die Vorlage für dieses Verhalten mit Sicherheit aus den eigenen frühen Jahren. Deshalb rede ich hier auch von »alten« Mustern. Dabei geht es mir hier nur um die alten Muster, mit denen man sich immer wieder in Probleme hineinreitet. Die anderen, aus der eigenen Kindheit stammenden Verhaltensweisen, mit denen man ganz gut fährt, habe ich hier nicht im Fokus.

Wurden Sie auch schon mal von Freunden oder gut meinenden Kollegen darauf hingewiesen, dass Sie eine bestimmte Weise zu reagieren doch besser mal verändern sollten oder mussten Sie gar erleben, wie sich Widersacher über Ihr Tun lustig machen, dann haben Sie hier vermutlich Hinweise auf genau solche alten Problemmuster bekommen. Diese sind also daran zu erkennen, dass sie einen selbst und meist auch die Menschen in der Umgebung belasten oder zumindest irritieren. Wenn man aber gerade in einem solchen Muster drinsteckt, merkt man zwar die Belastung, aber ahnt nicht im Geringsten, dass das jetzt kein gutes Muster ist. Man fühlt sich vielleicht nicht wohl, ist sauer, sieht sich mal wieder ungerecht behandelt und denkt, dass der eigene Zorn vollkommen angemessen ist. Man fühlt sich im Recht und das eigene Denken, Fühlen und Handeln erscheint einem vollkommen angemessen. Erst wenn man wieder »runter« gekommen ist und etwas innere Distanz hat, merkt man (vielleicht), dass hier irgendetwas nicht stimmte und, dass man selber wieder auf alten Schienen unterwegs war. Wirklich sichtbar werden alte Muster also erst rückblickend.

Wenn Sie Ihre Erinnerung durchforsten, können Sie Ihre eigenen alten Muster in allen Problemzonen Ihres Lebens erkennen. Sichtbar zum Beispiel in den Streits mit dem Partner, die mit immer anderem Auslöser in immer derselben Weise stattfinden oder in den Reibereien mit dem Kollegen, den Nachbarn, Bekannten oder anderen. Mit den eigenen Eltern verwickelt man sich endlos in die gleichen Gebinde, ebenso mit den Geschwistern oder den eigenen Kindern und der restlichen Verwandtschaft. Grundsätzlich können sich Probleme immer und überall zwischen beliebigen Menschen entfalten. Jeder macht es anders, jeder hat seine ganz eigene Weise, sich mit anderen zu verheddern, zu reiben und sich und anderen schlechte Laune zu bereiten und ist in dieser eigenen Weise auch immer gleichbleibend - im alten Muster.

Für alle anderen – insbesondere nicht betroffene Personen – sind diese Muster schnell erkennbar und es dauert nie lange, bis alle in der Umgebung die „Macken" eines neu Hinzugekommenen kennen. An sich selbst kriegt man es nicht so schnell heraus, oft müssen erst andere einen darauf aufmerksam machen. Die meisten Menschen hören solche Hinweise aber nicht gerne. Viele erleben es als Schwäche, manche als Vorwurf, dass sie sich nicht genug unter Kontrolle haben. Lieber lenkt der Angesprochene den Fokus auf Andere und beklagt sich über deren Verhalten und wird versuchen zu belegen, dass er nur angemessen darauf reagiert hat. Dabei stimmt es zwar, dass das jeweilige Gegenüber auch seinen Teil zu den Reibereien beiträgt, aber wenn man sich nur mit den Fehlern, Unzulänglichkeiten oder schlechten Manieren anderer befasst, wird man nie herausbekommen, welchen Beitrag man selber an dem Geschehen hat und wird zukünftig immer wieder in dieselben

Situationen geraten – zu sehen in den endlosen Wiederholungen der Konflikte. Stellen Sie sich jeden Konflikt wie ein Tischtennisspiel vor. Einer nach dem anderen schlägt den Ball und hält damit das Spiel aufrecht. Jeder hat seine Sichtweise, seine Argumente und meint, das Spiel zu gewinnen oder zumindest verhindern zu können, dass der andere gewinnt. Wenn nun einer aufhört, den Ball zu schlagen, weil er merkt, dass dieser Konflikt nicht sinnvoll ist und dass es hier nichts zu kämpfen gibt, wäre dieses Spiel sofort zu Ende. Vielleicht wäre das Gegenüber überrascht, vielleicht empört, würde provozieren und wieder anfangen wollen, aber wenn nur einer kämpfen will, gibt es keinen Zweikampf. Und wenn der Zweite seine neue Sicht auf die Situation dem noch aufgebrachten Ersten vermitteln kann, wird dieser vielleicht nach einer Weile ebenfalls zur Ruhe kommen.

Wenn Sie also etwas in Ihrem Leben verändern möchten, sollte zunächst die eigene Person im Fokus stehen - auch wenn es gerade die Muster von anderen sind, die als besonders belastend erlebt werden. Aber da man durch eine Veränderung des eigenen Verhaltens auch das Verhalten Anderer beeinflussen kann, ist dieser Ansatz auch für den Blick auf Andere interessant. Schauen Sie also zunächst nur auf sich selbst.

Sicher haben Sie auch schon mal versucht, aus einem eigenen ungeliebten Muster auszusteigen, haben vielleicht versucht, den Kollegen nicht mehr zu mobben oder sich umgekehrt nicht mobben zu lassen. Haben versucht, Ihren Partner oder die Partnerin mal so anzusprechen, dass er/sie sich nicht gleich provoziert fühlt und sofort beleidigt reagiert. Manchmal klappt das auch, aber meist sind die eigenen Muster doch bald wieder da und alles ist wie vorher. Insbesondere, wenn sich das Gegenüber überhaupt nicht bemüht, seinen Anteil am Ganzen zu mindern.

Verzweifeln Sie nicht, denn nichts ist so schwierig, wie das Aussteigen aus alten Mustern. Wieso eigentlich? Weil diese schon ein Leben lang verwendet werden. Man hat sie tausendfach geübt, sich also lange daran gewöhnt und sie laufen ganz von allein. Das, was man früher mit den Gleichaltrigen im Kindergarten probte, lebt man Jahre und Jahrzehnte später mit den Kollegen im Büro.

Die Probleme, die man als Kind mit den Eltern hatte, inszeniert man später in seiner Partnerschaft und wenn welche da sind, auch mit den Kindern.

Na, haben Sie auch eine gute Kindheit gehabt?

Die Kindheit ist irgendwann vorbei, definitiv! Das, was darin gelaufen war, beeinflusst aber das gesamte weitere Leben. Ich habe den Eindruck, dass die meisten Menschen davon überzeugt sind, eine gute Kindheit gehabt zu haben. Sie sind sicher, dass es das Schicksal gut mit ihnen gemeint und sich das meiste gut gefügt hatte. Sie sind ebenso sicher, dass ihre gegenwärtigen Probleme, wegen denen sie in meine Praxis gekommen sind, überhaupt nichts mit ihrer Kindheit zu tun haben können, weil ja damals alles so wunderbar war. Wenn Sie dieses Buch durchgearbeitet haben, werden Sie vermutlich mit mir übereinstimmen, dass ihre Gegenwartsprobleme unmittelbar mit dem verknüpft sind, was in Ihrer Kindheit nicht so gut gelaufen war, aber wissen Sie das jetzt schon? Es geht mir nicht darum, den Leuten ihre gute Kindheit auszureden, ich möchte vielmehr die Aufmerksamkeit darauf lenken, dass die unangenehmen Aspekte der Kindheit eine überproportional große Bedeutung im Leben eines Erwachsenen haben. So groß, dass die meisten Probleme im Leben eines Erwachsenen daraus entstehen.

Ich bin überzeugt, dass keine Kindheit ohne Lasten verläuft. Manche haben mehr Glück als andere, aber alle müssen auch irgendetwas aushalten und müssen lernen, damit umzugehen. Hier muss einer damit leben, dass die Eltern keine Zeit haben, dort, dass sie einen überbehüten. Hier fehlt ein Elternteil, dort fehlt es an Liebe, an Aufmerksamkeit oder Körperlichkeit. Bei jedem ist es etwas anderes und jeder hat sein „Päckchen" zu tragen. Warum muss man sich darüber Gedanken machen? Weil diese „Päckchen" einen immensen Einfluss auf das gesamte spätere Leben haben. Denn Kinder passen sich zwar an so ziemlich alles an und lernen damit zu leben, gleichzeitig werden sie aber nicht müde, das, was in ihrem Leben fehlte oder unvollständig war, zu suchen. Diese

Suche geht im Erwachsenenleben weiter und man braucht einem Menschen nur ein wenig zuzuhören, um zu erkennen, nach was diese Person sucht. Der Eine will, dass man ihn endlich ernst nimmt, der Andere will Beachtung, der Dritte möchte liebevolle Begleitung et cetera. Auch wenn wir alle ähnliche seelische Grundbedürfnisse haben, ist bei jedem ein Thema – das am meisten defizitäre – besonders herausgestellt. Auch wenn viele nicht wissen, wonach sie innerlich suchen, haben sie so ein Thema. Ich nenne es Lebensthema.

Die Kindheit insgesamt formt den Menschen, seine Persönlichkeit, sein Denken, sein Verhalten. Gute Erfahrungen sind viel wert und hinterlassen Spuren, aber belastende Erfahrungen haben offenbar einen besonderen Stellenwert. Die Unstimmigkeiten, die Mängel und Lasten, die in der Kindheit ertragen werden müssen, werden zu einem Zentrum der werdenden Persönlichkeit. Eines, um welches sich der Mensch in seinem Tun, seinem Verhalten und Denken immer wieder dreht. Das führt zu etlichen Problemen. Eines entsteht aus dem Umstand, dass die unbewusste Psyche immer wieder auf die, in den frühen Jahren entwickelten Verhaltensmuster zurückgreift. Damals sollten diese dazu dienen, mit den Belastungen klar zu kommen und damals hatten sie auch hin und wieder geholfen. Greift man aber als Erwachsener auf die alten Verhaltensmuster zurück, hilft das meist wenig. Vermutlich haben sogar die meisten Probleme des Alltages hier ihre Ursache. Warum das so ist, werde ich weiter unten noch ausführen. Ein Grund ist sicher, dass diese alten Muster einfach nicht mehr zur Lebenswelt der Erwachsenen passen.

Wenn man hier nicht eingreift, verändert sich nichts. Es bleibt so, meist lebenslang. Denn von allein verzichtet die Psyche nicht auf den Rückgriff auf diese, heute unpassenden Verhaltensmuster. Der Schlüssel zur Psyche, in dem es um dieses Buch geht, kann hier helfen. Er ist ein einfaches Mittel aus den alten Mustern auszusteigen. Mit diesen Mustern verschwinden auch viele Probleme und der verbleibende Rest lässt sich deutlich leichter lösen.

Keiner kann seine Vergangenheit verändern, aber fast jeder kann lernen, mit den Lasten der eigenen Geschichte anders umzugehen.

Was ist ein Schlüssel zur Psyche und was macht ihn so effektiv?

Ein Schlüssel ist ein Stück Metall, welches sich dadurch auszeichnet, dass es genau passt. Genau zu dem einen Schloss, zu dem es gehört und der dazugehörigen Tür. Nur mit einem passenden Schlüssel kann man etwas bewirken. Auch ein Schlüssel zur Psyche ist nichts kompliziertes, sondern ähnlich wie bei einem wirklichen Schlüssel geht es vor allem darum, dass er genau passt – zu der Psyche der Person, die ihn nutzen möchte. Ein Schlüssel zur Psyche sieht daher für jeden Menschen anders aus. Er ist an die individuellen Bedingungen dieser einen Person angepasst.

Ein Schlüssel zur Psyche ist eine kleine Szene. Ein kurzer Ablauf von Geschehnissen, die auf die betreffende Person eine sehr positive Wirkung haben. Oft sind es Erinnerungen, die dazu herangezogen werden, aber ebenso häufig sind es Fantasien oder eine Mischung aus Erinnerung und Fantasie. Die Szene wird vor dem inneren Auge abgespielt, mit der Absicht, sich für einen Moment emotional einzulassen und die positive Wirkung zumindest ansatzweise zu spüren – so als würde das Geschehen jetzt tatsächlich gerade ablaufen.

Die Inhalte der Szenen sind nicht beliebig. Sie werden sehr genau erarbeitet und in diesem Buch erfahren Sie wie das geht. Als Ausgangspunkt nimmt man eine Erinnerung an eine Problemsituation. Also einen Moment, in dem irgendetwas schief lief und das Geschehen eine seelische Belastung auslöste. Dabei ist es sehr verschieden, was als Last erlebt wird und auch, welche Gefühle dabei ausgelöst werden. Nehmen wir als harmloses Beispiel, den vor der Nase weggeschnappten Parkplatz. Der eine reagiert gekränkt, weil er nicht beachtet wurde, der andere wird sauer, wegen der Ungerechtigkeit, die er dabei sieht. Der dritte leidet, weil er schon wieder der Pechvogel ist, et cetera. Für manche ist es überhaupt kein Problem, sie sind längst auf der Suche nach dem nächsten Platz. Man muss also genau hinschauen.

Haben wir herausgefunden, worunter eine Person in der ausgewählten Problemsituation leidet, suchen wir zu genau dieser Belastung eine positive Lösung. Zum Beispiel mit der Frage: „wie hätte die Situation verlaufen müssen, damit Sie nicht darunter gelitten hätten?" Eine andere Frage, abhängig von der Situation, sucht danach, wie eine schiefgelaufene Situation wieder zum Guten gewendet werden kann. Was müsste geschehen? Wer müsste auftauchen, was müsste er oder sie tun, etc. All das ist abhängig von der ausgewählten Problemsituation, der individuellen Belastung und kann nicht allgemein beantwortet werden - deswegen finden Sie auch viele Beispiele im Buch. Haben wir eine Antwort, suchen wir nach Erinnerungen, in denen genau diese positive Wendung geschehen war. Gibt es keine Erinnerungen, erfinden wir eine Lösung.

Der so heraus gearbeitete Schlüssel ist erst einmal nur eine sehr genaue, positive Antwort für ein einzelnes Problem. Braucht man nun für jedes weitere Problem einen weiteren Schlüssel? Nicht unbedingt, denn im Kern drehen sich die Probleme einer Person meist um dasselbe Thema – ihr Lebensthema[2]. Daher ist es dann auch nicht mehr so überraschend, dass man – gleich von welchem Problem man bei derselben Person ausgeht – oft zu einer im Kern sehr ähnlich lautenden Auflösung kommt. Das ist insbesondere der Fall, wenn man Lösungen für schwerwiegende Probleme sucht. Denn hier ist immer das Lebensthema berührt, sonst würde das Geschehen nicht so schwer wiegen. Der zu einer sehr belastenden Situation gefundene Schlüssel passt folglich auch als Schlüssel zu den meisten und vielleicht sogar zu allen anderen Problemen derselben Person. Deshalb spreche ich auch nicht von den Schlüsseln zur Psyche, sondern nur von dem einen Schlüssel. Der Schlüssel zur Psyche passt also zum Lebensthema, er ist eine positive Antwort darauf. Ein Mensch, der sich ein Leben lang nach liebevoller Begleitung sehnt, weil er davon zu wenig hatte, baut sich als Problemlösung demnach eine Schlüssel-Szene, in der er genau diese liebevolle Begleitung bekommt.

Die Wirkung einer in dieser Weise passenden Schlüssel-Sze-

---

2   Eine detaillierte Begriffsklärung finden Sie auf Seite 48 im Teil 1, Abschnitt: »Lebensthema«

ne ist faszinierend. Jeder, der sich auf diese Bilder einlassen kann, wird sofort innerlich tief berührt. Es entsteht Ruhe, Gelassenheit, Weite, innere Wärme oder im Einzelfall auch mal angenehme Kühle. Der Atem fließt leicht und das Leben fühlt sich ebenso leicht und vollkommen an. Für einen Moment erlebt diese Person inneren Frieden. Dieses Erleben ist selbstverständlich bei jedem etwas anders, aber in jedem Fall positiv.

Weiter oben wurde bereits angedeutet, wozu man diesen Schlüssel nutzen kann. Man kann damit Probleme aus allen Lebensbereichen angehen. Zum Beispiel die vom Arbeitsplatz oder die aus der Partnerschaft. Mit dem Schlüssel findet man leicht stimmige Lösungen. Man kann damit auch größere Herausforderungen besser meistern, wie zum Beispiel ein Übergewicht oder das Rauchen und auch für grundlegende Entscheidungen ist der eigene Schlüssel eine gute Basis. In meinem Buch „Abnehmen – mit dem Schlüssel zur Psyche" habe ich aufgezeigt, wie man es damit schaffen kann, aus dem ewigen Gewichts-Jo-Jo endlich heraus zu kommen.

Der Schutzanzug-Effekt

Einen Effekt eines Schlüssels zur Psyche kann man vielleicht mit der Wirkung eines sehr speziellen Schutzanzuges vergleichen. Einen Overall, der Sie immun macht gegen die schlechten Launen von Chef, Kollege oder Partner. Der dafür sorgt, dass Sie innerlich in Frieden bleiben und der Stress von Anderen an Ihnen abprallt. Allerdings nicht so, dass sich Ihr Gegenüber dadurch provoziert fühlt und vielleicht noch mehr in Rage kommt. Sondern eher so, dass Ihre Ruhe und Gelassenheit Ihrem Gegenüber das Gefühl vermittelt, ernst genommen zu werden und er so ganz von allein besänftigt und beruhigt wird oder einfach nur aufhört mit den Provokationen.

Eine neue Kraftquelle

Ein schwieriges Miteinander im Privatleben oder im Beruf kostet viel Kraft. Junge Menschen stecken das noch leichter weg, aber jeder der jenseits der 30, der 40 oder noch älter ist, merkt sehr deutlich, was es an Energie kostet, wenn irgendwo im Leben ungelöste Konflikte oder schwierige Konstellationen andauern. Dann sehnt man sich danach, mal ohne innere Last zu sein, sich mal wieder vollkommen zu entspannen und sich wohl zu fühlen. Ein Schlüssel zur Psyche kann dieses Erleben wieder in Ihren Alltag bringen, auch wenn die gegebenen Probleme oder Konflikte noch da sind. Der Schlüssel ist so konstruiert, dass er definitiv ein gutes Gefühl erzeugt. Täte er dies nicht, wäre er nicht der passende Schlüssel zu Ihrer Psyche – er müsste erneut und diesmal genauer gesucht werden.

Ein Zugang zur Realität

Ein Schlüssel zur Psyche verschafft Ihnen augenblicklich einen anderen Zugang zur gegebenen Realität. Ein Mensch, der unter irgendetwas psychisch leidet, hat in diesem Moment keinen Zugang mehr zu den positiven Aspekten seiner Wirklichkeit. Vielmehr erlebt er alles negativ verzerrt und hält das für die Wahrheit. Erst wenn er aus einem Abstand heraus auf die belastete Situation zurückschaut, kann er seinen Irrtum erkennen.

Mit Ihrem Schlüssel zur Psyche gewinnen Sie in wenigen Momenten diesen Abstand zum aktuellen Geschehen und sind damit umgehend in der Lage, auch die positiven Möglichkeiten der Gegenwart zu erkennen. Sie kommen in einen guten Zustand und erleben die Welt sofort offener und freundlicher. Sie sehen mehr Möglichkeiten für sich, manche Probleme sind aus diesem Blickwinkel keine mehr und mit den verbleibenden können Sie leichter umgehen oder Lösungen dafür finden.

TEIL 1

WENN DIE EIGENE PSYCHE IM WEG STEHT

Mit dem Schlüssel zur Psyche wollen wir eine unbewusste Seite der eigenen Psyche erreichen und beeinflussen. Da unser Bewusstsein auch zur eigenen Psyche gehört, tritt hier also die Psyche gegen sich selbst an. Wieso sollte die eigene Psyche einem im Weg stehen? Was hätte sie für ein Interesse daran? Wie kann eine Seite der eigenen Person überhaupt etwas anderes wollen als andere Seiten? Warum das so ist und wie es zustande kommt, werde ich Ihnen im Wesentlichen im Theorieteil am Ende dieses Buches vermitteln. Hier folgt nur eine kurze Einführung, die Ihnen helfen soll, mit den praktischen Aufgaben im Abschnitt 2 leichter umzugehen.

Was ist die Psyche überhaupt?

Als Antwort auf die Frage, was die Psyche ist, soll an dieser Stelle genügen, dass »Psyche« für die Gesamtheit bewusster und unbewusster Vorgänge einschließlich der geistigen und intellektuellen Funktionen steht. Im Volksmund wird seit Langem das Innenleben oder auch Seelenleben als Psyche bezeichnet und dabei in Denken und Gefühlsleben unterteilt. Die Psyche umfasst das Denken, Fühlen, Wahrnehmen und die Art, wie diese Vorgänge erlebt und verarbeitet werden. Sie gibt einem Menschen Individualität, macht ihn unverwechselbar.

Für unsere Fragestellung ist aus dem vielschichtigen Geschehen der Psyche vor allem *ein* Aspekt wichtig: die Steuerung der Person mit Hilfe von Emotionen. Eine Seite der Psyche prüft, ob Ereignisse und Handlungen für uns positive oder negative Folgen haben. Mit Hilfe von Emotionen (lateinisch: emovere = herausbewegen) lenkt sie uns auf etwas zu oder von etwas weg – zu vermuteten positiven Folgen hin, von befürchteten negativen weg. Nicht immer ist das Ergebnis dieser vorrangig unbewusst stattfindenden Navigation für den betreffenden Menschen von Vorteil, etwa dann, wenn sich unbewusst aufgerufene Verhaltensmuster dem eigenen bewussten Wollen in den Weg stellen. Wie kann so etwas geschehen? Wieso gibt es unbewusste Seiten in der eigenen Person, die an offenbar unpassenden Mustern festhalten, obwohl man bewusst etwas anderes will?

Die Rolle des bewussten Willens

Die Fähigkeit unseres Bewusstseins auf sich selbst zu schauen und das eigene Tun zu beeinflussen – Gedanken zu unterbrechen, zu vertiefen, zu beenden et cetera - hat im Laufe der Menschheitsgeschichte die Idee eines freien Willens entstehen lassen. Durch die Gehirnforschungen der letzten Jahrzehnte wird mehr und mehr deutlich, dass diese Annahme falsch ist. Den eigenen Willen gibt es zwar, aber er ist viel eingeschränkter als wir gerne glauben. Tatsächlich ist das Bewusstsein zunächst ein Instrument des Unbewussten. Dabei gehört es zu den Eigenheiten des Bewusstseins, dass es die unbewusste Quelle seines Handelns nicht wahrnimmt und offenbar auch nicht gerne darauf hingewiesen wird. Der bewusste Geist erlebt es oft sogar als Beleidigung oder Kränkung, wenn er auf den unbewussten Ursprung seiner Handlungen verwiesen wird. Das interpretiert er als anmaßend und leugnet infolgedessen auch alles, was etwas anderes belegt.

Die organische Trägerin des Bewusstseins, die Großhirnrinde, verschlingt einen großen Teil der Energie im Gehirn. Die unbewussten Systeme verbrauchen weniger. Aus ökonomischer Sicht macht es daher Sinn, die Aktivität des Bewusstseins so gering wie nötig zu halten. Bevor es überhaupt in das Geschehen einbezogen wird, arbeiten andere, tiefer liegende Instanzen ihre Routinen ab, so wird der größte Teil der Sinneseindrücke komplett unbewusst verarbeitet. Auch bei vertrauten Handlungsabläufen hat das Bewusstsein nur einen kleinen Anteil, der Löwenanteil wird unbewusst gesteuert. Dem bewussten Ich ist das aber nicht bewusst, es erlebt sein Tun als willentlich gesteuert.

Welche Macht hat unser bewusster Willen bei der Gestaltung des Alltages tatsächlich? Schauen Sie zum Beispiel auf Ihre guten Vorsätze vom letzten Jahreswechsel. Wollten Sie nicht mit dem Rauchen aufhören, endlich mit Sport anfangen oder eine Diät machen? Was ist daraus geworden? Wie lange hat das Ringen zwischen der Gewohnheit und den neuen Ansätzen gedauert? Erinnern Sie sich an den Kampf zwischen Ihrem inneren Schweinehund und der anderen Seite, die sich endlich neu definieren möchte, rauchfrei, schlank, sportlich? Manchmal befanden Sie sich auf der einen Seite und Momente später auf der anderen. Mal nahe am Aufgeben, dann wieder vollkommen überzeugt, weiter zu machen. Wenn Sie dann, vielleicht trotz anfänglichem Erfolg, schon wenige Wochen später doch wieder beim alten Verhalten waren, haben Sie das vermutlich Ihrem zu schwachen Willen oder der fehlenden Disziplin zugesprochen. Auch die Tatsache, dass Sie so unsportlich sind, noch immer rauchen und dazu noch übergewichtig sind, rechnen Sie vielleicht, wie viele andere, Ihrer eigenen mentalen Schwäche zu. Wir Menschen glauben an unseren Willen, sind überzeugt, dass wir mit seiner Hilfe letztlich alles richten könnten, würden wir uns nur entschließen – und wäre unser Willen dann stark genug. Oder hätten wir nur die Zeit, uns um die Angelegenheit zu kümmern. Tatsächlich stellt sich allerdings die Frage, wie weit der menschliche Willen wirklich reicht. Unser wertvollstes Instrument zur Beeinflussung und zur Veränderung unseres Lebens – unser Willen – ist offenbar nicht so wirkungsvoll, wie wir lange glaubten.

Unbewusste psychische Navigation

Wieso wehrt sich die eigene Psyche eigentlich so intensiv gegen manche Veränderungen im Alltag. Kommen die rationalen Argumente über das gesündere Leben der Nichtraucher, Sportler und Idealgewichtigen dort nicht an? Auch beim Handeln im familiären Miteinander wissen die meisten sehr genau, welche ihrer Verhaltensweisen kaum dienlich sind, machen aber dennoch mit der Schreierei, dem Misstrauen, dem Schweigen, den Vorwürfen et cetera immer weiter. So, als wären Menschen vollkommen immun gegenüber besserem Wissen und scheinbar unfähig, in manchen

Bereichen ihres Seins überhaupt etwas zu lernen. Warum hält die unbewusste Psyche so massiv an gewohntem Verhalten fest, wieso ist sie so wenig flexibel?

Zum einen zwingt die Notwendigkeit zum ökonomischen Umgang mit den Körperenergien dazu, so oft wie möglich auf bereits gelernte und gespeicherte Verhaltensmuster zurückzugreifen. Zum anderen steht auch die innere Organisation unseres Gehirns im Weg. Denn es ist so aufgebaut, dass immer zuerst unbewusste Systeme arbeiten und bewusste Instanzen nur nachrangig und nur dann aufgerufen werden, wenn etwas vollkommen Neues geschieht und dafür neue Verhaltensweisen gefunden werden müssen. Weil das besonders viel Energie kostet, prüft die unbewusste Psyche immer zuerst, ob es bereits Erfahrungen gibt, die als Bezugspunkt zur Lösung der aktuellen Situation ausreichen. Sie sucht also den Sinnesinput auf Hinweise auf Vertrautes ab und schaltet direkt auf dazu passende Verhaltensmuster, wenn sie fündig wird.

Dabei nutzt die Psyche sehr vereinfachende Annahmen darüber, wie die Wirklichkeit funktioniert und wie mit ihr umzugehen ist. Diese Annahmen entstehen vorrangig in der Kindheit und bleiben meist lebenslang erhalten. Die einmal entstandene Vorstellung davon, wie die Wirklichkeit funktioniert, wie der eigene Platz darin aussieht und wie er gesichert werden kann, ist der innere Maßstab für die Auswertung neuer Sinnesinformationen. Wenn darin etwas entdeckt wird, was zum eigenen Wirklichkeitsmodell passt, muss das Bewusstsein überhaupt nicht bemüht werden. In diesem Fall werden alle anderen Informationen, die nicht zum eigenen Modell passen, einfach ausgefiltert. Die tatsächliche Komplexität der Umwelt wird nicht berücksichtigt. Wenn wir in die Welt sehen, sehen wir also vor allem etwas aus unserer Vergangenheit und bestätigen uns unsere auf ihr basierenden Erwartungen. Für den größten Teil der Welt sind wir von Natur aus blind. Auch unser Bewusstsein unterstützt diese Tendenz. Als fleißiger Assistent übernimmt es die Vorauswahl der unbewussten Instanzen und erklärt sie sich so, dass ein stimmiges Gesamtbild entsteht.

Wir haben hier also eine innere Hierarchie, in der unbewusste Instanzen der Psyche die Führung haben und das Bewusstsein nur ein nachgerückter Mitspieler ist. Nun weiß aber fast jeder, dass wir Menschen dennoch über gewisse Spielräume für den eigenen Willen verfügen. Schließlich entscheiden wir uns ja irgendwann für die neue Diät, das Sportprogramm oder auch dafür, zukünftig die Liebste nicht mehr anbrüllen zu wollen. Der Grad der jeweils gegebenen Freiheit ist aber wesentlich davon abhängig, wie hoch der innerliche Stress ist. Unter Stress greift die unbewusste Psyche ausschließlich auf das gesammelte Erfahrungswissen und auf bewährte Verhaltensmuster zurück. Sind wir gestresst, werden wir also die Liebstes wieder anbrüllen, auch wenn wir dem eben noch abgeschworen haben. Das eigene, mitgebrachte Wirklichkeitsmodell regiert unter Stress unausweichlich und das umso entschiedener, je höher der Stresspegel ist. Dabei ist es gleich, welche Umstände den Stress verursachen. Hohe berufliche Anforderungen, private Probleme, Streitereien, Alltagsmissverständnisse, die verstopfte Straße oder einfach nur der falsche Ton in der Stimme des Gegenübers – alles kann dazu führen, dass die Psyche Stress erlebt und die Freiheit bewusster Entscheidungen sofort massiv eingeschränkt wird. Im Theorieanhang können Sie detaillierter nachlesen wie dieses Stresssystem im Gehirn funktioniert. Siehe Abschnitt: »Unter Stress zählen nur die alten Muster,« Seite 195.

Solange der innere Stresszustand anhält, greift die unbewusste Psyche ausschließlich auf gelernte Verhaltensmuster zurück, auch wenn diese kaum Erfolg versprechen. Da viele zentrale Verhaltensmuster – und dazu gehören auch die Muster, mit denen wir mit Stress umgehen - in der Kindheit entwickelt werden, sind wir unter Stress direkt auf unsere Kindheitserfahrungen zurück geworfen.

***

Bei Ihrer Suche nach Ihrem Schlüssel zur Psyche kommen Sie vermutlich leichter voran, wenn Sie wissen, was Sie da tun und warum Sie es tun. Deshalb folgt jetzt ein Kapitel, in dem ich Ihnen aufzeige wie belastende Erfahrungen die Psyche beeinflussen und wie sich das bis in das Erwachsenenleben auswirkt. Das bedeutet aber nicht, dass Sie sich für Ihren Schlüssel an Ihre eigene Kindheit erinnern müssen. Alle Informationen, die Sie benötigen, finden sich auch in Ihrer Gegenwart. Mit den folgenden Einblicken werden Sie aber vielleicht doch das eine oder andere Aha-Erlebnis bezüglich Ihrer eigenen Geschichte haben.

KINDHEITSERFAHRUNGEN

Lassen Sie uns auf den folgenden Seiten betrachten, wieso die frühen Lebenserfahrungen einen so hohen Stellenwert auch für spätere Lebensabschnitte haben, und wie sich Unstimmigkeiten in den ersten Jahren auf das gesamte spätere Leben auswirken.

Kinder leben nur eine begrenzte Zeit in der Ursprungsfamilie, doch in diesen Jahren sind sie noch so klein, dass sie gezwungen sind, sich anzupassen und manches Unangenehme oder Unstimmige hinzunehmen. Je kleiner ein Kind ist, umso abhängiger ist es von Anderen. Negative Reaktionen, Zurückweisungen oder gar der Rückzug der Bezugsperson können als sehr bedrohlich erlebt werden. Kinder müssen Schwächen der Eltern aushalten und oft allein Wege finden, um damit leben zu können. Bisweilen sind sie davon überfordert. Auch wenn die Umstände rückblickend nur wie kleine Misslichkeiten erscheinen, ist manches dennoch prägend. Ein zu langer Aufenthalt bei der Tante oder im Krankenhaus, zu lange Abwesenheit der Eltern, Verunsicherung durch Streitigkeiten oder Alkoholkonsum der Eltern, große Ängstlichkeit der Mutter oder des Vaters ... Vieles hinterlässt Spuren, insbesondere wenn das Kind dadurch lange oder wiederholt überfordert wird. Wenn es sich um eine sehr starke Belastung handelt, reicht eine entsprechende Situation, um lebenslange Prägungen und womöglich eine seelische Traumatisierung zu hinterlassen.

Selbst wenn es nicht ums Überleben geht, sondern sich nur unangenehm anfühlt, belastend oder schmerzhaft ist, wird das Kind versuchen, die Situation zu beenden oder ihr zu entkommen. Ist von außen keine Hilfe oder Entlastung in Sicht, sucht das Kind nach Möglichkeiten, sich selbst zu helfen. Dabei hat es nur eingeschränkte Möglichkeiten zur Verfügung. Eine Möglichkeit ist, die eigene Person als Ursache zu sehen. „Das, was ich will, ist falsch", „Ich störe", „Ich bin ein schlechter Mensch" oder ähnlich heißen dann die Schlussfolgerungen. Sie bieten eine Erklärung und auch einen Ansatz für Veränderung (den es nicht gäbe, wenn andere als Ursache verstanden würden). Das Kind fängt an, eigene Belange zu unterdrücken und sich immer mehr an den Vorgaben und

Wünschen der Umgebung zu orientieren. Weil dieser Weg immer zur Verfügung steht, wird er oft genutzt. So kann ein Kind von sich aus die Tendenz entwickeln, sich an seine Umgebung anzupassen und sich so zu verhalten, wie es von ihm erwartet wird. Einige stellen sich vollständig in den Dienst an der Familie und später dann genauso in den Dienst am Partner, der Arbeit et cetera. Zu einem solchen Verhaltensmuster gehört oft, dass eigene Gefühle wie Ärger und Enttäuschung kaum mehr wahrgenommen oder sogar gänzlich verdrängt werden und daher auch nicht geäußert werden können.

Beispiel Herr W.

Schauen wir als Beispiel auf einen Jungen, der mit Eltern aufwächst, die immer nur mit Höchstleistungen zufrieden sind. Ganz gleich ob es darum geht, aus Bauklötzern einen Superturm zu bauen oder in der Schule und im Verein immer zu den Besten gehören zu müssen. Die Eltern von Herr W. machen schon ganz früh in seinem Leben beständig Druck und ließen nichts unversucht, ihm immer wieder Höchstleistungen abzuverlangen. Manche Kinder geben in so einer Situation auf und finden sich mit der Position eines Versager ab, der nie den Anforderungen gerecht wird. Der junge Herr W. schafft es aber, stand zu halten. Er lernte, sich selbst in allen Lebensbereichen immer das Maximum abzufordern. Seine Leistung diente ihm dabei, seinen Platz innerhalb der Familie einzunehmen, also so zu sein, wie seine Eltern es wünschten. Auch als Erwachsener geht er immer noch genauso mit den Anforderungen seiner Umgebung um. Nur beste Ergebnisse sind gut genug für ihn. Sein Chef liebt ihn für seine Initiative und für den hohen Druck, den Herr W. sich selbst macht. Unter den Kollegen macht er sich allerdings wenig Freunde mit dieser Haltung.

In einer Leistungsgesellschaft kann so ein Verhalten deutliche Vorteile bringen. Der inzwischen erwachsene Herr W. scheint von außen betrachtet erfolgreich, tatsächlich lebt er aber an sich selbst vorbei. Erst viele Jahre später sucht er einen Psychotherapeuten auf, weil ein Burnout ihn aus seinem gewohnten Leben gerissen hat. Erst an diesem Punkt, fast 50 Jahre nach dem Entstehen des zugrunde liegenden Verhaltensmusters fängt der Mann an, bewusst auf die bis dahin unbewusst ablaufenden Muster einzuwirken.

Den betroffenen Menschen bringen die Lasten der Kindheit massive Nachteile und auch Herr W. wird als Kind nicht als der gesehen, der er ist. Von ihm wird verlangt, in einer Art und Weise zu leben, die lediglich für die Eltern stimmig ist. Die Erwachsenen merken nicht, was der Junge braucht, wie er tatsächlich ist, über welche Eigenschaften er verfügt und über welche nicht. Deshalb entwickelte er die Fähigkeit, eigene Belange zu unterdrücken und sich an Forderungen seiner Umgebung anzupassen.

Vermutlich können Sie nachvollziehen, dass Herr W. mit dem besonderen Bedürfnis aufgewachsen ist, mal nicht für andere zu funktionieren, sondern nur das zu tun, was für ihn wichtig ist. Vielleicht hat er auch ei ne Sehnsucht danach, dass andere wahrnehmen, dass er auch noch andere Seiten hat und nicht nur funktionieren und leisten kann. Auch wenn er es gewohnt ist, mit Leistungsanforderungen anderer umzugehen, wird er solche Situationen sensibel wahrnehmen. Vielleicht deshalb, weil es für ihn immer damit einher geht, dass jetzt schon wieder Raum für ihn - für seine nicht gelebten Seiten - verloren geht. Mit diesem Wissen können wir außerdem vermuten, dass Herr W. ziemlich schnell seine gute Laune verliert, wenn Frau W. mal wieder nicht sieht, dass er auch mal Zeit für sich braucht. Wenn er dann noch dafür kritisiert wird, dass er seine Socken herumliegen lässt, platzt ihm vielleicht der Kragen. Dies, weil jemand, der sein Leben lang immer wieder auf Eigenes verzichtet, es braucht, sich mal gehen zu lassen. Wenn das dann auch noch kritisiert wird, ganz gleich, ob es um Socken oder anderes geht, wird der sensible Bereich von Herrn W. berührt.

Auch bei Menschen, deren Belastungen in der Kindheit weniger deutlich waren, als in unserem Beispiel, spielen sich ähnliche Prozesse ab. Alle Eltern sind auch „nur" Menschen und haben von daher auch ihre Vor- und ihre Nachteile. Manches läuft sehr gut, anderes eher schwierig oder überhaupt nicht. Kein Kind ist wie das andere und in jeder Kindheit gibt es Aspekte, die weniger gut laufen und die ihre Spuren hinterlassen. Bestimmte Themen und Sensibilitäten heben sich heraus und werden zu den Kristallisationskernen von zukünftigen Problemsituationen.

Warum kann man aus den eigenen Empfindlichkeiten nicht einfach aussteigen. Warum hat Herr W. also nicht schon vor vielen Jahren sein Verhalten verändert? Spätestens nachdem er bei den Eltern ausgezogen war, hätte er doch damit aufhören können. Hier gibt es mehrere Antworten. Eine ist, dass es den meisten Menschen überhaupt nicht bewusst ist, wie sehr sie sich selbst mit ihren alten Verhaltensmustern aus der Kindheit im Weg stehen. Auch Herr W. hatte davon keine Ahnung.

Eine andere Antwort ist, dass man auf manche Verhaltensmuster nur schwer Einfluss nehmen kann. Jemand, der als Kind eine Angstsymptomatik entwickelt, kann diese zwar bewusst beobachten, sie aber nicht einfach abstellen. Es bedarf eines längeren Trainingsprozesses, um überhaupt etwas bewirken zu können. Irgendwann war die Angst zu einem Verhaltensmuster geworden. Sie gehört zur „Grundeinrichtung" der Person und wird immer dann eingesetzt, wenn es notwendig erscheint. Das wird nicht bewusst entschieden, sondern läuft im unbewussten Hintergrund der Psyche ab. Auch wenn es um harmlosere Verhaltensmuster geht, funktioniert das ganz genauso. Wenn sich ein Verhalten erst einmal bewährt hat, wird es für die unbewusste Psyche zum Standard, zum gewohnten Verhalten, das unter bestimmten Bedingungen instinktiv eingesetzt wird.

Wie bereits angedeutet, tut die Psyche das insbesondere, wenn sie gerade Stress erlebt. Viele Varianten von Stress kommen hier in Frage, also der Stress auf Arbeit, der durch hohe Anforderungen oder durch schwieriges Miteinander mit Kollegen, Chefs oder Kunden verursacht wird, genauso wie Beziehungsstress, wirtschaftliche Probleme und vieles mehr. Eine besondere Beachtung braucht aber eine Art von Stress, die sehr subtil sein kann und somit oft nicht ins Bewusstsein dringt. Dieser feine, unbewusst bleibende Stress entsteht sofort, wenn das Lebensthema einer Person irgendwie berührt wird. Erinnern Sie sich: das Lebensthema entsteht aus den Belastungen der eigenen Kindheit heraus. Es ist also mit unangenehmen Erinnerungen verbunden, innerlicher Stress liegt daher nahe. Aber unterschwelliger Stress entsteht auch, wenn sich plötzlich die Möglichkeit ergibt, für die Not des Lebensthemas eine Lösung zu finden, also Anerkennung zu bekommen, beachtet zu werden, sich geliebt zu fühlen und vieles andere. Weil die meisten Menschen keine Ahnung von ihrer Lebensthema-Not haben, bleibt auch dieser Stress meist unbewusst.

Für Herrn W., der als Junge nur wahrgenommen wurde, wenn er Hochleistungen lieferte, ist die Chance (endlich) als individuelle Person wahrgenommen zu werden auch noch Jahre später ein Grund, seine unbewusste Psyche in Aufruhr bzw. innerlichen Stress zu versetzen. Genau dasselbe geschieht, wenn erneut das Gegenteil droht, wie zum Beispiel Nichtachtung oder Entwertung. In beiden Fällen greift seine Psyche auf ihre bewährten (alten) Muster zurück. Auch wenn dieses Verhalten längst nicht mehr angemessen ist, schaltet der Mann wie gewohnt um und zeigt sich als fleißig und bemüht, die gestellten Anforderungen bestmöglich zu erfüllen. Er verhält sich so wie damals als Kind gegenüber seinen Eltern: angepasst, innerlich zurückgenommen und aktiv im Interesse seines Gegenübers handelnd. Meist werden solche Menschen rigoros ausgebeutet und bekommen wenig von der ersehnten Beachtung. Aber selbst wenn die Leistung zu Lob und Anerkennung führt, ändert das nichts an der gegebenen inneren Not. Auf den ersten Blick scheint diese Schlussfolgerung falsch, weil sich Herr W. doch danach sehnt, aber bei genauer Betrachtung zeigt sich, dass man für eine Lösung andere Wege gehen muss.

Generell kann man sagen, dass die Lösungen eines Kindes niemals die Probleme der Kindheit lösen konnten. Sie sind nur ein Mittel, mit den schwierigen Bedingungen umgehen zu können und das Beste daraus zu machen. Eltern, die nicht über die Fähigkeit verfügen, ihr Kind angemessen wahrzunehmen, kann man mit etwas Aufwand vielleicht dazu bewegen, hier und da noch eine Zuwendung bereitzustellen. Man kann sie aber nicht grundsätzlich ändern. Hinzu kommt, dass ein Kind, welches gelernt hat, brav zu sein, gut zuzuhören, fleißig und/oder hilfsbereit zu sein, die Zuwendung für das erhält, was es getan hat, und nicht für das, was es (unabhängig von seiner Leistung) ist. Das wäre aber das, was es wirklich braucht. Jegliche positive Antwort auf das Bemühen des Kindes kann seinen Hunger nach Anerkennung und Liebe nicht stillen, dazu müsste die Zuwendung unabhängig von aller Leistung kommen. So ist die bekommene Beachtung nichts weiter als der Lohn für eine Leistung. Ein (fauler) Kompromiss also.

Unsere Gesellschaft ist voller Menschen, denen es genauso geht, die irgendwann angefangen haben, über ihre Leistung einen Platz in der Gesellschaft zu suchen. Nicht umsonst spricht man von der Leistungsgesellschaft. Aber dieses Streben nach Anerkennung über Leistung hat seinen Preis: ausgebrannte, innerlich unzufriedene Menschen, die trotz Höchstleistung niemals Erfüllung erfahren – weil das Wesentliche, die Anerkennung der eigenen Person, nicht über Leistung zu erlangen ist.

Die in der Kindheit als Antwort auf schwierige Bedingungen entwickelten Verhaltensmuster dienen vor allem dazu, die gegebene Not etwas zu mildern, eine Lösung sind sie nicht. Erst recht nicht im Erwachsenenleben außerhalb der Ursprungsfamilie. Hier sind sie meist noch nicht einmal Entlastung, sondern immer wieder die Ursache von Problemen. Dennoch ist unsere Psyche so konstruiert, dass sie bei bestimmten Themen instinktiv/automatisch auf vermeintlich bewährte Verhaltensmuster zurückgreift, auch wenn diese Muster nicht helfen. Das Bewusstsein wird dabei überhaupt nicht bemüht, es bekommt nichts davon mit. Das bedeutet aber auch, dass gerade bei diesen, für die eigene Person so wichtigen Themen, keine Verhaltensveränderung geschieht. Wir schauen hier auf ein in sich geschlossenes System, aus dem es auf den ersten Blick keinen Ausgang gibt.

Was kann in einer Kindheit eigentlich so alles falsch laufen? Oder anders herum gefragt, was braucht ein Kind, um psychisch gesund aufzuwachsen? Bei den körperlichen Grundbedürfnissen, wie Atmen, Essen, Trinken oder Schlafen, braucht es eine hinreichende Befriedigung, um gesund zu bleiben und zu überleben. Inzwischen wissen wir, dass es auch psychische Grundbedürfnisse[3] gibt und es weitreichende Wirkungen auf die Psyche hat, wenn diese nicht oder nur eingeschränkt erfüllt werden.

---

3   Vgl. Grawe, K. (2004), S. 185.

Psychische Grundbedürfnisse

Über psychische Grundbedürfnisse haben sich schon etliche Menschen Gedanken gemacht. Es gibt demzufolge viele entsprechende Aussagen und Auflistungen. Ich habe mich am inzwischen leider verstorbenen Psychotherapieforscher Klaus Grawe orientiert, weil er nicht nur eigene Forschungen zu diesem Thema betrieben, sondern auch viele Studien anderer ausgewertet hat[4]. Er kam dabei zur Bestimmung von vier seelischen Grundbedürfnissen, die er als Bedürfnis nach Bindung, Bedürfnis nach Orientierung und Kontrolle, Bedürfnis nach Anerkennung/Selbstwert und Bedürfnis nach Lustgewinn und Unlustvermeidung bezeichnete. Diese Vier sah er als die Kernbedürfnisse eines Menschen, aus denen sich im Laufe der Zeit sogenannte erweiterte Grundbedürfnisse ableiten, zum Beispiel Bedürfnisse nach Macht, Kompetenz, Leistung, Bildung oder Ehre.

Ich stelle die Grundbedürfnisse kurz dar, weil sie etwas Orientierung in dem komplexen Feld ermöglichen, in dem unsere Betrachtungen stattfinden. Sie dienen auch als Anregung und Hintergrund für den Blick auf die eigene Person, der im nächsten Kapitel gefordert ist.

1. Das Bindungsbedürfnis

„Ich will anderen Menschen nahe sein und jemanden haben, auf den ich mich verlassen kann."

Menschen sind soziale Wesen und haben ein biologisch verankertes Bedürfnis, in liebevoller Beziehung zu anderen Menschen zu stehen. Eine intakte Bindung ist unabdingbare Voraussetzung für das körperliche und psychische Überleben – nicht nur im Kindesalter. Das Bedürfnis nach Bindung ist das bedeutendste und in seinen Folgen bei Mangel oder Verletzung das am weitesten reichende. Bindung bedeutet nicht nur Liebe zu einem Partner oder Kind, sondern beinhaltet alle positiven Bezüge mit Freunden, Arbeitskollegen und anderen Menschen.

---

4   Vgl. Grawe, K. (2000), S. 383-420.

2. Das Bedürfnis nach Kontrolle

„Ich will mein Leben selbstständig auf die Reihe bekommen. Ich erkenne dabei auch die realistischen Grenzen meines Handelns."

Will man einen Wunsch befriedigen, kann man nicht darauf verzichten, Kontrolle auszuüben, das heißt das Geschehen zu lenken. Kontrolle entwickelt sich schon sehr früh im Leben. Mit seinem zunehmenden Können, wie zum Beispiel dem Krabbeln, fängt das Kind an, sich auf die Welt auszurichten und ihr auf eigene Weise zu begegnen. Sind die Bedingungen gut, lernt es: „Ich darf ich selbst sein, darf über mich bestimmen, darf eigene Entscheidungen treffen, eigene Wege ausprobieren, Bedürfnisse anmelden und Ärger ausdrücken." Wer selbst Vater oder Mutter ist, kennt die Momente, in denen das Kind auf alles mit Nein antwortet und seine aggressiven Gefühle eindrucksvoll ausdrückt. Wendet sich das Gegenüber aber ab, wenn das Kind Raum für die eigene Person fordert oder sogar Ärger zeigt, lernt es, dass seine Autonomiewünsche keinen oder wenig Platz haben. Wenn man sich vor Augen hält, wie sehr ein Säugling von seinem Umfeld abhängig ist, wird nachvollziehbar, dass eine Zurückweisung oder gar ein Rückzug der Bezugsperson als sehr bedrohlich erlebt werden kann.

3. Das Bedürfnis nach Anerkennung/Selbstwert

„Ich will stolz auf mich sein können!"

Menschen haben generell ein Bedürfnis nach einem positiven Selbstwertgefühl. Dazu braucht es eine Umgebung, die anerkennend ist, einem etwas zutraut und einen unterstützt. Nur so kann ein Gefühl von eigener Kompetenz, Selbstwirksamkeit, Würde und Selbstachtung entstehen und erhalten bleiben. Ein geringes Selbstwertgefühl entsteht, wenn es an Liebe und Lob mangelt. Wenn in der Kinderstube eine Atmosphäre von Kritik und Infragestellung und ein Gefühl »nicht gewollt zu sein« dominiert, wird die eigene Wertigkeit schon früh angezweifelt. Auch wenn die Anklagen und Entwertungen nicht ausgesprochen werden, sondern nur zwischen den Zeilen mitschwingen, entfalten sie ihre negative Wirkung. Vielen Eltern ist nicht bewusst, was sie damit anrichten.

4. Das Bedürfnis nach Lustgewinn und Unlustvermeidung

„Ich will schöne Dinge erleben, schmerzhafte und unangenehme Dinge will ich vermeiden."

Die Suche nach Gewinn von Lust und die Vermeidung von Unlust beeinflussen uns ständig: Auf einen Reiz erfolgt im Gehirn sofort eine Bewertung in »gut« oder »schlecht«. Dieser Vorgang kann nicht bewusst gesteuert oder kontrolliert werden. Er basiert nicht auf objektiven Kriterien, sondern auf Lernerfahrungen und der momentanen Situation der Person. Wird das Geschehen als »schlecht« identifiziert, weichen wir ihm aus und versuchen, es zu vermeiden. Wird es als »gut« erlebt, bleiben wir dabei.

Das Bedürfnis nach Lustgewinn und Unlustvermeidung zeigt sich in vielen Aspekten des Lebens. Schon die elementaren physischen Bedürfnisse nach Nahrung, Aufrechterhaltung von Temperatur und Funktionen des Körpers sowie Sexualität haben gemeinsam, dass ihre Befriedigung mit Gefühlen der Lust, ihre Versagung mit Unlust verbunden ist. Die Tatsache, dass das ebenso für die anderen Grundbedürfnisse gilt, zeigt, wie eng diese miteinander verflochten sind.

Annäherungs- und Vermeidungsziele

Menschen haben mehr als vier psychische Bedürfnisse, aber alle Bedürfnisse können auf diese vier Grundbedürfnisse zurückgeführt beziehungsweise von ihnen abgeleitet werden. Wir können zwei Grundrichtungen unterscheiden. Auf der einen Seite sind die Ziele, die man erreichen möchte, weil sie der Erfüllung dienen (Annäherungsziele) und auf der anderen die, die man vermeiden möchte, weil sie mit unangenehmen Erfahrungen verbunden sind (Vermeidungsziele). Typische Beispiele für Annäherungsziele sind Status, Familie, Erfolg, Macht, Kompetenz, Leistung, Bildung, Ehre, Ruhm, Selbstvertrauen, Glauben, Attraktivität und Hingabe. Typische Beispiele für Zustände, denen man durch Vermeidungsziele entgehen will, sind Demütigung, Schmerz, Verlust, Überforderung, Schuld, Scham, Einsamkeit, Erniedrigung, Vorwürfe, Abhängigkeit, Verletzungen, Schwäche, Hilflosigkeit, Versagen et cetera.

Lösungs- und Vermeidungsmuster

Von Anfang an sucht jedes Kind Wege und Möglichkeiten, seine Bedürfnisse zu befriedigen und Unangenehmes zu vermeiden. Gelingt dies nicht, wird es weitersuchen und dabei alle zur Verfügung stehenden Möglichkeiten nutzen. Zeigt sich eine Handlungsweise als nützlich, wird dieses Lösungsmuster auch zukünftig verwendet. Ein Lösungsmuster könnte beispielsweise sein, durch Fleiß und Leistung Anerkennung zu bekommen. Hält dagegen jemand eigene Wünsche zurück und passt sich an seine Umgebung an, um schmerzhafte Zurückweisung zu vermeiden, ist das ein Vermeidungsmuster.

Diese Muster sind oft sehr komplex. Zu ihnen gehört, in bestimmter Weise zu denken, zu fühlen und zu handeln. Dabei sind die Muster nicht starr, sie können an unterschiedliche Situationen angepasst werden. Vielleicht wurde das Muster »brav sein« gewählt, um mehr Zuwendung zu bekommen. »Brav sein« wird auf der Handlungsebene bei der Tante anders aussehen als bei der Mutter oder dem Lehrer. In jedem Fall aber wird dabei viel Aufmerksamkeit für die Belange des Gegenübers aufgebracht, und immer gehört die Bereitschaft dazu, eigene Wünsche zurückzustellen.

Ich bezeichne die Lösungs- und Vermeidungsmuster gerne auch als Programme. Ich unterstreiche damit, dass die Prozesse, die von einem Muster ausgelöst werden, ähnlich ablaufen wie bei Computerprogrammen: Sie können nur so funktionieren, wie sie programmiert wurden. Die Programmierung kann sehr komplex sein, sodass eine Vielfalt von Reaktionsweisen entsteht, dennoch gibt der Programmcode die Grenzen der Möglichkeiten vor. Auch nach vielen Jahren bleibt das Verhalten des Programms gleich. Bei den angeeigneten Lösungs- und Vermeidungsmustern werden ebenso immer die vertrauten Fühl-, Denk- und Verhaltensweisen aufgerufen und abgespult, auch wenn längst ein anderes Verhalten erfolgreicher sein könnte. Vielleicht war es beim strengen Vater sinnvoll, den Kopf einzuziehen und brav die Hausaufgaben zu verrichten. Am Arbeitsplatz dasselbe zu tun, ist aber nur bedingt zweckmäßig. Es gibt Umstände, in denen wird man schnell zum Opfer von Mobbing oder einfach nur ausgenutzt, wenn man da, wo Druck entsteht, immer gleich den Kopf einzieht.

Psychische Gesundheit hängt von der Gesamtheit der Lösungs- und Vermeidungsmuster ab, die ein Mensch zur Verfügung hat. Sie bilden die Grundlage dafür, ob und wie erfolgreich er sein Leben gestaltet, wie flexibel er auf Veränderungen reagieren kann und letztendlich auch, ob er seelisch gesund bleibt oder krank wird.

Innere Spannungen

Was passiert, wenn die psychischen Bedürfnisse nicht ausreichend befriedigt werden? Dann geraten wir beziehungsweise unser Gehirn in einen Spannungszustand, der sich unangenehm anfühlt. Ziel und erste Priorität ist dann die Auflösung dieser Spannung. Von ihrer Biologie her sind Menschen stets darauf ausgerichtet, innere Ruhe und Entspannung zu erleben (Lust) und innere Anspannung (Unlust) zu vermeiden. Sind alle Grundbedürfnisse erfüllt, ist die Basis dafür geschaffen zu entspannen und mit der Welt »im Reinen« zu sein.

Kann dieser Zustand nicht erreicht werden, entsteht innerlicher Stress. Wir kommen in ein Befinden, das sich unangenehm anfühlt, versuchen noch stärker davon wegzukommen und greifen dazu auf die gelernten Programme und Muster zurück. Wer nach Anerkennung über seine Körpererscheinung sucht, wird die nächste Diät starten. Wer sich Anerkennung über seinen Fleiß erhofft, wird noch fleißiger, was unter Umständen aber nur zusätzliche Anstrengung bedeutet, also noch mehr Stress. Viele Fälle von Burn-out zeigen eine solche Dynamik.

Negative Überzeugungen

Negative Überzeugungen spielen bei vielen Lösungs- und Vermeidungsmustern eine Rolle. Diese einschränkenden Annahmen über die eigene Person, den eigenen Wert, die eigenen Fähigkeiten et cetera haben einen erheblichen Einfluss auf die Selbsteinschätzung und den Selbstwert. Das folgende Beispiel zeigt, wie ein Bewältigungsmuster entsteht und wie negative Annahmen dabei Verwendung finden.

Beispiel

Wir betrachten einen Säugling, der leidvoll erfahren muss, dass seine Mutter nicht in der Lage ist, sich auf seine Belange einzufühlen und seine Grenzen angemessen zu beachten. Wann immer jemand zu Besuch kommt, hantiert sie mit dem Kind wie mit einer Puppe, putzt es heraus mit *süßer* Kleidung und reicht es herum. Sie füttert und säubert es, wann es ihr passt oder nimmt die Uhrzeit als Bezugspunkt, anstatt den Rhythmus des Kindes zu beachten. Wenn sich die Mutter nähert, zeigt das Kind zwar eine Beziehungsreaktion, ist gleichzeitig aber innerlich angespannt, vorbereitet auf kommendes Ungemach. Betrachten wir dasselbe Kind einige Monate später, zu dem Zeitpunkt, als sich das eigene Bewusstsein gerade herausbildet. Das eben erst entstandene Bewusstsein registriert die Annäherung der Mutter zusammen mit der eigenen Anspannung. Es versucht, sich dies zu erklären und kommt – weil die Götter (= Eltern) nicht irren können – zu Annahmen wie: „Die Mutter geht so mit mir um, weil ich nicht richtig bin", „... weil ich etwas falsch mache", „... weil ich böse bin" oder ähnlich. Das unbewusste Muster wird so zur Vorlage der bewussten Erinnerung. Allerdings hat das Ganze mit der Realität wenig zu tun. Denn darin ist nicht das Kind die Ursache der Probleme, sondern die Mutter.

Auch unter ganz normalen familiären Umständen mit ganz normalen Eltern können ähnliche Irrtümer entstehen. Eltern sind öfter mal unter Stress und brauchen Ruhe, Kinder haben aber jede Menge Energie und sind selten still. Eltern haben ihre Vorstellungen von Ordnung und Sauberkeit, Kinder haben dafür lange Zeit überhaupt keinen Sinn. Eltern haben oft enge Zeitpläne, müssen zur Arbeit, nachdem das Kind in den Kindergarten gebracht worden ist. Dazu gehört, zu einer bestimmten Zeit zu frühstücken und zu einer bestimmten Zeit aus dem Haus zu gehen. Kinder sind spontan, lassen sich schnell von einem Spiel faszinieren und können den Vorgaben und Rhythmen der Eltern lange Zeit wenig abgewinnen. Im Ergebnis enttäuschen Kinder immer wieder die Erwartungen ihrer Eltern. Geht es den Eltern einigermaßen gut, können sie noch gelassen reagieren und die kindliche Spontanität, das Chaos und die Unordnung hinnehmen. Ich möchte aber die Eltern sehen, die nicht doch irgendwann mit Ärger, Unmut oder Unruhe reagieren und zumindest in ihrer Mimik, ihrer Haltung und der ausgestrahlten emotionalen Atmosphäre deutlich machen, dass ihnen das nicht gefällt. Äußerungen wie: „Was ist los mit dir?", „Wie oft muss ich dir sagen …?", „Hast du nicht gehört?" sind noch relativ harmlos. „Wenn du so weiter machst, werden wir dich wieder umtauschen" oder „Wir schicken dich ins Heim, da wirst du erzogen" sind deutlich schlimmer. Manche Eltern gehen verbal noch viel weiter, wenden Strafen oder sogar körperliche Gewalt an.

Kinder merken das, registrieren auch zurückgehaltene Emotionen und verstehen, dass sie immer wieder die elterlichen Erwartungen nicht erfüllen. „Ich bin nicht gut genug", ist eine der häufigsten negativen Überzeugungen über die eigene Person[5]. Morty Lefkoe hat zusammen mit seinen Mitarbeitenden mit über 13.000 Klienten gesprochen. Dabei haben sie erfahren, dass 99 Prozent aller Kinder denken, sie wären nicht gut genug, wenn sie nicht tun, was die Eltern wollen. Hat so eine Annahme erst einmal Einzug in das eigene Denken gehalten, dauert es nicht lange, bis daraus auch eine Überzeugung wird. Es braucht nur der ganz normale Alltag weiterzugehen. Ist eine solche Überzeugung etabliert, fällt es schwer, sie wieder aufzulösen.

Negative Überzeugungen als innere Leitlinie

Unsere Glaubenssätze oder Überzeugungen über uns selbst steuern maßgeblich was wir denken, fühlen und tun. Grundsätzlich können sich Überzeugungen ändern, viele bleiben aber mit erstaunlicher Konstanz lebenslang erhalten. Einer der Gründe hierfür ist, dass den betroffenen Personen überhaupt nicht klar ist, was sie über sich selbst denken. Wichtiger ist, dass die negativen Überzeugungen dazu dienen, den eigenen Platz in der Welt zu sichern

5 Vgl. Lefkoe, M. (2003).

und diesen auch schlüssig zu erklären. Sie sind Teil der Selbstdefinition geworden. Kinder bauen sich ihr Bild von der Welt und dem eigenen Platz darin. In ihrer Welt muss eins zum anderen passen. Auch wenn das mit unangenehmem Erleben verbunden ist, wird die Erklärung: „Du bist für mich eine Belastung" bereitwillig angenommen, wenn sie das Geschehen schlüssig erklärt. Für die Suche nach Ordnungsstrukturen und Stimmigkeit dient auch Negatives. „Ich bin der, der stört, wenn er zu viel will" bietet zumindest die Chance, über weniger zu wollen – also Selbstrücknahme – wieder den gewünschten Platz zu erobern. Kinder wollen einen Platz am Tisch des Lebens. Gerne am oberen Ende, aber wenn das nicht möglich ist, dann nehmen sie auch einen Platz an der Ecke ganz unten hin.

Man muss wissen, dass Menschen für Glaubenssätze sehr offen sind – und dass die meisten funktionieren. Auch die negativen Überzeugungen, die wir uns mehr oder weniger zufällig in der Kindheit eingehandelt haben, wirken wie eine innere Leitlinie, wie eine Vorgabe, die als Orientierung für den einzunehmenden Platz in der Welt dient. Auch wenn diese vollkommen falsch ist, wird sie wie eine vollkommene Wahrheit hochgehalten und als Handlungs-, Denk- und Fühlvorgabe verwendet.

Unerfüllte psychische Grundbedürfnisse und Überzeugungen

Negative Überzeugungen können auf vielfältige Art entstehen. Auch die mangelnde Erfüllung der Grundbedürfnisse hinterlässt Spuren im Denken der Betroffenen. Für die folgende Liste habe ich einige negative Überzeugungen ausgewählt und sie entsprechend der oben angedeuteten Grundbedürfnisse in Schubladen geordnet. Dabei geht es nur um eine grobe Orientierung. Vielleicht kommt Ihnen die eine oder andere Überzeugung bekannt vor und kann Ihnen als Anregung dienen, sich selbst zu betrachten.

Wenn das Bindungsbedürfnis nicht befriedigt wird:

- Ich kann mich nur auf mich verlassen; für mich ist keiner da; ich bin nicht liebenswert; ich kann niemandem vertrauen; ich muß mir alles allein erarbeiten.

Wenn das Bedürfnis nach Anerkennung nicht befriedigt wird:

- Ich bin schwach; ich bin unwichtig (unbedeutend); ich bin nicht gut genug; ich bin nicht vertrauenswürdig; ich verdiene keine Liebe; ich bin ein schlechter Mensch.

Wenn das Bedürfnis nach Kontrolle nicht befriedigt wird:

- Ich kann das nicht; ich kann keinen Erfolg haben; ich kann nicht kriegen, was ich will; ich kann es nicht aushalten (werde überfordert); alles ist mir zu viel; ich riskiere lieber nichts; wenn ich was anfange, geht es schief.

Wenn das Bedürfnis nach Lustgewinn beziehungsweise Unlustvermeidung nicht befriedigt wird:

- Nichts macht mir Spaß; ich brauche nichts anzufangen, es kommt sowie nichts dabei heraus; ich kriege nichts zustande; ich habe immer Pech; die Welt ist ein böser Ort; andere haben es besser; ich bin das schwarze Schaf; ich stehe immer am Rand und schaue den anderen zu; ich kriege nichts geschenkt.

Weil die Grundbedürfnisse eng miteinander verwoben sind, könnten manche Überzeugungen auch woanders stehen, manche müssten mehrfach auftauchen.

Endlose Kreise

Man kann sich ausrechnen, wie sich das Leben eines Menschen entfaltet, der von diesen oder ähnlichen Überzeugungen geleitet ist. Da die Psyche eine sich selbst bestätigende Haltung hat – die Welt wird zunächst nach Bekanntem durchsucht, und wenn sich solches findet, wird der Rest ignoriert –, bleiben einmal entstandene Überzeugungen meist lebenslang erhalten. Vermutlich kennen Sie Menschen, die über alles negativ reden, allem gegenüber skeptisch sind und immer Schlechtes erwarten. Weil sich zu allem etwas Negatives finden lässt, wird die Annahme, in einer bösen oder schlechten Welt zu sein, unentwegt bestätigt. Und weil sie bestätigt wird, wird nicht weiter gesucht. So funktioniert das mit allen inneren Vorgaben. Auf normalem Wege gibt es hier keinen Ausweg.

Viele Menschen haben keine Ahnung von ihren negativen Überzeugungen. Dennoch ist ihr Leben daran ausgerichtet. Bei manchen zeigt es sich in einer Lebensdevise: Hat einer gelernt, seine Gefühle nicht mehr zu zeigen, sagt er vielleicht über sich selbst: „Ich bin eben ein rationaler Mensch." Einer, der sich aus Angst vor Ablehnung keine Fehler mehr zugesteht, überschreibt das mit dem Motto: „Das Bessere ist der Feind des Guten" oder „Ich mag es, wenn die Dinge perfekt sind." Einer, der sich für nicht so wichtig hält, beschönigt dies mit: „Ich muss nicht im Mittelpunkt stehen."

Auch verborgene Überzeugungen können schnell erschlossen werden. Dazu muss man nur an eine für diese Person problematische Situation erinnern und dann fragen: „Was denken Sie über sich selbst in dieser Situation?" Der aus der Hand gerutschte Teller, führt dann vielleicht zu folgenden Antworten: „ich bin ein Pechvogel", „ich bin so ungeschickt", „ich bin ein Versager". Antwortet einer: „der Teller war so glatt, da konnte ich nichts dafür", dann verbergen sich dahinter vielleicht dieselben Überzeugungen. Der Verweis auf den glatten Teller geschieht, weil es ihm unangenehm ist, als ungeschickt oder ähnlich gesehen zu werden. Vielleicht hatte er als Kind darunter gelitten, zu oft auf seine Unfähigkeit hingewiesen zu werden. Daher will er das jetzt vermeiden und macht deutlich, dass die Ursache für das Geschehen woanders lag. Auch Menschen, die sich keinen Fehler erlauben, weil diese in der Familie so streng reglementiert wurden, werden angestrengt nach möglichen anderen Fehlerquellen suchen und möglichst niemals einen Fehler zugeben. Dahinter findet sich oft die Überzeugung, dass sie nicht genügen, wie sie sind.

LEBENSTHEMA

Ich möchte auf den vorher schon eingeführten Begriff »Lebensthema« noch etwas näher eingehen, weil er so eine zentrale Bedeutung hat.

Ein Lebensthema entsteht im Laufe der ersten Lebensjahre. Insbesondere die in dieser Zeit gegebenen Schwierigkeiten und Probleme führen dazu, dass bestimmte Aspekte des Lebens in den Vordergrund treten. Erlebt ein Kind beispielsweise einen Mangel an angemessener Zuwendung, dann wird die Suche nach dieser angemessenen Zuwendung zum vorrangigen Thema. Tag für Tag werden Versuche und Anstrengungen unternommen, um das Problem zu lösen oder den Schmerz zu lindern. Alles, was dabei auch nur annähernd eine Besserung bringt, wird zum Bestandteil der Lösungsprogramme des Kindes. Auch negative Überzeugungen sind Teil davon. Die gefundenen Verhaltensmuster funktionieren immer auf Kosten der Kinder, denn sie erfordern Anpassung, Verzicht, Schuldübernahme, Selbstentwertung und die Entwicklung innerer Überzeugungen, die vor allem dem Zweck dienen, die eigene Person zu begrenzen. Wirkliche Lösungen müssten von den beteiligten Erwachsenen ausgehen. Geschieht dies rechtzeitig, können die vorher entstandenen Wunden geheilt werden. Bleiben Kinder bei ihrer Suche nach Lösungen jedoch auf sich allein gestellt, bleibt die Not der Kindheit erhalten. Sie wird zu einem zentralen Thema im Leben dieser Person und beeinflusst alle Lebensbereiche. Meine Bezeichnung dafür ist: »Lebensthema«.

Es ist also eine ganze Kette von Geschehnissen, die zur Herausbildung eines Lebensthemas führt:
- Etwas in der Grundfamilie wird als Last erlebt, und alle Versuche, Hilfe von den Erwachsenen zu bekommen, scheitern.
- Es bilden sich Bewältigungsmuster. Mit deren Hilfe gelingt es, die Last zu mindern, aber nicht das Problem zu lösen.
- Das Thema/die Not bleibt erhalten.
- Auch der inzwischen Erwachsene versucht weiterhin, die (meist unbewußte) Not mithilfe der alten Bewältigungsmu-

ster zu lösen.

- Weil diese Bewältigungsmuster niemals das Grundproblem lösen und später auch andere Bedingungen als in der Herkunftsfamilie herrschen, bleibt alles Bemühen vergeblich. Der Mangel der Kindheit setzt sich fort.

- Die alten Bewältigungsmuster bestimmen das Leben. Die Last der Kindheit ist zur Lebensaufgabe geworden.

Ein Lebensthema steht auch für eine Suche: Die Suche danach, die erlittenen Unstimmigkeiten zu beenden beziehungsweise sie endlich auszugleichen. Diese wird so lange betrieben, bis das Ziel erreicht ist. Weil dies mit den gewählten Mitteln nicht funktioniert, währt die Suche lebenslang. Man könnte auch von einer Lebensaufgabe sprechen.

Wenn ich vom Lebensthema einer Person spreche, meine ich damit immer auch:

- Die schwierigen Bedingungen in der Kindheit dieser Person, also die Not, die sie als Kind dadurch erlebte.

- Die Lösungs- und Vermeidungsmuster, die sie entwickelte, um mit dieser Not klarzukommen, sie zu lindern oder zu beseitigen. Dazu gehören auch die über die eigene Person gelernten Überzeugungen.

- Die Sehnsüchte und Wünsche, die die Person heute noch hat, weil etwas Wichtiges in ihrem Leben fehlte, störte oder zu viel stattfand.

- Weil sich ein Lebensthema in allen problematischen Aspekten des erwachsenen Lebens wiederfindet, gehören auch die Gegenwartsprobleme dazu.

Auslöser für Lebensthemen

Jedes Geschehen, welches eine Überforderung für das jeweilige Kind darstellt. Besonders belastend sind:

Trennung von den Eltern

Durch zu frühe und zu lange Klinikaufenthalte, zu frühe Unterbringung in Krippen oder Kindertagesstätten, Ferien-Verschickungen, Kinderheim-Aufenthalte oder ähnliches werden Kinder leicht überfordert. Auch eine zu frühe Betreuung durch Ersatzpersonen und seien diese noch so liebevoll, kann schon eine Überforderung darstellen.

Krankheiten eines Elternteils

Gleich ob es sich um körperliche oder seelische Erkrankungen, Drogensucht oder Alkoholismus dreht, die Kinder lernen zu früh Verantwortung zu übernehmen und entwickeln Instrumente, um sich vor den Befindlichkeiten der Eltern zu schützen, die Eltern zu entlasten oder diese sogar zu betreuen.

Missbrauch und Prügel

Sexueller und emotionaler Missbrauch in jeder Form gehören zu den Geschehnissen mit den schlimmsten Folgen. Jede Grenzüberschreitung, gleich ob körperlicher oder seelischer Natur, vermittelt dem Kind, kein Recht auf eigene Grenzen zu haben. Es lernt machtlos zu sein und ordnet sich überall bedingungslos unter oder macht es wie von den Eltern gelernt und verletzt die Grenzen von Anderen mit Gewalt. Viele Erwachsene erinnern sich nicht mehr an ihre Opfererfahrungen der Kindheit. Diese Erfahrungen waren so belastend, dass sie verdrängt wurden.

Abwertungen, Beschämungen, ständige Kritik

Solche Erfahrungen wirken zwar schwächer als die der vorherigen Rubrik, aber sind dennoch übel. Häufig entwickeln diese Kinder ein geringes Selbstbewusstsein und sind getrieben vom Gefühl, noch etwas beweisen zu müssen.

Schwere Krankheit oder Behinderung eines Geschwister.

Wenn der größte Teil der Aufmerksamkeit der Eltern dem kranken oder eingeschränkten Geschwisterkind gilt, steht das gesunde Kind oft am Rand. Vielleicht hat es auch Schuldgefühle dafür, gesund zu sein und lebt ein Leben, in dem es darum geht, diese Schuld auszugleichen. Das beinhaltet oft auch, dass es sich selbst nicht zugesteht, es sich gut gehen zu lassen.

Manchmal entstehen ähnlich unglückliche Umstände auch

mit gesunden Geschwisterkindern. Das Nachgeborene wird in eine andere Situation hinein geboren (die Eltern haben mehr Zeit, mehr Geld, andere Lebensbedingungen et cetera), hat ein anderes - bevorzugtes - Geschlecht, einen anderen Erzeuger ... Das ältere Kind muss miterleben, wie das jüngere all das bekommt, auf das es selbst verzichten musste. Es lernt, weniger wert zu sein, weniger wichtig oder ähnliches.

Tod oder Trennung

Der Tod eines Elternteils kann genauso wie eine Trennung der Eltern massive Belastungen auslösen, die Folge: Verlassenheitsängste, die lebenslang wieder ausgelöst werden können. Wird einem Kind nicht erklärt, warum ein Teil der Familie gestorben ist oder warum die Eltern sich trennen, lernt es schnell, dass es selbst die Ursache dafür ist.

Neben diesen großen Ursachen können sich belastende Erfahrungen und damit ein Lebensthema auch aus vielfältigen anderen Umständen ergeben. Streitereien der Eltern, Gerangel mit Geschwistern, das „kleine Mobbing" im Kindergarten oder in der Schule, die Aufenthalte bei der ungeliebten Tante oder die überfordernden Filme, die das Kind mit anschaut. Auch aus normalen Situationen kann sich die kindliche Fantasie eine kleine Hölle basteln und heraus hören, dass es nicht gut ist, zu klein, zu groß, zu ungeschickt et cetera. Das wichtigste Gegenmittel gegen solche Irrtümer ist das Gespräch mit den Erwachsenen. Diese sollten auch mal nachfragen, wie sich das Kind denn selber sieht und dann korrigierend einwirken.

Beispiele für Lebensthemen

Es folgen einige Beispiele möglicher Lebensthemen. Tatsächlich hat jeder Mensch seine ganz eigenen Themen und eine vollständige Liste wäre somit sehr lang. [6]

---

6 Die Vorlage für diese Auflistung ist entnommen aus: http://www.persoenlichkeits-blog.de/article/45830/lebensthema-klaeren. Dort gefunden am 15.3.2017

Sehnsucht danach, wichtig zu sein.

Diese Menschen werden groß mit der Überzeugung, dass sie nicht wichtig sind. Entsprechend ordnen sie sich unter und stellen sich hinten an. Viele bemühen sich angestrengt um die angemessene Anerkennung. Kommt diese, wird sie aber nicht angenommen, weil sie denken, dass sie diese nicht verdient haben oder weil sie glauben, der andere mache das nur aus Mitleid.

Eine Variante dieses Themas ist der Wunsch etwas besonderes zu sein. Nicht einer wie alle anderen, sondern einmalig und für andere so interessant, dass diese einem ihre Zeit, Aufmerksamkeit und Liebe schenken.

Dazu gehören wollen

Diese Menschen sind überzeugt, anders zu und deswegen keinen Platz im Miteinander zu bekommen. Sie sehen sich als falsch, störend, unvollkommen, als Belastung oder ähnliches. Manche geben auf und leben allein, andere bemühen sich um einen Platz im Miteinander. Aber auch wenn sie mitten drin sind und vielleicht auch zentrale Positionen einnehmen, werden sie das selbst nie so sehen. Sie werden sich immer irgendwie am Rande und allenfalls als geduldet verstehen.

Der Wunsch normal zu sein - eben so wie alle anderen - ist eine Variante dieses Lebensthemas

Erfolg haben

Überzeugt, kein Glück zu haben und in ihrem Bemühen immer wieder zum Scheitern verurteilt zu sein, träumen sie vom Erfolg oder kämpfen engagiert darum. Aber selbst wenn sie am Ziel ankommen, werden sie nie zufrieden sein. Weil sie überzeugt sind, dass ihnen das Glück nicht zusteht, werden sie es nicht annehmen. Ist ein Ziel erreicht, richten sie den Fokus sofort auf das nächste, es gibt keine Ruhe, der Erfolg wird nicht gefeiert und nicht belohnt.

Varianten dieses Themas sind die Sehnsucht nach Zufriedenheit, nach innerer Ruhe und einem Ende des inneren Getriebenseins.

Ich bin okay wie ich bin

Als Kinder wurden ihnen immer ihre Fehler vorgehalten und ihre Leistungen an denen anderer gemessen. Nie gab es Zufriedenheit oder Anerkennung für das was sie konnten. Sie durften nie Kind sein und Fehler waren nie dazu da, um daraus zu lernen. Also lernten sie den Vorgaben anderer zu folgen und sich am Tun von denen zu orientieren. Die eigene Kreativität bleibt auf der Strecke. Diese Menschen erlauben sich keine Fehler, versuchen immer korrekt zu sein und verbergen ihre eigene Sichtweise.

Meine Gefühle sind okay

Das ist eine Variante der vorherigen Rubrik. Auch diese Menschen wurden nie in ihrer Person gesehen, sondern immer nur an anderem gemessen. Sie lernten, ihre eigene Sichtweise und ihre Gefühle zu unterdrücken. Sie argumentieren kopforientiert und rational. Sie sehnen sich danach, sich mal - aus dem Bauch heraus - ganz an sich selbst zu orientieren und sind gleichzeitig überzeugt, dass dies ein großer Fehler wäre

Sichtbar sein

Auch dies ist eine Variante der beiden vorherigen. In einer feindseligen Umgebung lernten diese Menschen sich vollkommen angepasst zu verhalten. Sie zeigen keine eigenen Impulse, sondern passen sich überall an. So wurden sie als Individuum vollkommen unsichtbar, voller Sehnsucht danach, als das erkannt zu werden, was sie sind: als Individuum.

Weitere Varianten zeigen sich in den Wünschen, mal gehört zur werden, mal richtig laut zu sein, mal zu bestimmen, was geschieht, mal auf einer Bühne zu stehen oder mal nicht für andere Platz zu machen und zum Beispiel in der Straßenbahn auf ihrem Sitzplatz zu bestehen.

Mal nicht verantwortlich sein

Schon früh mussten sie Verantwortung für Geschwister, kranke Verwandte oder Eltern übernehmen. Sie haben gelernt, immer für andere da zu sein und stellen eigene Bedürfnisse blitzschnell zurück. Sie sehnen sich danach, mal selbst im Mittelpunkt zu stehen, beschützt, begleitet, geführt, versorgt zu werden.

Gerechtigkeit

An sich selbst oder den Geschwistern haben sie erlebt, wie es sich anfühlt, Opfer von Ungerechtigkeit zu werden. Sie sehnen sich nach Gerechtigkeit und oft dreht sich auch ihre Berufstätigkeit darum, für etwas mehr Gerechtigkeit in der Welt zu sorgen.

Zur Ungerechtigkeit gehört immer auch das Erleben von Machtlosigkeit. Mal etwas zu sagen zu haben, gehört und gesehen zu werden, sind auch Varianten dieses Themas. Auch die Sehnsucht nach Schutz und Sicherheit kann hier ihren Ursprung haben.

Wie Sie sicher bemerkt haben, lassen sich die verschiedenen Themen nicht vollständig voneinander abgrenzen. Überall gibt es Berührungspunkte und manches könnte auch unter einer anderen Überschrift stehen. Letztlich ist jedes Lebensthema individuell, es gibt so viele Varianten, wie es Menschen gibt. Selbst wenn zwei Menschen genau dasselbe formulieren, meinen beide etwas anderes.

Positive Aspekte des Lebensthemas

Mit dem Lebensthema ist auch Positives verknüpft. Denn schwierige Lebensbedingungen sind auch eine Herausforderung und solange die Kinder ihre Hoffnung nicht verlieren, werden sie dazu angeregt, vorhandene Fähigkeiten zu entfalten oder völlig neue zu entdecken.

Einer, dem viel zugemutet wird, lernt dabei auch, vieles zu ertragen. Die erlebte Unsicherheit führt zur Schärfung der Sinne, und schwer berechenbare Eltern regen dazu an, die Fähigkeit zur Berechnung komplizierter Verhältnisse zu entwickeln. Die genaue Ausprägung der entstehenden Fähigkeiten hängt wesentlich von dem ab, welche Stärken die jeweilige Person mitbringt. Ich vermute, dass ein junger Mensch unter schwierigen Bedingungen genau jene Fähigkeiten nutzt, für die er genetisch am besten ausgestattet ist. Wer gute Ohren hat, wird diese nutzen und die Fähigkeit zu hören weit ausbauen und vielleicht lernen, „die Flöhe husten zu hören". Wer einen schnellen Kopf hat, wird diesen sicher einsetzen, und der daraus gebaute Schutzmechanismus wird entsprechend aussehen. Zum Beispiel braucht Angst eine Menge Fantasie, um sich entfalten zu können. Wer gut sehen kann, wird mit Adleraugen Details sehen, die anderen entgehen. Einige werden besonders sensibel, andere ungeheuer geduldig, wieder andere lernen jede Ungerechtigkeit intuitiv zu erfassen, einige schaffen es, sich vollkommen unauffällig zu verhalten, so dass sie beinahe unsichtbar werden. Wer schnell reagieren kann, wird dies verwenden und dadurch vermutlich noch schneller werden und wer handwerklich geschickt ist, wird dies bis zur Perfektion ausarbeiten, wenn es zur Verbesserung des eigenen Lebens dient. Wenn Ihnen Menschen in Ihrer Umgebung auffallen, die über besondere Fähigkeiten verfügen, dann sind diese Fähigkeiten vielleicht das Ergebnis schwieriger Umstände. Was dieser Mensch wohl aushalten musste, um so zu werden? Auch wenn Sie auf sich selbst schauen und sich klarmachen über welche Fähigkeiten Sie verfügen, bekommen Sie gleichzeitig Zugang zu all den Schwierigkeiten, Prüfungen und Aufgaben, die Sie in Ihrem Leben schon zu bewältigen hatten. Und ob Sie ohne den Druck, der durch unangenehme Situationen entstanden war, Ihre Potenziale entfaltet hätten, bleibt offen. Wenn Sie also über sich sagen können, dass Sie gut zuhören können, dann waren Sie in Ihrem Leben vermutlich irgendwann gezwungen, diese Fähigkeit zu entfalten. Vielleicht waren da strenge Eltern, ältere Geschwister oder andere nahe Personen, die sehr ungemütlich werden konnten, wenn Sie sich nicht wie gewünscht verhalten haben.

Damit die Fähigkeiten auch wirklich ausgebaut werden, muss das Kind zumindest das eine oder andere Erfolgsergebnis haben. Das bedeutet auch, dass Kinder in einem allzu rigiden Umfeld irgendwann aufgeben und allenfalls noch die Fähigkeit zum Verzicht und zur Anpassung perfektionieren.

Es gibt noch eine zweite, interessante und positive Seite eines Lebensthemas. Bei vielen Menschen konnte ich beobachten, dass diese anderen Menschen genau das schenken, was sie selbst als Kind dringend gebraucht hätten. Der Vernachlässigte schenkt Sorgfalt und Verlässlichkeit, wer nicht gesehen wurde, schenkt Aufmerksamkeit. Wer unter Ungerechtigkeit gelitten hatte, sorgt für Gerechtigkeit, der lieblos Aufgewachsene versucht mehr Liebe in die Welt zu bringen. Das tun diese Menschen meist sehr engagiert, auch wenn es vielen nicht bewusst ist, was sie da machen und warum sie es machen. Von dem Leid der eigenen Kindheit profitieren dann deren Kinder, ihre Schüler, Kollegen oder andere Menschen.

Die in der Kindheit herausgebildeten Fähigkeiten und auch die Neigung, anderen das zu schenken, was einem selbst fehlte, beeinflussen das Leben des Erwachsenen deutlich. Oft werden sie auch zur Grundlage der beruflichen Tätigkeit. Das ist aber nicht ganz unproblematisch, denn die Fähigkeiten und Aktivitäten sind beides gleichzeitig: sie sind aus den Lasten der Kindheit entstanden - und damit Teil eines alten Bewältigungsmusters - und gleichzeitig sind sie eben auch großartige Möglichkeiten. So lange sie aber als Teil des Bewältigungsmusters eingesetzt werden, sind sie der eigenen Person nicht dienlich und können sogar zur Quelle von großer Not werden. Ein Mensch, der als Kind gelernt hat, sensibel für das Leiden anderer zu sein und diesen mit seiner ganzen Kraft zu helfen, kann zum Beispiel als Arzt, Sozialarbeiter, Krankenschwester oder vergleichbares hervorragende Arbeit leisten. Wenn dieser Arzt seine Fähigkeit dazu nutzt, um sich bei seinen Patienten beliebt zu machen – sich also die Liebe zu holen, die er bei seinen Eltern nicht genug bekommen hat, wird er vielleicht nicht in der Lage sein, notwendige Grenzen aufrechtzuerhalten. Er wird in kürzester Zeit in seiner Arbeit untergehen, wird immer für seine Patienten da sein und alles für sie tun, ohne Rücksicht auf eigene Grenzen. Da alte Muster nicht dazu geeignet sind, die ersehnte Liebe tatsächlich ins Leben zu holen, wird dieser Mensch irgendwann vollkommen erschöpft und mit leeren Händen dastehen. Die Grenzenlosigkeit ist nur eine Möglichkeit, wie sich ein altes Muster zeigen kann. Es gibt viele andere Möglichkeiten wie sich Gegenwart und Kindheitsmuster überlagern können. Schauen wir zum Beispiel auf die vielen Menschen, die mit hohem Fleiß und großartiger Leistung versuchen, die ersehnte Anerkennung zu erreichen. Offensichtlich gibt es sehr viele davon, ansonsten wäre Burnout nicht so ein allgemein verbreitetes Phänomen.

Wie kann man verhindern, dass man seine Energie und seine

Fähigkeiten so verschwendet? Es nutzt wenig, wenn man nur in Erfahrung bringt, worin die eigenen Fähigkeiten bestehen und dann versucht, den Einsatz dieser Fähigkeiten zu begrenzen. Dies ginge nur so lange gut, wenn man innerlich nicht im Stress ist. Denn, wie oben bereits benannt, schaltet die unbewusste Psyche unter Stress auf die alten Bewältigungsmuster um und dazu gehören eben auch die besonderen Fähigkeiten eines Menschen. Stressfrei sind die meisten aber nur für wenige und kurze Augenblicke. Im Urlaub klappt das manchmal und selten unter ganz besonderen Bedingungen, die meist nicht ohne weiteres wieder herstellbar sind. Wenn der in der Kindheit ungeliebte Arzt dann wieder auf seine Patienten trifft, wird sofort die alte Not wieder berührt und die alte Routine wird wieder aufgerufen. Wirklich stressfrei könnte er nur werden, wenn die in der Kindheit entstandene Not jetzt und heute gelöst wäre. Wenn er sich also so fühlen könnte, als wäre er immer in hinreichender Intensität geliebt und geachtet gewesen.

Der wichtigste Schritt besteht also darin, eine positive Antwort auf die Lasten der Kindheit zu finden. Dies muss in der Gegenwart geschehen und es muss wirklich spürbar erlebt werden können, dass die damalige Not jetzt nicht gegeben ist. Erst wenn das in der eigenen Psyche ankommt, werden die Bewältigungsmuster der Kindheit nicht mehr aufgerufen. Dies liegt in der Logik der Sache: solange die Not der Kindheit noch gegeben ist, werden die als Antwort darauf entwickelten Bewältigungsmuster weiter aufgerufen werden. Ist die Not vorbei, werden die Bewältigungsmuster nicht mehr gebraucht.

Genau diesem Zweck dient der Schlüssel zur Psyche. Er ist die positive Antwort auf die in der Kindheit erlebte Not. In dem Moment, in dem Sie Ihren Schlüssel zur Psyche verwenden, hat sich die Not der Kindheit aufgelöst und das bedeutet auch, dass die aus dem Damals mitgebrachten Fähigkeiten endlich frei genutzt werden können. Jetzt können Sie erst ihr ganzes Potenzial entfalten.

***

Vermutlich haben viele Menschen mehr als ein Lebensthema. Weil in einer normalen Kindheit auch mehr als nur ein Aspekt schiefgehen kann. Ich habe aber die Erfahrung gemacht, dass meist nur ein einziges Thema deutlich im Vordergrund steht. Erst wenn dieses bearbeitet ist, zeigt sich, welche anderen noch dahinter existieren. Deshalb macht es Sinn, zunächst nur nach dem einen Thema zu suchen, auf die anderen wird man später stoßen, wenn das erste keines mehr ist.

In meiner Definition des Begriffs Lebensthema berücksichtige ich nur Lebensthemen, die aus Belastungen entstanden sind. Ich will damit nicht ausschließen, dass es auch Menschen gibt, bei denen positive Erfahrungen dazu führen, dass sich bestimmte Themen in den Vordergrund ihres Lebens bewegt haben und die man dann sicher auch als Lebensthemen bezeichnen könnte. Diese Möglichkeit lasse ich außer Acht. Vielleicht wäre »Lebenslasten« auch eine gute Bezeichnung. Wegen der auch vorhandenen positiven Seiten eines Lebensthemas habe ich diese nicht gewählt.

TEIL 2

DER SCHLÜSSEL ZUR PSYCHE

Fassen wir noch einmal zusammen. Die Lasten der Kindheit sind viele Jahre her, aber die damals gelernten Bewältigungsstrategien bestimmen das Leben immer noch (im Wesentlichen unbewusst). Treibende Kraft ist die nie unterbrochene Suche nach dem, was in der Kindheit fehlte und bis heute fehlt. Menschen hören nicht auf, sich danach zu sehnen, wovon sie in ihrem Leben nicht genug bekommen haben. Seelische Grundbedürfnisse wollen befriedigt werden, aber zur Lösung stehen nur die alten Bewältigungsmuster zur Verfügung. Diese sind – in der Regel – nicht geeignet, die Ziele der Sehnsucht zu erreichen und weil sie nicht zum Erwachsensein passen, sind sie darüber hinaus häufig Ursache von Ärger und Problemen.

Hier setzen wir an. Wir finden heraus, was im Leben eines Menschen fehlt und wonach er sich sehnt. Weil jeder anders ist, müssen wir genau auf den Einzelnen schauen. Dazu brauchen wir keine tiefgehende und lang andauernde Analyse der Psyche, und wir müssen auch nicht die Vergangenheit der jeweiligen Person durchforsten. Weil die Probleme der Gegenwart aus alten Bewältigungsmustern entstehen, finden wir in diesen Problemen alles, was wir benötigen.

Wir starten also mit einem beliebigen Gegenwartsproblem und suchen darin nach dem Kern der Not der jeweiligen Person. Dies führt meist direkt zum Lebensthema. Danach folgt in einem zweiten Schritt die Suche nach einer stimmigen Antwort auf diese Not. Einige einfache Fragen sind das Mittel. In einem dritten Schritt muss diese Lösung erfahrbar, also spürbar werden. Auch das ist meist leichter als vermutet, wie Sie gleich sehen werden.

Die Lösung muss so beschaffen sein, dass sie den Kern des Leidens berührt und eine stimmige Antwort auf den dahinterliegenden Mangel gibt. Dann ist sie genau das, was ich als Schlüssel zur Psyche verstehe. Wenn man den Schlüssel gefunden hat, entstehen positive Gefühle, diese werden umso intensiver, je genauer die Lösung passt. Es ist wie bei einem guten Schloss: Nur der passende Schlüssel kann es öffnen.

Bevor wir konkret werden, sollten Sie allerdings wissen, dass es manchmal auch Widerstand gegen eine solche Auflösung des Lebensthemas gibt.

Mit Widerstand rechnen

Bei der Suche nach ihrem Schlüssel zur Psyche betreten die meisten Leser vermutlich Neuland. Da unsere Psyche eher konservativ ist und bevorzugt vertraute Wege geht, zeigt sie sich beim Umgang mit Neuem oft widerspenstig. Gewisse Freiheiten werden dem Bewusstsein zugestanden: Wenn wir uns bewusst für einen neuen Weg als Lösung entscheiden, nimmt die unbewusste Psyche das für einen Moment hin. Das Bewusstsein ist ja genau dafür da. Es ermöglicht, Neues zu entdecken und deshalb darf es auch einen Schlüssel zur Psyche finden und damit hantieren. Wenn die Psyche aber nicht überzeugt wird, dass das Neue besser als die alten Lösungen ist, wird sie sich dagegenstellen. Diese Überprüfung geschieht unbewusst. Deshalb bekommt man es zunächst gar nicht mit, wenn die Psyche plötzlich ablenkt und etwas ganz anderes auf einmal viel wichtiger scheint, oder man – eben noch überzeugt – auf einmal kritisch auf das Ganze schaut. Die unbewusste Psyche kann einen auch dazu verleiten, den neuen Ansatz infrage zu stellen, zu entwerten oder als nicht relevant und nicht vertrauenswürdig anzusehen.

Wir müssen dabei zwei Möglichkeiten unterscheiden:

1. Die gebotene Lösung ist tatsächlich nicht gut. Wenn sich die Psyche querstellt, ist in diesem Fall der Widerstand ein wichtiger Hinweis, dass der Lösungsansatz falsch ist oder noch wichtige Aspekte fehlen.

2. Die Lösung passt genau und ruft doch Gegenargumente

hervor. In diesem Fall ist der Widerstand der Psyche nur ihrer Tendenz zum Konservativen geschuldet. Sie liebt es, wenn alles so bleibt, wie es ist, deshalb spielt sie nicht mit und stellt sich gegen die Änderung. In diesem Fall machen wir es wie in der Homöopathie, wo eine Verschlechterung bald nach der Mitteleinnahme als Beleg verstanden wird, dass das Mittel richtig ist. In ähnlicher Weise verstehen wir die störenden Gedanken als Beleg für die Stimmigkeit des Prozesses. Sie werden daher ausgehalten beziehungsweise beiseitegeschoben.

Widerstand kommt nicht in jedem Fall, wenn er aber kommt, muss man ihn sehr genau betrachten und herausfinden, ob er Hinweis auf eine wichtige Verbesserung ist oder nur aus der beharrenden Tendenz der Psyche kommt. Wie man die beiden Arten von Widerstand unterscheiden kann, erkläre ich weiter unten im Abschnitt »Anregung oder Störung« auf Seite 116 noch genauer.

Falls Sie zusammen mit einem Psychotherapeuten nach Ihrem Schlüssel suchen, wird der Therapeut darauf achten, den Unterschied zu erkennen. Denen, die sich allein an das Thema heranwagen, empfehle ich, sich einen Begleiter zu suchen. Die naheliegende Idee, dazu auf den eigenen Partner oder die beste Freundin zurückzugreifen, erweist sich nicht immer als gut, weil diese wahrscheinlich ein sehr ähnliches Lebensthema wie Sie selbst haben. Daher könnte die Distanz fehlen, die notwendig ist, um Wesentliches zu erkennen. Sollte sich aber niemand anderes finden, bleiben Sie bei Ihrer ersten Wahl: Vier Augen sehen mehr als zwei. Gehen Sie allein an die Aufgabe heran, bleibt Ihnen nur übrig, sehr wachsam zu sein. Die schriftliche Protokollierung aller Teilschritte hilft Ihnen dabei, den Überblick nicht zu verlieren.

Um dem inneren Widerstand von vornherein einige Argumente zu entziehen, spreche ich noch zwei wichtige Themen an, bevor wir uns dann mit der konkreten Suche nach Lösungen beschäftigen.

Das Lebensthema als Teil der eigenen Person annehmen

Stellen Sie sich einmal die Frage, ob Sie sich mit der Idee abfinden können, dass sich Ihr Leben schon seit vielen Jahren um etwas dreht, das irgendwann in der Kindheit fehlgeschlagen ist.

Für manche ist diese Vorstellung kaum zu ertragen. Sie passt einfach nicht in das Bild von sich selbst als einem erwachsenen Menschen. Als solcher erwartet man von sich, dass man mit dem Leben klarkommt, Probleme erkennt und löst – eben erwachsen ist und frei entscheidet, was man tut und was nicht. Manchen fällt es sehr schwer hinzunehmen, dass es da etwas in der eigenen Person geben soll, von dem sie bisher nichts wussten und worüber sie bisher keine Verfügungsgewalt haben. Für Menschen, denen es wichtig ist, in ihrem Leben die Kontrolle zu haben und den Überblick über alles, was geschieht, ist diese Einsicht eine echte Herausforderung. Entweder sie steigen an dieser Stelle aus – gemäß der Überzeugung: „Was nicht sein darf, das nicht sein kann" – oder sie stürzen sich auf diesen bisher unkontrollierten Bereich, um ihn sich Untertan zu machen.

Man wandelt nur das, was man annimmt.
Carl Gustav Jung

Wir leben in einer Leistungsgesellschaft. Richtig zu sein, alles richtig zu machen, mithalten zu können, (hoch) leistungsfähig zu sein, das sind für die meisten Menschen zentrale Leitwerte. Und dann kommt jemand daher und behauptet, man habe unbewusste Programme, die stören, belasten und viele persönliche Schwierigkeiten verursachen. Das klingt nach fehlerhaft sein, nicht funktionieren, im Weg stehen, nicht perfekt sein und nicht mithalten können. Vor allem Menschen, die in ihrer Psyche viel mit Themen wie Anerkennung, Selbstwert, Beachtung und Ähnlichem zu tun haben, werden empfindlich reagieren.

Diese Empfindlichkeit hat auch häufig mit falschen Vorstellungen über die Organisation unseres Gehirns zu tun. Wer über zeugt ist, sein Leben bewusst zu lenken, wird kaum bereit sein, unbewusste Vorgaben und Einschränkungen zu akzeptieren.

Verantwortung für die eigene Person übernehmen

Wenn wir uns nicht als Produkt der eigenen Geschichte akzeptieren, bleiben wir ein Spielball genau dieser Geschichte. Erst die Anerkennung des eigenen so Gewordenseins bringt die Chance, die Verantwortung jetzt wirklich in die eigenen Hände zu nehmen. Tun wir dies nicht, verhalten wir uns insgeheim noch immer wie Kinder. Wir schinden uns, wir bemühen uns, wir dienen, funktionieren wie ein Uhrwerk, damit die anderen – also die Nachfolger unserer Eltern – uns endlich das geben, was unsere Eltern uns nicht geben konnten. Treten wir selbst in die Verantwortung, haben nicht mehr die anderen den Auftrag, uns wie bessere Eltern zu helfen, sondern wir übernehmen diese Aufgabe nun selbst.

Das bedeutet auch, sich von der Kindheit zu verabschieden und einen Frieden mit ihr und mit den Eltern zu schließen. Wenn das schwerfällt, kann es helfen, die Situation einmal so zu betrachten: Familien bestehen aus Menschen, und Menschen sind begrenzt. Eltern können vieles und manches eben nicht, denn auch Eltern stammen aus Familien und sind entsprechend vorbelastet. In manchen Familien ist es vollkommen normal, zu wenig Wärme, Zuwendung oder Aufmerksamkeit zu bekommen, weil diese Qualitäten auch in den vorherigen Generationen nie hinreichend gegeben waren. Darum ist es auch nicht sonderlich dienlich, mit den eigenen Eltern zu brechen oder diese anzuklagen, weil etwas im eigenen Leben nicht ausreichend vorhanden war. Die meisten Eltern geben ihren Kindern gerne das, was sie haben; was sie aber selbst nie hatten, können sie normalerweise auch nicht weitergeben. Es hat sich daher als hilfreicher erwiesen, ihnen für das, was wir bekommen haben, zu danken und den verbleibenden Mangel als eigene Aufgabe, als individuelle Herausforderung zu verstehen. Denn das ist die lichte Seite des Mangels, den ein Kind erleidet: Er ist immer auch eine Aufforderung, neue Möglichkeiten in sich zu entdecken und vorhandene Fähigkeiten auszubauen.

Fragen Sie sich doch einmal, wozu Ihre jungen Jahre gut waren.

Welche Anregungen habe ich bekommen, und welchen Herausforderungen musste ich mich stellen? Welche Fähigkeiten habe ich entwickelt und welche vielleicht wichtigen Entscheidungen getroffen? Lassen Sie sich nicht verlocken auf das zu schauen, was in Ihrem Leben fehlt und nicht läuft, sondern machen Sie sich klar, dass bei allem, was Sie durchkämpft haben, eine Vielfalt an Fähigkeiten und Möglichkeiten entstanden ist, wie eben schon im Zusammenhang mit dem Lebensthema ausgeführt.

Dein Leben hängt davon ab, was Du aus dem machst,
was aus Dir gemacht worden ist.
Jean-Paul Sartre

Sich diesen Zusammenhang bewusst zu machen kann helfen, in den schwierigen Seiten der eigenen Vergangenheit die »positiven Nebenwirkungen« zu erkennen und es etwas leichter machen, mit der eigenen Vergangenheit Frieden zu schließen.

Wenn dieser Friedensschluss noch nicht gelingt, kann die Psyche daraus beliebig viele Argumente zaubern, die den hier gezeigten Weg mit Hindernissen pflastern. Das Unbewusste bedient sich dann seines besten Assistenten – dem Bewusstsein – und lässt sich von ihm überzeugende Argumente liefern.

VORBEREITUNGEN 1

Wir haben jetzt alle Informationen in der Hand, um uns der Praxis zuzuwenden und fangen damit an, Ihren Schlüssel zur Psyche herauszuarbeiten. Wir gehen aber ganz in Ruhe an das Thema heran und machen Sie erst einmal mit dem Prinzip dieses Lösungsweges vertraut. Das ist zwar auch schon eine Schlüsselsuche, aber ob wir jetzt nur den Schlüssel zu einem Nebenraum oder gleich den Hauptschlüssel finden, ist in dieser Phase nicht wichtig. Erst im darauf folgenden Schritt finden wir heraus, wie Ihr Lebensthema beschaffen ist und suchen dann die dazu gehörige positive Antwort - Ihren Schlüssel zur Psyche.

Ich empfehle Ihnen, bei allem, was Sie bei der Bearbeitung der Aufgaben, über die eigene Person entdecken, mit schriftlichen Aufzeichnungen zu arbeiten. Um die wesentlichsten Informationen aufzulisten, empfehle ich folgende Form, die Sie auf der nächsten Seite abgebildet sehen. Zeichnen Sie dazu auf ein Blatt Papier eine Tabelle mit vier Zeilen und zwei Spalten. Die Überschriften stehen links in der ersten Spalte. Rechts kommen Ihre Eintragungen hinein. Im folgenden Text erkläre ich noch detailliert, was genau gefragt ist. Eine leere Tabelle für Ihren eigenen Text finden Sie im Anhang am Ende des Buches unter dem Begriff „Lösungstabelle" und auch zum Ausdrucken im Internet auf der Webseite des Verfassers: www.reinhardt-kraetzig.de, bei den Ausführungen zu diesem Buch.

Lösungstabelle 1

Problem	In diese Zeile kommt eine kurze Bezeichnung für die ausgewählte Problemsituation.
Belastung	Was hat Sie in der Problemsituation besonders belastet? Welche Umstände, welches Geschehen hat Sie besonders berührt?
Durch die Belastung ausgelöstes Gefühl	Hier frage ich nach den Gefühlen, welche die Belastung bei Ihnen auslöste. Beziffern Sie zusätzlich den Grad Ihrer persönlichen emotionalen Belastung auf einer Skala von 0 – 10 und schreiben Sie diesen Wert dazu.
Lösung	Hier ist Ihre Wunschfantasie gefragt: Was hätte in der Problemsituation anders verlaufen müssen, was hätte hinzukommen oder wegfallen müssen? Was hätte Ihnen sofort aus dem belastenden Gefühl heraus geholfen?

Tabelle 1: Lösungstabelle 1

Jede andere Form für Ihre Notizen ist auch okay, es kommt vor allem darauf an, dass Sie die Ergebnisse Ihrer Selbstbetrachtung festhalten, sodass Sie später darauf zurückgreifen können.

Sicherheitsmaßnahmen

Bevor Sie gleich auf eine Problemsituation schauen, eine kleine Warnung: Jedes Mal, wenn ein Mensch auf seine Probleme und sein Leid schaut, werden die dazu gehörigen neuronalen Netze aktiviert, und das Leiden bestimmt erneut das aktuelle Empfinden. Gleichzeitig werden diese neuronalen Netzwerke durch das erneute Aufrufen verstärkt. Daraus ergibt sich: Schauen wir öfter auf Leidvolles, dann wird Leidvolles mehr und mehr unser Leben bestimmen und als Bezugspunkt für unser Handeln immer bedeutsamer. Wenn wir Leid mindern wollen, sollten wir so wenig wie möglich unsere Aufmerksamkeit darauf richten. Lasten erzeugen Lasten. Wenn ich Sie jetzt auffordere, auf Ihre Probleme zu schauen, bitte ich Sie daher, das mit einer gewissen Zurückhaltung zu tun. Sie sollen sich erinnern und hinspüren, aber nicht eintauchen und darin untergehen. Behalten Sie so viel Distanz, dass Sie ohne Mühe wieder aus dem belastenden Erleben heraus können. Wenn Sie danach stundenlang weinen müssen oder den Rest des Tages nicht mehr zu gebrauchen sind, war die Distanz zu gering.

Abstand bewahren

Es gibt eine Reihe von Möglichkeiten zur inneren Distanzierung:

- Sie können sich zum Beispiel vorstellen, bei dem erinnerten Geschehen nicht selbst beteiligt, sondern nur Zuschauer zu sein. Und dann schaffen Sie Abstand, indem Sie es nur aus großer Entfernung verfolgen.

- Einen ähnlichen Effekt hat es, wenn Sie sich einen Film der Begebenheit auf einem Smartphone ansehen, hier setzt die Größe des Bildschirms Grenzen. Zusätzlich könnte auch noch der Ton abgeschaltet und das Smartphone am anderen Ende des Zimmers aufgestellt werden.

- Sie könnten auch ein Standbild aus der belastenden Szene herausgreifen, sich dieses als ein Foto ausgedruckt vorstellen und es dann in einer angemessenen Entfernung platzieren. Es darf ruhig einige Meter weit weg sein. Ihre Psyche weiß dennoch, womit Sie sich gerade beschäftigen. Sie brauchen das Foto nicht einmal scharf zu sehen.

- Sollte die Belastung immer noch nicht weniger werden, hilft es, in der Vorstellung eine Milchglasscheibe davor zu platzieren oder einen Vorhang, der den Blick völlig verstellt.

Ihrer Fantasie sind keine Grenzen gesetzt, um zu vermeiden, dass Sie erneut leiden. Für das, was Sie erreichen wollen, brauchen Sie nicht das Leid, sondern nur eine ungefähre Erinnerung an das Erleben in der Problemsituation. Also nicht das volle, ungebremste Gefühl, sondern nur die Qualität, so etwas wie die Farbe des Erlebens. So, als würden Sie ein bekanntes Musikstück hören, das in großer Entfernung spielt. Sie können es zwar erkennen, aber kaum Details wahrnehmen.

Sollten Sie sich nicht von den Belastungen der erinnerten Situation distanzieren können, ist Ihr ausgewähltes Thema für die gegenwärtige Fragestellung zu schwerwiegend. Nehmen Sie besser etwas Leichteres. Es soll Ihnen in dem gesamten Prozess immer gut gehen. Sollten Sie sich doch in einem belastenden Gefühl verlieren, ist die einzige Aufgabe, zuerst wieder in einen stabilen inneren Zustand zu kommen. Stabil bedeutet nicht gefühllos: Man kann auch stabil und dabei ziemlich wütend oder traurig oder enttäuscht sein.

Um wieder in einen stabilen Zustand zu kommen, können Sie die oben genannten Distanzierungsmöglichkeiten verwenden. Sollte es damit nicht mehr gelingen, brechen Sie den Versuch ab, sich jetzt mit diesem Thema zu beschäftigen. Richten Sie Ihre Aufmerksamkeit auf etwas anderes. Etwas, bei dem Sie Ihre volle Konzentration brauchen.

Die Belastungsskala

Um den Belastungsgrad einer Problemsituation zu erschließen, hilft eine Messlatte für den Grad an Belastung, also eine Belastungsskala. Ich empfehle eine Skala von 0 bis 10. Null bedeutet, dass überhaupt keine Belastung vorliegt. Zehn steht für die höchste Belastung, die Sie aushalten oder sich vorstellen können. Wenn Sie Ihre Problemsituation auf dieser Skala einordnen, sollte die Belastung am Anfang nicht höher als 5 bis 6 sein.

In neun Schritten zum Ziel

1. Problem

Greifen Sie nun eine Problemsituation Ihres Lebens heraus. Finden Sie einen Moment, in dem etwas in Ihrem Leben nicht stimmte und Sie dadurch innerlich sehr belastet waren. Sorgen Sie für hinreichende innere Distanz und überprüfen Sie den Grad der Belastung auf der persönlichen Belastungsskala.

Jetzt geben Sie der Situation eine Überschrift und tragen sie diese in Ihre Liste in die erste Spalte ein. Auch wenn Sie eine komplexe Szene vor Ihrem inneren Auge haben, reduzieren Sie das Ganze auf wenige Worte. Zum Beispiel steht dann da: Geburtstagsdrama, Ausflug zu dritt, Kinderübergabe, Präsentation oder ähnliches, Sie können hier nichts falsch machen. Entscheidend ist nur, dass Sie selbst wissen, welche Situation damit gemeint ist.

2. Belastung

Stellen Sie sich die Frage: Was war so belastend in der Situation? Was fehlte oder war zu viel, zu wenig oder falsch oder auf andere Weise nicht stimmig? Wenn Sie komplexe Umstände vor Augen haben, Entwicklungen über Stunden oder Tage, dann fragen Sie sich: Was war (oder ist noch) das am meisten Belastende? Vielleicht gibt es einen Kern, ein zentrales Geschehen, einen Satz, eine Handlung, die für Sie in den Vordergrund rückt, wenn Sie einen Moment auf das Ganze schauen. Diesen Kern erkennen Sie daran, dass es das ist, was die größte innere Belastung erzeugt. Achten Sie daher weiterhin auf ausreichende Distanz.

In einem Beispiel ist das Problem, dass der Partner den Geburtstag vergessen hat. Für die betroffene Frau ist diese Tatsache allein schon belastend, aber entsetzt und traurig wird sie, als sie danach vom Partner auch noch mit den Worten angeschrien wird, sie sei doch selbst schuld, wenn sie ihm nicht Bescheid sage. In die erste Zeile ihrer Lösungstabelle hat sie eingetragen: „Er hat meinen Geburtstag vergessen und schreit mich auch noch an."

An seinem Verhalten verletzt sie vor allem, dass sie ihm offenbar nicht wichtig ist – so übersetzt sie sich jedenfalls sein Verhalten. Sie fühlt sich nicht ernst genommen. In die zweite Zeile der Lösungstabelle schreibt sie: „Ich bin ihm nicht wichtig."

Warum reagiert sie hier so empfindlich und legt so viel Wert darauf, gesehen zu werden, wichtig zu sein und ernst genommen zu werden? Weil sie vermutlich in sich die negative Überzeugung hat, nicht wichtig zu sein. Deshalb ist sie an diesem Punkt so verletzbar - offenbar ist ihr Lebensthema berührt und damit viele unangenehme Erfahrungen aus ihrer Vergangenheit.

3. Das belastende Gefühl

Fragen Sie sich jetzt, welche Gefühle das eben herausgearbeitete, am meisten belastende Moment der Problemsituation bei Ihnen auslöst. Es können durchaus mehrere Gefühle oder eine Gefühlsmischung auftauchen: Ärger, Enttäuschung, Traurigkeit, Verbitterung, Verzweiflung, Erschöpfung et cetera. Auch wenn Sie Gefühllosigkeit erleben, sollten Sie das benennen. Schreiben Sie Ihr Gefühl in die zweite Spalte.

Sollte es Ihnen schwerfallen, ein Gefühl zu benennen, können Sie es auch umschreiben, etwa so: „Ich fühle mich wie aufgezogen, komme nicht zur Ruhe", „Ich fühle mich wie eine Bombe, die gleich hochgeht" oder „Ich bin völlig fertig, als wäre eine Dampfwalze über mich gefahren". Manchmal ist auch ein Körpererleben erinnerbar, wie zum Beispiel: „Als ob ein schwerer Stein auf der Brust liegt" oder „Als hätte mir einer einen Knüppel über den Kopf gezogen". Dieses können Sie ebenfalls anstelle eines Gefühls aufschreiben. Auch hier können Sie nichts falsch machen, es kommt vor allem darauf an, dass Sie nachspüren können, wie sich das anfühlte.

Schätzen Sie die Intensität des Gefühls auf Ihrer persönlichen Belastungsskala von 0 bis 10 und schreiben Sie die Zahl ebenfalls in die dritte Zeile. Wenn die Gefühlsintensität schwankt, können Sie auch eine Bandbreite aufschreiben, zum Beispiel: „3 – 5". Sollten mehrere Gefühle in Spalte zwei stehen, bewerten Sie entweder jedes einzeln oder die gesamte Gefühlsmischung zusammen.

4. Die Last auflösen

Bisher haben wir vorbereitend gearbeitet. Jetzt kommt der wichtigste Schritt: Wir suchen nach etwas, das Ihnen damals, in der ausgewählten Problemsituation, aus dem belastenden Gefühl herausgeholfen hätte. Hier ist Ihre Fantasie gefragt, Sie dürfen Wünsche äußern. Stellen Sie sich vor, die Situation wäre anders verlaufen. So, dass nie ein Problem entstanden wäre. Was hätte sich anders abspielen müssen, was hätte hinzukommen oder wegfallen müssen? Was hätte geschehen müssen, damit das belastende Erleben nie eingetreten wäre oder sich sofort aufgelöst hätte? Viele Menschen haben darauf sofort eine Antwort parat. Sie wissen einfach, was Sie gebraucht hätten. Wenn es bei Ihnen auch schon eine Antwort gibt, schreiben Sie diese in die vierte Zeile.

Auch im Beispiel mit dem vom Partner vergessenen Geburtstag weiß die Betroffene sofort, was sie gebraucht hätte. Der Partner hätte seinen Fehler eingestehen, sich sofort entschuldigen und auch offen dafür sein sollen, dass sie verletzt ist. Noch lieber wäre es ihr aber gewesen, dass ihr Partner den Geburtstag nicht vergessen hätte. Vor allem wäre ihr wichtig, von ihm ernst genommen zu werden. Hier folgt die von ihr ausgefüllte Lösungstabelle.

Lösungstabelle Beispiel 1

Problem	„Er hat meinen Geburtstag vergessen und schreit mich auch noch an."
Belastung	„Ich bin ihm nicht wichtig."
Durch die Belastung ausgelöstes Gefühl	„Ich bin vollkommen entsetzt und traurig."
Grad der Belastung	Belastung: 6 – 7
Lösung	„Er bemerkt mein Entsetzen, nimmt mein Gefühl ernst und gibt seinen Fehler zu."

Tabelle 2: Lösungstabelle, Beispiel 1

Auch wenn der Partner vielleicht noch nie einen Fehler zugeben konnte, sollte dieser Wunsch dennoch zugelassen werden, wenn er da ist. Selbst wenn überhaupt nicht vorstellbar ist, dass der Partner das jemals tun würde, muss der Wunsch beziehungsweise das Bedürfnis formuliert werden. Man könnte sich sagen: „Auch wenn er das nicht kann, hätte ich es dennoch gebraucht, dass ich ernst genommen werde und er seinen Fehler einsieht."

Nicht das äußere Problem lösen, sondern das Leid

Wir suchen keine Lösung des äußeren Problemablaufs, sondern etwas, was aus dem belastenden Erleben heraushilft. Im Beispiel findet die Betroffene zu der Wunschvorstellung, dass der Partner mitbekommt, was er angerichtet hat, seinen Fehler einsieht und sich für sein Fehlverhalten entschuldigt. Anregungen, wie die Frau zukünftig dafür sorgen könnte, dass ihr Partner ihren Geburtstag nicht mehr vergisst, interessieren hier nicht.

Lassen Sie uns zur Verdeutlichung auch noch auf einen anderen Fall schauen. Einer älteren Dame war ein wichtiges Erinnerungsstück heruntergefallen und entzweigegangen. Ihr Partner glaubte ihr zu helfen, indem er die Scherben auffegte und ihr versicherte, dass man das noch einmal neu kaufen kann. Tatsächlich hätte sie Trost gebraucht und eine Begleitung in ihrer Trauer über den Verlust. Oder nehmen wir den Umstand, dass Ihnen gerade ein rücksichtsloser Zeitgenosse den Parkplatz vor der Nase weggeschnappt hat und Sie sich darüber maßlos aufregen. Natürlich brauchen Sie dann immer noch einen Parkplatz und müssen weitersuchen, aber um aus der Empörung herauszukommen, brauchen Sie vermutlich etwas ganz anderes.

Lassen Sie sich nicht vom äußeren Problemgeschehen ablenken, sondern bleiben Sie bei Ihrem Erleben und suchen Sie darauf eine positive, entlastende Antwort.

Sollten Sie eine Idee haben, testen Sie diese aus, indem Sie sich ausmalen, wie es wäre, wenn dieser Gedanke Realität werden würde. Denn Sie brauchen eine Lösung, die mehr ist als nur ein Gedanke. Sie brauchen ein Gefühl – je positiver und je spürbarer, umso besser.

5. Von der Lösungsidee zum positiven Gefühl

Im nun folgenden Schritt muss die gefundene Lösung von einer Idee zu einer erlebten Erfahrung werden. Erst wenn auch ein Gefühl damit einhergeht, bekommt die Lösung die Kraft, die wir brauchen, um sie als Schlüssel zu verwenden. Manchen fällt es leicht sich vorzustellen, wie sich eine positive Wendung anfühlen würde und dazu auch gleich intensive positive Gefühle zu erleben. Viele brauchen aber zusätzliche Unterstützung dabei.

Erinnern

Am leichtesten gelingt es, wenn Sie das, was Sie sich als Lösung wünschen (beziehungsweise gewünscht hätten), schon irgendwann erlebt haben. Dann brauchen Sie sich nur an diese Situationen erinnern und daran, wie Sie sich dabei gefühlt hatten. Im Beispiel mit dem vergessenen Geburtstag konnte sich die betroffene Frau zwar nicht daran erinnern, dass ihr Partner schon mal einen Fehler zugegeben hatte, aber dafür fiel ihr eine Situation ein, in der ein Bekannter sich ihr gegenüber so verhalten hatte, wie sie es sich von ihrem Partner gewünscht hätte. Er hatte eine Verabredung nicht eingehalten, sich aber sofort für seinen Fehler entschuldigt und sie als Wiedergutmachung zu einem ausgesucht guten Essen eingeladen. Diese Erinnerung rief in ihr sofort ein intensives gutes Gefühl hervor.

Schauen wir auf die Lösungstabelle aus einem anderen Beispiel. Hier ist eine Lehrerin darüber entsetzt, dass ihre intensive Mitarbeit an der Vorbereitung einer Schulfeier nicht erwähnt wurde, während andere deutlich gelobt wurden.

Wie sich aus der Eintragung in der Lösungsspalte ersehen lässt, heißt in diesem Fall die Aufgabe, in der eigenen Erinnerung nach Situationen zu suchen, in denen ein anderer *von allein* die eigene Leistung wahrgenommen und in einer positiven Weise reagiert hat. Dabei fällt der Betroffenen eine Oma ein, deren Besuche ihr in der Kindheit oft gut getan hatten. Sie war leider nur selten da, aber wenn, dann zeigte sie sich aufmerksam und hatte mehr als einmal ein Lob über den Fleiß des Mädchens ausgesprochen.

Lösungstabelle Beispiel 2

Problem	„Schulfeier: Ich habe so viel gemacht und werde nicht erwähnt."
Belastung	„Meine Leistung wird nicht wahrgenommen."
Durch die Belastung ausgelöstes Gefühl	„Mischung aus: erschöpft, traurig und verzweifelt sein."
Grad der Belastung	Belastung: 7 – 8
Lösung	„Jemand (Chef) sieht von allein, was ich tue und dankt mir dafür."

Tabelle 3: Lösungstabelle, Beispiel 2

Als die Frau anfängt, diese Erinnerung zu genießen, taucht kurz danach auch die Erinnerung an einen Kollegen auf, der ebenfalls aufmerksam ihre Leistung wahrgenommen und sogar eine Anerkennung ausgesprochen hatte. Beide Erinnerungen erfüllen die Anforderung, dass jemand von allein sieht, was sie tut und ihr dafür eine positive Rückkoppelung gibt. Damit berühren sie den Kern des Problems. Sie sind eine Antwort auf das in der Problemsituation empfundene Defizit. Darauf, dass ihr Bedürfnis nach würdigender Begleitung zu oft unerfüllt geblieben war.

Was würde ich einem anderen anbieten

Eine weitere Möglichkeit, sich dem eigenen Schlüssel zu nähern, besteht darin, dass Sie sich fragen, was Sie selbst einem anderen Menschen anbieten würden, der sich genauso fühlt wie Sie in Ihrer Problemsituation. Besonders hilfreich ist es, wenn Sie sich dabei einen sehr vertrauten Menschen vorstellen. Die meisten Eltern finden sofort eine Antwort, wenn Sie sich ausmalen, dass ihr eigenes Kind ihr Leid teilen müsste. Spontan kommt eine Antwort wie: „Ich würde es sofort in den Arm nehmen, und wenn es sich ein bisschen beruhigt hat nachfragen, was geschehen ist." Diese Lösung, die man einem anderen anbieten würde, ist oft genau die, die man selbst bräuchte.

Was hätte in der Kindheit geholfen

Stellen Sie sich vor, Sie sind noch ein Kind und müssen die aktuelle Not erleiden. Was brauchen Sie am dringendsten? Das funktioniert nur, wenn Sie den *Kern* des Gegenwartsthemas betrachten und sich die Situation dem Alter des Kindes gemäß vorstellen. Was braucht ein Kind, wenn es sich vollkommen übersehen fühlt oder von seinem Vater angeschrien wird, weil der den Geburtstag vergessen hat? Ich denke, dass viele hier sofort einen Handlungsimpuls haben.

Sie können auch in der eigenen Kindheit nach Situationen suchen, in denen Sie sich ähnlich wie in der zu lösenden Situation gefühlt hatten. Wenn also beispielsweise die Mutter nicht gesehen hatte, was man schon alles getan hat, was hätte man dann gebraucht? Wenn Ihnen das emotional zu nahe geht, können Sie sich auch ein fremdes Kind vorstellen und ausmalen, was dieses Kind braucht.

Erfinden

Bei den letzten Aufgaben hatten wir die Erinnerungen bereits ergänzt durch Fantasie. Das ist vollkommen okay und darf auch ausgebaut werden. Ist eine Fantasie aber nicht zu wenig? Wenn ich meinen Patienten die Aufgabe stelle, sich eine Wunschlösung für ihr Problem auszufantasieren, kommt bei vielen zunächst eine abwertende Reaktion. Sie tun es ab als: „Das ist doch nur eine Fantasie". Sie haben das Gefühl, sich etwas vorzugaukeln.

Tatsächlich wirkt bei unserer Fragestellung eine Fantasie genauso wie eine echte Erfahrung. Denn selbst erschaffene Bilder werden von unserem Gehirn genauso verarbeitet wie reales Geschehen. Beides durchläuft die gleichen Arbeitsroutinen und wird als Erfahrung bewertet. Auch die belastende Situation ist ja inzwischen *nur* eine Erinnerung. Wir bilden im Kopf nicht die Wirklichkeit ab, sondern lediglich Aspekte davon, die gleichzeitig mit anderen Erinnerungen verbunden werden. Dennoch wirkt der Rückgriff auf diese innere Fantasie auch später beinahe so belastend wie eine reale Erfahrung.

Erfinden Sie also eine Wunschlösung für Ihr Problem und malen sich aus, dass diese Wunschlösung genauso eintritt, wie Sie es sich wünschen (oder gewünscht hätten). Falls das mit den real beteiligten Personen nicht vorstellbar ist, ersetzen Sie diese durch Personen, die das können. Vielleicht gibt es eine Freundin, einen Bekannten, eine Tante, einen Opa oder einen anderen Verwandten, den Sie sich gut in der gewünschten Rolle vorstellen können? Auch andere Personen aus Ihrer Geschichte können hilfreich sein: ein freundlicher Lehrer, eine liebevolle Kindergärtnerin, ein netter Kollege. Bei der Suche nach Helferpersonen können Sie auch auf Fantasiefiguren zurückgreifen. Dabei ist alles erlaubt. Wenn ein bestimmter Typ von Mensch besonders helfen würde, gestalten Sie die Person so, dass es sich gut anfühlt. Auch prominente Personen, Filmfiguren oder Fabelwesen kommen infrage. Wenn nur eine freundliche Fee helfen könnte, dann nehmen Sie eine freundliche Fee. Entscheidend ist nicht, *wer* zur Lösung des Problems auf die innere Bühne tritt. Wichtig ist allein, *was* diese Person hineinbringt und was das mit Ihnen macht, welches Gefühl es auslöst.

Eine Lösung zu erfinden ist also genauso gut wie eine zu erinnern. Ich habe nur deshalb zuerst nach Erinnerungen gefragt, weil es der einfachere Weg ist, falls es solche Erinnerungen gibt. Eine reale Erinnerung enthält von vornherein viele Details und ist dadurch leichter vorstellbar. Aber eine gut konstruierte Fantasie wirkt genauso gut. Fühlen Sie sich also vollkommen frei, auf Ihre Fantasie zurückzugreifen, wenn Ihre Erinnerungen zu wenig hergeben.

Sehr gut lässt sich auch mit Kombinationen von Erinnerung und Fantasie arbeiten. Wenn eine Erinnerung unvollständig oder mit den falschen Personen besetzt ist, kann sie als Grundlage für eine Fantasie dienen. Sie kann mit fehlenden Personen oder Details ergänzt werden, an einen anderen Ort oder in eine andere Zeit verlegt oder auf andere Weise umgebaut werden. Was es nicht gibt, wird erfunden. Alles, was hilft, ist erlaubt. Damit Ihre Fantasie eine positive Wirkung entfalten kann, müssen Sie lediglich die Bereitschaft aufbringen, mit ihr wie mit einer echten Erfahrung umzugehen.

6. Das positive Erleben entfalten

In diesem Schritt geht es darum, sich auf das positive Erleben zu konzentrieren, das durch die oben gefundene Problemlösung ausgelöst wird, genau wahrzunehmen, was an ihr besonders wichtig ist und wie sich das anfühlt. Das Wissen über die Problemsituation ist noch da, aber im Hintergrund, denn die Problemsituation ist jetzt vorbei, und Sie erleben die Lösung. Ihre Psyche bekommt genau das, was vorher fehlte.

) Die Gedanken einstimmen

Machen Sie sich klar, welcher Umstand, welche Handlung, welches Geschehen, welche Worte, welche Geste et cetera jetzt wichtig sind und wie Sie dazu beitragen, dass es Ihnen jetzt besser geht. Sprechen Sie aus oder/und schreiben Sie es auf.

Falls noch etwas nachzubessern ist, scheuen Sie sich nicht davor, das einfach zu tun. Manchmal sind es Kleinigkeiten, die stören oder die noch fehlen. Vielleicht muss noch jemand hinzukommen, oder jemand muss aus dem Bild, damit Sie innerlich frei werden. Vielleicht muss die Person, die in der Fantasie als Retter bemüht wurde, noch zusätzliche Eigenschaften bekommen.

b) Spüren

Wenn alles stimmt, merken Sie, dass sich in Ihnen etwas tut, Sie erleben eine Entlastung – für jeden etwas anders spürbar, aber in jedem Fall eindeutig positiv. Wenn dies so ist, dann richten Sie jetzt den inneren Blick auf die eigene Person. Nehmen Sie bewusst wahr, wie es Ihnen gerade geht.

Sollten Sie noch nichts dergleichen erleben, haben Sie sich vermutlich an irgendeiner Stelle »verlaufen« und etwas Wichtiges aus dem Fokus verloren. Gehen Sie in diesem Fall noch einmal zurück zur Seite 69. Überprüfen Sie noch einmal, was an der Problemsituation für Sie das belastende Moment ist, welche Gefühle es auslöst und was Sie dazu als Auflösung brauchen.

Wenn ich einen neuen Patienten frage, wie es ihm gerade geht, höre ich oft die einfache Antwort: „Gut." Damit könnte ich mich zufriedengeben und mein Gegenüber lediglich auffordern, das Gute jetzt eine Weile zu genießen. Das Ganze wird aber deutlich effektiver, wenn wir das „Gut" weiter untersuchen. Zum Beispiel mit der Frage danach, wie sich dieses „Gut" denn anfühlt. „Geben Sie mir mehr Worte, mehr Details. Was macht Ihr Gefühl gerade so ‚gut'?" Nach kurzem Überlegen haben die meisten kein Problem damit, differenziert zu berichten. „Es fühlt sich so leicht an." „Ich kriege besser Luft". „Mein Kopf ist frei". Ist noch kein Ort im Körper benannt, frage ich in jedem Fall, wo das gute Erleben im Körper zu finden ist.

Gefühle sind etwas sehr körperliches. Sie haben im Körper einen Ort, an dem sie zu spüren sind und an dem sie eine ganz spezifische Wirkung verbreiten. Das kann bei jedem anders sein: Bei dem einen kann sich der Bauch entspannter anfühlen und vielleicht warm werden. Bei einem anderen wird der Brustkorb weiter, und es fühlt sich an, als ob eine Last herunterfiele, das Atmen wird leichter. Wieder ein anderer spürt Entspannung in den Armen oder den Beinen, andere im Nacken, im Rucken oder auch im

Kopf. Manche werden innerlich ruhig, andere erleben gerade umgekehrt eine Belebung als etwas sehr Positives. Dieses körperliche Erleben ist sehr individuell und seine Vielfalt ungeheuer groß.

Durch die Einbeziehung des Körpers in die bewusste Wahrnehmung wird das Gefühlserleben differenzierter und intensiver.

Die genannten Beispiele sind nur eine Anregung für Ihre eigene Wahrnehmung. Nehmen Sie bei der Suche nach den positiven Körperempfindungen vor allem die Bereiche in den Blick, in denen vorher die Belastung zu spüren war: der angespannte Bauch, der steife Nacken, die Kälte in den Armen, die Last auf der Brust et cetera. Nur wenn sich hier etwas ändert, ist die Lösung stimmig.

c) Den Moment genießen

Wenn die zum positiven Erleben dazugehörigen Prozesse im Körper in die Wahrnehmung gerückt sind, heißt die folgende Aufgabe:

„Genießen Sie das positive Erleben und bleiben Sie für eine Weile dabei." Vielleicht hilft es Ihnen, die Augen dabei zu schließen.

Setzen Sie sich nicht unter Leistungsdruck. Es genügt, wenn Sie das positive Gefühl einige Momente oder wenige Minuten erleben können. Sollte das Gefühl aber schon nach wenigen Sekunden wieder abebben, gehen Sie in Gedanken wieder zurück zu der Erinnerung beziehungsweise Fantasie, in der die Lösung bereitgestellt wird. Stellen Sie sich vor, was dabei geschieht und wie sich das für Sie anfühlt.

Eine erweiterte Aufforderung könnte heißen: „Spüren Sie die positive Wirkung im Körper und stellen Sie sich vor, wie sich das Gefühl mit jedem Einatmen weiter im Körper verbreitet."

Hier besteht aber die Gefahr, sich durch den Anspruch, es besser machen zu wollen oder zu müssen, innerlich unter Druck zu setzen. Daher ergänze ich immer: „Machen Sie sich keinen Druck. So, wie es jetzt ist, ist es genau richtig! Sie müssen nichts tun, die Prozesse gestalten sich ganz von allein."

d) Positivskala

Auch das positive Erleben wird auf einer Skala bewertet wie oben (Seite 68) die Belastung. Um die positive Bewertung von der Belastungsskala zu unterscheiden, nimmt man einen anderen Messbereich, zum Beispiel 1 bis 7. Dabei steht die 1 für eine geringe emotionale Verbesserung und die 7 für die höchste Intensität positiven Erlebens. Auch diese Skala ist subjektiv und dient nur der eigenen Orientierung.

Nehmen wir an, Sie haben Ihr positives Erleben bei der Aufgabe, den Moment zu genießen, mit einer 2 bewertet, dann können Sie sich fragen, was Sie gerade davon abhält, zu einer 3 zu kommen. So eine Frage kann dazu anregen, sich noch mehr in das positive Erleben hineinfallen zu lassen.

Geht der Entspannungsprozess nicht über eine Bewertung von 2 bis 3 hinaus, fehlen möglicherweise noch Details in der Lösungsvorstellung.

e) Links-Rechts-Stimulation

Zum Abschluss der konzentrierten Beschäftigung mit dem positiven Erleben gehört eine kleine Technik, die sich in anderen Bereichen der Psychotherapie[7] sehr bewährt hat. Der Körper wird abwechselnd auf der linken und rechten Körperhälfte leicht beklopft. Dies regt das Gehirn in besonderer Weise an und führt zu einer Festigung der positiven Prozesse und oft auch zu einer Vertiefung des Erlebens.

Wenn Sie sitzen, können Sie dazu Ihre Hände auf den Oberschenkeln ablegen und abwechselnd leicht einmal auf den einen und danach leicht auf den anderen Oberschenkel klopfen. Wiederholen Sie das etwa zehn Mal für jede Seite. Das Tempo liegt ungefähr bei einem Klopfer pro Sekunde – es darf auch schneller oder langsamer sein. Geschieht durch das Klopfen eine Verbesserung Ihres Erlebens, machen Sie solange weiter, wie sich noch etwas zum Positiven verändert. Mit vermehrtem Klopfen lässt sich eine weitere Veränderung jedoch nicht erzwingen.

---

7 Die Technik stammt aus der traumatherapeutischen Methode EMDR.

Alternativ können Sie auch die Arme vor dem Körper über-
kreuzen und dann abwechselnd auf die eine und die andere Schulter beziehungsweise den Oberarm klopfen. Machen Sie das, was
für Sie am angenehmsten ist. Die Wirkung ist in beiden Fällen
gleich.

7. Nicht ablenken lassen

Viele Menschen sind überzeugt, dass ihre Psyche froh und
dankbar über jede Form positiven Erlebens ist. Weit gefehlt. Wir
sind Gewohnheitswesen. Wenn wir gewohnt sind, mürrisch, be-
drückt oder misstrauisch durchs Leben zu gehen, dann ist das für
unsere Psyche normal. Eine positive Gestimmtheit ist dann eher
Anlass für Irritation und löst innerlich Unruhe, vielleicht sogar
Ängste aus. Die Abwehr fährt hoch und wird Ihnen das gute Gefühl blitzschnell miesmachen. In Ihrer Psyche gibt es also Instanzen, die sich dagegen wehren könnten, wenn Sie jetzt das Thema,
das so lange fehlte, in Ihr Leben holen. Diese Seiten Ihrer Psyche sind daran gewöhnt, dass es fehlt, und sorgen dafür, dass das
so bleibt: Und plötzlich zweifeln Sie an dem, was Sie tun. Ohne
Übergang werden Sie skeptisch oder denken, dass anderes jetzt
wichtiger wäre: „Ich muss *dem* doch erst mal beibringen, dass er im
Unrecht ist, bevor *ich* mich jetzt beruhige" oder: „Das ist doch un-
realistisch, sich eine schicke Fantasie herbeizuzaubern. Das nutzt
doch gar nichts, die Realität ändert sich damit ja doch nicht" oder
ähnlich. Lassen Sie sich davon nicht beeinflussen. Solche Gedanken tauchen am Anfang dieser Übung manchmal auf – schieben
Sie sie weg.

Typische Geste: Beide Hände sind aktiv

Ich verdeutliche die Aufgabe, die wir gerade absolvieren, gerne
mit einer Gebärde. Dafür sind Ihre beiden Hände leicht erhoben. Eine Hand holt - einladend - die Lösung heran, nehmen Sie
dafür die rechte Hand (wenn Sie rechtshändig sind). Die andere Hand ist dabei schon leicht erhoben und in Bereitschaft, die
aufkommenden Unterbrechergedanken zu stoppen und nach links
wegzuschieben.

Beispiel 3

Ein Patient wird ohne Schuld in einen Verkehrsunfall verwickelt und dabei verletzt. Ihn belastet, dass er alle Angelegenheiten mit den Versicherungen und seinem Arbeitgeber allein regulieren muss – keiner hilft. Er wünscht sich, dass es jemand für ihn macht, ohne dass er fragen muss. Ihm fallen zwei positive Erfahrungen dazu ein, in denen seine Angelegenheiten für ihn geregelt worden waren, ohne dass er etwas dafür tun musste. Es entsteht ein Gefühl von Erleichterung und Dankbarkeit. In dem Moment kommt ihm der Gedanke, dass er sich davon nicht beruhigen lassen sollte, es sei doch noch so viel zu tun. Danach folgt das Argument, dass die Erinnerungen an das Positive nur eine Ablenkung seien und die Gefahr mit sich brächten, dass er anderes, wichtigeres aus dem Fokus verliere.

Er kann es kaum glauben, dass diese Gedanken an vermeintliche Notwendigkeiten nur dem Zweck dienen, sein positives Erleben zu unterbrechen. Aber als er sie wegschiebt, entsteht das positive Gefühl aufs Neue. Nach einigen Minuten ist das persönliche Leid verschwunden, die Angelegenheiten mit den Versicherungen wirken auf ihn jetzt nur noch wie eine normale Aufgabe, die er sich ohne Weiteres zutraut.

***

Die Rechtfertigungen der Psyche zur Unterbrechung des positiven Prozesses sind oft ziemlich beliebig und haben wenig mit der Wirklichkeit zu tun. Es lohnt nicht, sich mit den Argumenten auseinanderzusetzen. Dennoch ist es eine Begegnung mit einer anderen Seite von einem Selbst, und daher ist ein anerkennender Umgang angemessen. Hören Sie sich das Argument also ruhig an und schieben es dann freundlich weg, vielleicht mit dem Kommentar: „Ja, ich habe dich gehört, aber jetzt habe ich etwas anderes zu tun". Oder: „Danke für die Anmerkung, aber ich habe mich entschieden, in aller Ruhe bei meinem positiven Erleben zu bleiben". Sollte immer noch etwas nachkommen, können Sie auch strenger werden: „Nein, jetzt nicht, lass mich in Ruhe!"

Es kann sehr ertragreich sein, die Argumente der eigenen Abwehr aufzuschreiben. Hier bekommt man in Reinschrift serviert, wie die eigene Psyche gelernt hat, sich selbst zu »disziplinieren«. Bei jedem kommen andere Argumente. Beliebt ist es, von Pflichten zu reden, ein schlechtes Gewissen oder Schuldgefühle zu machen, auf die fehlende Zeit hinzuweisen, die positiven Erfahrungen zu entwerten („ist doch nur ausgedacht, längst vorbei, hilft mir heute auch nicht mehr" …) oder schlicht, die Gedanken auf andere Themen zu lenken.

Über die Schwierigkeiten, ein positives Gefühl aufzubauen und aufrechtzuerhalten, habe ich vor etlichen Jahren einen kleinen Aufsatz geschrieben, der im Internet[8] kostenfrei zu lesen ist.

Wie bereits angedeutet, sind die Einwände der Psyche nicht immer nur Störungen. Manchmal enthalten sie auch Hinweise auf wesentliche Korrekturen für den Lösungsansatz. Damit werden wir uns weiter unten (siehe Seite 116) noch näher befassen.

8. Der eigene Film

Im folgenden Schritt werden die Problemsituation und das Lösungsgeschehen wie beim Filmschnitt zusammengefügt. Es werden also entweder zwei Erinnerungen (Problem und Lösung) miteinander verbunden oder eine Erinnerung (Problem) und eine Fantasie (Lösung). In beiden Fällen gehen Sie genauso vor: Als erste Szene fügen Sie einen kleinen Ausschnitt der Problemsituation in Ihr »Filmprojekt«. Der Ausschnitt soll so beschaffen sein, dass Sie für einen kurzen Moment eine Ahnung von dem dazugehörigen belastenden Gefühl bekommen können. Danach folgt ohne Übergang als nächste Szene die Lösungssituation. Ich möchte es Ihnen am Beispiel der Frau zeigen, deren Leistung auf der Schulfeier nicht erwähnt wurde und die sich bei der Suche nach einer Lösung an ihre Oma erinnert, die sie so freundlich lobte. Nennen wir sie Frau K.

---

8 Krätzig, R. (2002). Positiv-Ansatz (PDF-Datei, 14 Seiten, www.rein-hardt-kraetzig.de/books.html).

Beispiel 4

Ich fordere Frau K. auf: „Lassen Sie uns ein Gedankenexperiment machen. Wir schauen uns einen kleinen selbstgedrehten Film an. Er beginnt mit dem unangenehmen Moment der Problemsituation und blendet dann hinüber zu Ihren Erinnerungen an Ihre Oma. Sie können sich diesen Film als Projektion an der Wand vorstellen, oder Sie schließen die Augen und stellen ihn sich vor dem inneren Auge vor. Wie geht es für Sie leichter?" Sie wählt die Wand als Projektionsfläche. Dann frage ich, ob ich dabei helfen soll, diesen Film aufzubauen, oder ob sie das alleine bewerkstelligen will. Frau K. entscheidet, sich unterstützen zu lassen. Andernfalls hätte ich schweigend abgewartet, so sage ich: „Okay, dann schauen Sie jetzt auf die erste Szene. Der Film zeigt die Situation auf der Schulfeier, als die Direktorin ihre Dankesrede hält und Sie merken, dass Ihr Name fehlt. Erinnern Sie sich noch einmal daran, wie sich das für Sie anfühlte, ... sind Sie da?" „Ja", seufzt sie. „Bleiben Sie innerlich in einem guten Abstand, wir brauchen nur eine Ahnung von den Gefühlen ...". Sie signalisiert, dass alles okay ist. „Gut, jetzt blendet der Film hinüber zu den Erinnerungen mit Ihrer Oma. Nehmen Sie sich die Zeit, die Sie brauchen, um dort anzukommen, ... nennen Sie mir ein paar Details, ... was geschieht gerade?" Sie berichtet, dass sie vor Augen hat, wie freundlich die Oma mit ihr redet und sich Zeit für die Begegnung nimmt. Ich spreche alle positiven Aspekte noch einmal aus: „.... Sie ist so freundlich, ... sie nimmt sich Zeit ...". Und dann frage ich: „Wie geht es Ihnen dabei?" Sie berichtet von einem tiefen Gefühl der Erleichterung in ihr. „Erleichterung", unterstreiche ich und frage dann danach, wo sie die Erleichterung im Körper am meisten spürt. „Vor allem in Schulter und Nacken, als wenn eine schwere Last weg sei", berichtet sie. Auch jetzt wiederhole ich alles Positive und rege sie an, das positive Erleben genau wahrzunehmen und zu genießen: „Schön, sehr schön, ... bleiben Sie bei dem Gefühl, ... ja, genießen Sie das, ... bleiben Sie dabei und beobachten Sie genau, was sich in Ihrem Erleben und Ihrem Körper bewegt, ... verändert sich etwas?" „Ja, es breitet sich noch weiter aus, und es wird noch leichter und leichter ...". Ich bitte sie jetzt noch, ganz bewusst ein paar Atemzüge zu nehmen: „Atmen Sie ganz ruhig und stellen Sie sich vor, dass mit jedem Einatmen das gute Gefühl noch weiter unterstützt wird. Mit jedem Ausatmen entlastet sich Ihr Körper mehr und mehr."

Nun sind Sie an der Reihe. Bauen Sie jetzt Ihren eigenen Film.

Das Filmskript hat einen ganz einfachen Verlauf:

Filmskript

Szene 1 Problem und Gefühl	Szene 2 Lösung und gutes Gefühl
Im Beispiel: Schulfeier – Ich werde nicht erwähnt. Bin erschöpft, traurig und verzweifelt.	Die Oma sieht meine Leistung und lobt mich. Erleichterung, vor allem in Schulter und Nacken, als wenn eine schwere Last weg ist …

Tabelle 4: Filmskript

Notieren Sie in Ihr Filmskript, was die einzelnen Szenen enthalten. Das hilft Ihnen, sich bei der belastenden Szene zu begrenzen und bei der Auflösung an wichtige Details zu erinnern.

Entscheiden Sie sich, ob Sie den Film in Ihrem Kopf oder außerhalb von sich – beispielsweise an einer Wand – ablaufen lassen. Wenn Sie so weit sind, legen Sie los. Gehen Sie zur belastenden Erinnerung, aber nur zu dem Kerngeschehen. Erinnern Sie sich an die damit verbundenen Gefühle, aber bleiben Sie in hinreichender Distanz. Das bedeutet, dass Sie immer frei bleiben, wieder von den Gefühlen wegzugehen. Sollte etwas nicht stimmen, etwa ein belastendes Gefühl zu stark werden, machen Sie einfach die Augen auf oder schauen von der Wand weg. Machen Sie sich noch einmal klar, dass Sie nur einen *Eindruck* von der belastenden Erinnerung brauchen.

Danach blenden Sie in Ihrem Film hinüber zur Lösungserinnerung beziehungsweise Ihrer Lösungsfantasie. Fokussieren Sie auf die wichtigsten Aspekte und empfinden Sie bewusst die Gefühle, die davon ausgelöst werden.

Bleiben Sie so lange in der guten Erinnerung oder der guten Fantasie, bis das gute Gefühl in Ihrem Körper angekommen ist.

Nehmen Sie wahr, wo und wie es im Körper spürbar wird. Lassen Sie sich auf das positive Erleben ein, ohne Druck. Vielleicht stellen Sie sich vor, sich mehr und mehr dafür zu öffnen. Spüren Sie in Ihren Körper hinein und geben Sie Ihrem Erleben auch Worte, so als wollten Sie einem Gegenüber davon berichten. Auf diese Weise beziehen Sie auch Ihre andere Gehirnhälfte mit ein, und die Wirkung des Erlebens wird noch umfassender. Bleiben Sie dabei im Erleben, reden Sie von Ihrem Fühlen. „Mein Bauch ist angenehm warm, ... die Spannung im Nacken löst sich auf, ...".

Machen Sie ganz bewusst ein paar Atemzüge. Atmen Sie ruhig und stellen sich vor, wie das gute Gefühl mit jedem Einatmen unterstützt wird. Mit jedem Ausatmen entlastet sich Ihr Körper mehr und mehr.

Steigen Sie aus dem Film aus. Machen Sie die Augen auf beziehungsweise schauen Sie von der Leinwand weg. Dann strecken Sie sich, bewegen sich und gehen vielleicht ein paar Schritte. Das gute Gefühl dürfen Sie dabei mitnehmen.

Weil wir den »Stoff« noch brauchen, schreiben Sie ein paar Worte über die Erfahrungen auf, die Sie gerade gemacht haben. Wichtig ist zu notieren, was als Auslöser für das gute Gefühl diente und wie Sie das erlebt haben. Schreiben Sie auch dazu, wo und wie das gute Gefühl im Körper zu spüren war.

9. Test

Sie können die Wirkung des eben durchlaufenen Prozesses auch testen. Denken Sie dazu an die belastende Situation und erinnern sich an das belastende Gefühl. Schätzen Sie jetzt erneut die Belastung auf der Skala von 0 bis10 ein. Vergleichen Sie das Ergebnis mit der Zahl aus Ihrer zuerst aufgestellten Liste. Ist die Belastung weniger geworden? Meist gibt es eine deutliche Verbesserung, manchmal ist sogar überhaupt keine Belastung mehr festzustellen. Machen Sie sich keinen Druck, bei jedem verläuft dieser Prozess anders.

Sollte Ihre Belastung noch größer als 1 sein, ist es sinnvoll, die Übung mit dem eigenen Film zu wiederholen. Es besteht aber kein Grund zur Eile. Sie können auch noch den einen oder anderen Tag damit warten.

Sollten Sie eine Wiederholung brauchen, nehmen Sie sich dafür genug Zeit und achten ganz genau darauf, ob wirklich alles, was Ihr Gefühl als Antwort braucht, in der Lösungsszene enthalten ist. Erlauben Sie sich, Veränderungen vorzunehmen.

Sollte sich bei einem der Durchläufe ein anderes belastendes Gefühl zeigen, gehen Sie damit sorgfältig um. Es könnte sein, dass die vorher gefundene Lösung auch für diese Last dient. Probieren Sie es aus. Erleben Sie keine Auflösung der neu aufgetauchten Belastung, machen Sie mit ihr einen neuen Durchgang. Eröffnen Sie eine neue Tabelle, schreiben das neue Erleben in Zeile 2, taxieren die Belastung und suchen eine Lösung dafür. Durchforsten Sie Ihre Erinnerungen und gestalten Sie eine entsprechende Szene. Verbinden Sie erneut Belastung und Lösung zu einer Szenenfolge und finden jetzt zu einem guten Gefühl. Danach testen Sie abermals den Belastungsgrad.

Das Positive nutzen

Wenn Sie auf alle negativen Gefühle im Zusammenhang mit Ihrem ausgewählten Problem eine Antwort gefunden haben und die gewählten Schlüssel die richtigen waren, sind Sie jetzt auf der positiven Seite des Erlebens. Versuchen Sie, für eine Weile dabei zu bleiben und nicht gleich wieder zur Tagesordnung überzugehen, denn Sie haben es hier mit sehr wertvollem »Material« zu tun. Den Wert positiven Erlebens kann man nicht hoch genug ansetzen. In meiner Praxis höre ich manchmal den Einwand, positive Erfahrungen würden einen nur von der Wirklichkeit ablenken. Man würde sich besänftigen lassen und sei dann nicht mehr in der Lage, angemessen auf Probleme zu reagieren. Diese Annahme ist nur begrenzt richtig. Wenn man unmittelbar in einer Problemsituation steckt, sollte man sich auf das Geschehen konzentrieren. Das hilft, für den eigenen Schutz zu sorgen, für unmittelbare Lösungen, innere Distanz oder was gerade notwendig ist. Aber wenn das unmittelbare Geschehen vorbei ist, macht es in vielen Fällen keinen Sinn, weiter darunter zu leiden. Selbst wenn eine Belastung weiter besteht, zum Beispiel weil jemand die Arbeit oder einen

Partner verloren hat oder mit einer schweren Erkrankung oder ähnlichem konfrontiert ist, kann man mit Distanz zum Leid viel besser nach Lösungen suchen.

Engelskreise

Gefühle und Gedanken bilden eine Einheit. Zu jedem Gedanken gehört eine emotionale Erregung. Emotionen finden im Körper statt. Denken, Erleben und Befindlichkeit des Körpers sind untrennbar verbunden.

Emotionen wirken auch auf das Denken zurück. Wenn gute Gefühle bestimmend sind, können sich keine negativen Gedanken ausbreiten. Stress und negative Gefühle führen dagegen zu negativem Denken.

Auch der Körper wirkt auf den Kopf. Untersuchungen zeigen, dass schon ein künstlich aufgesetztes Lächeln eine Tendenz erzeugt, positiver zu denken. Auf lächelnde Menschen reagieren Menschen mit einem Lächeln – ganz automatisch. Lächeln Sie in die Umgebung, kommt Lächeln zurück. Das bestärkt Sie wiederum in ihrem Lächeln und löst positive Gedanken und positives Erleben aus. Es entsteht ein sich selbst verstärkender Prozess, ein »Engelskreis«.

Wer Vorurteile gegen positive Gefühle äußert, vergisst leicht, dass negatives Erleben oft grundlos entsteht: durch unbewusstes Anknüpfen an längst vergangene Zeiten. Weil es in der Geschichte des eigenen Werdens womöglich manchmal die beste Lösung war, entscheidet die Psyche, uns wieder in vertrautes (belastetes) Erleben zu manövrieren. Aber damals war man Kind, vielleicht nur wenige Jahre alt und verfügte nicht über die heutigen Möglichkeiten. Wenn man in die alten Welten eintaucht, ist es, als ob man unter negativer (Selbst-)Hypnose steht. Man kann dann von einer Negativtrance oder Problemtrance reden, dies ist eine in der Hypnose verwendete Bezeichnung für einen Trancezustand, der sich von selbst ergibt, wenn man sich gedanklich um ein belastendes Thema dreht. Für den Betroffenen fühlt sich das echt an. Für einen Beobachter ist aber meist erkennbar, dass sich der Leidende sein Leid gerade alleine erzeugt.

Mit der Schlüsseltechnik machen wir etwas Ähnliches, erzeugen aber eine *Positiv*trance. Wir haben dabei ein anderes Vorzeichen vor unserem Erleben. Man könnte anführen, dass es sich auch nur um eine Trance handelt, wir außer dem Vorzeichen also nichts geändert haben. Tatsächlich wird alles anders, sobald wir in ein positives Erleben eintauchen. Die schon erwähnte Amygdala, die in unserem Gehirn für die emotionale Steuerung zuständig ist, schaltet bei positivem Erleben den Hippocampus und damit den Zugang zur Gegenwart frei. Jetzt schöpfen wir nicht mehr nur aus alten Erfahrungen, sondern können auch neue machen. Wir befinden uns in der Gegenwart und können die Möglichkeiten nutzen, die uns die Gegenwart bietet. Weil dieser Unterschied so relevant für uns ist, habe ich im theoretischen Teil dieses Zusammenspiel von Amygdala und Hippocampus (ab Seite 197) näher dargestellt.

Die Schlüssellösung erzeugt somit keine Selbsttäuschung, sondern öffnet eine Tür in die gegenwärtige Wirklichkeit. Hinzu kommt: Wenn ich mich erinnere, dass die Oma meine Leistung gesehen hatte, dann habe ich diese Erfahrung tatsächlich gemacht. Ich bin also nicht immer für alle unsichtbar gewesen. Diese Erfahrungen waren nur leider vergessen und hatten für die Entwicklung der eigenen Persönlichkeit und des eigenen Verhaltens nicht genug Kraft – oder waren in der falschen Zeit gemacht worden. Jetzt ist daher eine gute Zeit, diesen positiven Erfahrungen neue Bedeutung und einen neuen Stellenwert zu geben.

Selbst wenn es *nur* eine Fantasie ist, die mir als Lösung einfällt, wurde diese Fantasie aus meiner Erfahrung geboren. Wir können nur fantasieren, was wir auch mit Erfahrung füllen können. Auch wenn es jetzt nur Frau Holle, eine Fee oder ein fiktiver großer Bruder ist, gibt es die dazu gehörigen Erfahrungen von Begleitung, Schutz et cetera. Auch wenn Sie diese Erfahrungen vielleicht nur beiläufig erlebt haben, sind sie dennoch Teil Ihres Lebens.

Ob Erinnerung oder Erfindung – in beiden Varianten geben wir Randerfahrungen einen neuen Stellenwert, gewichten sie neu als Lebenserfahrung und nutzen sie dafür, alte Irrtümer zu löschen. Ja! Es ist ein Irrtum, wenn ein Kind durch widrige Umstände zu der Überzeugung kommt, es sei unwichtig oder allein auf der Welt. Auch wenn es sich für viele Kinder so darstellt: Sie sind es nicht. Es gibt *keinen* unwichtigen Menschen und *keinen*, der verdammt ist, allein zu sein.

Die Tür zur Erfahrung lässt
sich nur von innen öffnen.
Carl Rogers

PASSEPARTOUT – DER SCHLÜSSEL FÜR ALLE FÄLLE

Mit der Suche nach einem Schlüssel für ein einzelnes Problem haben wir uns der Methode genähert. Jetzt suchen wir einen Generalschlüssel, einen Passepartout, das kommt aus dem Französischen und bedeutet: passt immer. Als Ausgangspunkt brauchen wir Ihr Lebensthema. Ich hatte den Begriff weiter oben (Seite 48) eingeführt. Erinnern Sie sich: Belastungen der Kindheit hatten dazu geführt, dass sich ein bestimmtes Thema herauskristallisierte und seither die Psyche hintergründig beeinflusst. Ein Lebensthema entsteht, weil etwas Wesentliches nicht stimmt. Bei den Bemühungen, diese Not zu lindern, entstehen Bewältigungsmuster, das sind bestimmte Weisen zu denken, zu fühlen, wahrzunehmen und sich zu verhalten. Probleme des erwachsenen Lebens haben viele Ursachen, aber etliche entstehen, weil diese Muster weiterhin verwendet werden. Gegenwartsprobleme werden wie Kindheitsnöte angegangen; es liegt auf der Hand, dass das selten gut geht. Hier setzen wir an und suchen für die alten Nöte neue funktionierende Lösungen. Dabei finden wir unseren Generalschlüssel zur Lösung vieler Probleme.

So gehen wir vor

Wir brauchen zunächst das Lebensthema und die Not, aus der es entstanden war. Dann finden wir heraus, was dafür als Lösung benötigt wird. Da Not und Lösung in jedem einzelnen Fall anders beschaffen sind, suchen wir keine allgemeinen Erkenntnisse, sondern individuelle Ergebnisse. Dazu nutzen wir die Tabelle, die Sie schon kennen (siehe Seite 66), mit leicht abgeänderten Überschriften: Sie finden diese auf der folgenden Seite.

Die Schlüsseltabelle

Typische Belastungssituation	Hier wird eine Problemsituation benannt, die typisch für das Lebensthema ist.
Erlebte Not	Was ist in der Problemsituation besonders belastend? Welche Umstände haben besonders berührt?
Dabei erlebte Gefühle	Welche Gefühle werden durch die Belastung bei Ihnen ausgelöst?
Grad der Belastung – Belastungsskala	Beziffern Sie den Grad Ihrer persönlichen emotionalen Belastung auf einer Skala von 0 – 10.
Lösung	Hier ist Ihre Wunschfantasie gefragt: Was hätte in der Problemsituation anders verlaufen müssen, was hätte hinzukommen oder wegfallen müssen? Was hätte Ihnen sofort aus dem belastenden Gefühl herausgeholfen?
Lösungsgefühl	Wenn die Lösung tatsächlich stattfindet, welche Gefühle löst das aus?
Grad der Entlastung – Positivskala	Beziffern Sie den Grad der positiven Intensität auf einer Skala von 1 – 7.

Tabelle 5: Die Schlüsseltabelle

Das zentrale Lebensthema finden

Um diese Aufgabe zu erfüllen, müssen wir uns etwas Zeit nehmen. Nur wenige Menschen wissen auf Anhieb, um welche Not sich ihr Leben dreht, manche würden leugnen, dass es überhaupt der Fall ist. Dies ist verständlich, weil sich vieles unbewusst abspielt und selten oder nie ins Bewusstsein dringt.

Ich biete Ihnen verschiedene Wege an, wie Sie Ihr Lebensthema beziehungsweise die Not, die dazu führte, finden können. Zu einigen Wegen gibt es auch vertiefende Beispiele. Können Sie mit einem der angebotenen Möglichkeiten nichts anfangen, blättern Sie einfach weiter. Einziges Ziel ist, Ihre Schlüsseltabelle zu füllen.

a) Allgemeine Aussagen über das eigene Leben

Zunächst bitte ich Sie, aus einer gewissen Distanz auf Ihr Leben zu schauen. Wenn ein Mensch allgemein über sein Leben spricht, berichtet er damit mehr oder weniger direkt auch über *die Not, die hinter seinem Lebensthema steckt.*

- Sie versteckt sich in Aussagen über das, *was* im eigenen Leben besonders *fehlt*: In meinem Leben gibt es zu wenig Ruhe, Entspannung, Wertschätzung, Wärme und so weiter. Hier bekommen wir schon gleich Hinweise auf die erwünschte Lösung. Die dahinterstehende Not muss dann noch erfragt werden.

- Sie versteckt sich in dem, *was* als *zu viel* erlebt wird: In meinem Leben gibt es immer zu viel Stress, Belastung, Streit, Leere, Hektik, Härte et cetera oder zu viel von „Ich bin immer schuld, … der Dumme, … der Verlierer" und so weiter. So erhalten wir wieder Hinweise auf die Not.

- Manchmal wird benannt, *was* eine Person ihrer Mitwelt *geben will*: „Ich höre allen zu." „Ich sorge für Gerechtigkeit." „Ich bin der, der für alles die Verantwortung übernimmt." „Ich schaffe für andere Räume, in denen sie sich wohlfühlen können." Solche Berichte kann man auch als Aussage über Mängel verstehen, denn nicht selten wird genau das gegeben, was in der eigenen Geschichte fehlte (oder zu kurz kam …).

- Manche sagen direkt, was sie brauchen: „Ich will jedem gefallen, und dafür gehe ich über meine Grenzen." „Ich will gehört werden." „Ich will dazugehören." „Ich will Verlässlichkeit."

- Manche benennen auch Hintergründe, die aktuelles Verhalten oder Empfinden prägen: „Ich bin mit viel zu wenig Anerkennung für meine Leistung groß geworden und zeige daher allen Menschen, was ich kann." „Es gab keinen Raum für meine Entwicklung, und daher halte ich es nicht aus, wenn es zu eng ist." „Ich brauche immer Raum und Zeit für mich." „Ich stand immer am Rand und werde auch heute immer wieder weggedrängt".

- Die Not ist in dem enthalten, was man unbedingt vermeiden will: „Ich will nicht, dass andere von mir abhängig sind." „Ich will nicht manipuliert werden." „Ich mag keine Enge." „Ich mag keine Überraschungen."

Ab Seite 98 geht es weiter mit anderen Möglichkeiten, sich dem eigenen Lebensthema zu nähern. Sollten Sie sich fragen, wie man von einer allgemeinen Aussage über das eigene Leben zum Schlüssel kommt, schauen Sie sich das folgende Beispiel an.

Beispiel 5: Herr L., Familienausflug

Auf eine allgemeine Aussage über sein Leben angesprochen, sagt der Familienvater Herr L.: „Ich bin immer für alle da." Als treffendes Beispiel nennt er einen Familienausflug, zu dem er sich hatte überreden lassen. Die anderen hatten begeistert beschlossen, zu einem fernen Ziel zu wollen, und er sollte sie hinfahren. Er ahnte zwar, dass es für ihn in einer Überforderung enden würde, aber er wollte die anderen nicht enttäuschen. Wie befürchtet, war er am Schluss vollkommen erschöpft, und der Ausflug endete in einem massiven Familienstreit.

Wir fangen damit an, die Problemsituation näher zu betrachten. Eine Reihe von Fragen hilft Herrn L., sich zu erinnern. Die Fragen und die Antworten dazu finden Sie auf der nächsten Seite.

Beispiel Herr L. – Fragen zur Problemsituation

Fragen	Antworten
Was waren die Umstände der Situation?	Die Autofahrt hat zu lange gedauert. Ich war erschöpft, wollte endlich ankommen. Ich war dadurch unwirsch und leicht aggressiv.
Was war mein Erleben?	Mir war alles zu viel. Ich wollte, dass es aufhört.
Was habe ich über mich selbst gedacht?	Ich war sauer auf mich selbst, weil ich mich darauf eingelassen hatte. Ich hätte Nein sagen müssen.
Was habe ich über andere Menschen gedacht?	Alle wollen immer was von mir, keiner ist für mich da. Ich mache mich tot, und die anderen profitieren. Ich finde das ungerecht.
Mit welchem Mittel versuchte ich (bzw. mein altes Programm), die Situation zu lösen?	Durchhalten, weitermachen und nichts sagen.
Was habe ich als Scheitern erlebt?	Dass meine Anstrengungen vergeblich sind.
Wie sieht die Stimmung aus, die nach dem Scheitern entstand?	Niedergeschlagen, verzweifelt und aggressiv.
Was ist zu viel?	Dass ich alles alleine mache.
Was hat gefehlt?	Alle machen mit, keiner bietet Hilfe.
Warum fehlte es?	Weil keiner etwas gemerkt hat.

Tabelle 6: Beispiel Herr L., Fragen zur Problemsituation

In den Antworten auf diese (oder ähnliche) Fragen stecken die gesuchten Informationen über das Lebensthema und die dazu gehörige Not. Erkennen Sie es bei diesem Mann? In der Mitte („keiner ist für mich da") und den letzten beiden Zeilen wird die Not benannt: Keiner merkt, wie er sich anstrengt und dass er Hilfe braucht. Sein bisheriger Weg, damit klarzukommen, steckt in den ersten Antworten: Er hält durch und versucht, die Anforderung allein zu bewältigen. Dabei überfordert er sich aber und erlebt, dass sein Bemühen, gesehen zu werden, vergeblich ist. Sein Lebensthema ist entstanden, weil er nicht genügend wahrgenommen wurde.

Die ersten drei Zeilen der Schlüsseltabelle sind mit den bisherigen Informationen leicht zu füllen und sehen bei ihm so aus:

Beispiel Herr L. – Schlüsseltabelle

Typische Belastungssituation	Ich bemühe mich, gehe über meine Grenzen, und keiner merkt etwas davon.
Erlebte Not	Ich bin allein, keiner fühlt mit mir mit. Ich werde nicht gesehen.
Dabei erlebte Gefühle	Niedergeschlagen, verzweifelt und aggressiv. Alles ist vergeblich.
Grad der Belastung –Belastungsskala	6 – 8

Tabelle 7: Beispiel Herr L., Schlüsseltabelle, Teil 1

Die Lösung lässt sich aus dem Benannten schon erahnen. Vermutlich fehlt Herrn L., dass jemand wahrnimmt, was er leistet. Nach seiner Wunschlösung befragt, bestätigt Herr L. diese Annahme. Er kann sich auch sofort an Situationen erinnern, in denen er erlebt hatte, dass jemand sensibel seine Leistung bemerkte, sich nach seiner Befindlichkeit erkundigte und Hilfe anbot. Sofort erlebte er sein Tun nicht mehr als vergeblich, und seine Stimmung drehte sich komplett in eine positive Richtung. Hier ist die zweite

Hälfte seiner Schlüsseltabelle:

Lösung	Jemand merkt, wie es mir geht und bietet mir seine Hilfe an.
Lösungsgefühl Grad der Entlastung – Positivskala	Ich fühle mich gesehen, kann loslassen und mich entspannen, alles ist gut. 5 – 6

Tabelle 8: Beispiel Herr L., Schlüsseltabelle, Teil 2

In der folgenden Kurzfassung der Schlüsseltabelle steht nur noch das, worauf es im Wesentlichen ankommt: das Lebensthema und die dazugehörige Lösung. Für den Schlüssel zur Psyche brauchen wir dann nur noch eine Erinnerung oder Fantasie, in der genau das geschieht, was in der Lösung benannt ist.

Beispiel – Lebensthema / Schlüssel von Herrn L.

Lebensthema	Ich fühle mich zu wenig wahrgenommen. Um das zu ändern, bemühe ich mich für andere, gehe dabei über meine Grenzen ...
Lösung	Jemand merkt, wie es mir geht und bietet mir seine Hilfe an, ich fühle mich gesehen, kann loslassen, alles ist gut.

Tabelle 9: Beispiel Herr L., Kurzfassung Schlüsseltabelle

***

Kehren wir nun zur Aufgabe zurück, das eigene Lebensthema zu finden. Sollten Sie schon fündig geworden sein, können Sie direkt zum Abschnitt »Auswerten« auf Seite 109 wechseln. Für die anderen folgen hier weitere Anregungen, zu ihrem Lebensthema zu finden.

b) Schon wieder ... Sich wiederholende Probleme

Eine andere Chance, sich dem Lebensthema anzunähern, bietet die Betrachtung sich wiederholender Problemsituationen. Da, wo sich ähnliche Probleme immer wieder ereignen, spielt mit Sicherheit das Lebensthema eine Rolle. Kennen Sie es zum Beispiel, immer wieder in die Rolle des Schuldigen zu geraten oder immer wieder das schwarze Schaf zu sein? Wendet sich Gutes bei Ihnen häufig zum Schlechten? Stehen Sie wiederholt mit leeren Händen da, werden oft als Einziger ausgeschlossen oder bekommen wichtige Informationen als Letzter? Wenn Sie so etwas in Ihrem Leben finden, greifen Sie eine solche Situation heraus und füllen Sie damit die Schlüsseltabelle. Hier zwei Beispiele aus der Arbeitswelt:

Beispiel 6

Ein Mann wird am Arbeitsplatz wiederholt gemobbt und bloßgestellt. Er greift eine typische Situation heraus: Bei einer Präsentation hatte er sein Vorbereitungsskript nicht dabei und musste improvisieren. Einige Kollegen hatten das gemerkt und machten sich über sein Bemühen lustig. In seiner Schlüsseltabelle finden sich folgende Informationen:

Schlüsseltabelle - Beispiel 6

Typische Belastungssituation	Ich war mal wieder der Depp.
Erlebte Not	Die machen sich über mich lustig, stellen mich bloß. Keiner ist auf meiner Seite.
Dabei erlebte Gefühle und Grad der Belastung	Hilflos, ausgeliefert (Belastung: -7) Wütend (-3 – 6), Scham (-5)

Lösung	• Jemand stellt sich schützend vor mich. • Jemand beruhigt mich, indem er mir die Begrenztheit und Dummheit der Kollegen erklärt. • Der Chef verweist auf meine guten Leistungen und darauf, dass Fehler jedem passieren.
Lösungsgefühl	Ich fühle mich sicher, begleitet und entspannt
Grad der Ent- lastung – Posi- tivskala 1-7	5 – 6

Tabelle 10: Schlüsseltabelle, Beispiel 6

Der Mann benennt drei Szenarien als mögliche Lösungen. Sie scheinen alle verschieden, haben aber die Gemeinsamkeit, dass es jeweils eine andere Person ist, die in schützender und helfender Weise auftaucht. Hier deutet sich sein Lebensthema an: Vermutlich hatte er zu wenig schützende Begleitung. Das Problem ist: „Keiner ist für mich da, wenn ich Hilfe brauche", die notwendige Auflösung lautet: „Jemand ist für mich da und hilft".

c) Belastende Einzelereignisse

Sollte es in Ihrem Leben keine erkennbare Kette sich wiederholender Problemsituationen geben, können Sie auch belastende Einzelereignisse aufgreifen. Dabei treffen Sie umso wahrscheinlicher auf Ihr Lebensthema, je höher die erlebte Belastung war. Die Ereignisse können aus der Gegenwart sein, oder Sie befragen ältere Problemsituationen. Die Erinnerungen können aus allen Lebensphasen stammen und aus allen Lebensbereichen.

d) Selbstbeobachtung

Wenn Sie sich über einige Tage hinweg selbst beobachten, werden Sie früher oder später Ihrem Lebensthema begegnen. Dabei sind vor allem belastende Situationen ergiebig.

Aufgabe:

▶ Ziehen Sie jeden Abend Bilanz. Blicken Sie auf den Tag zurück und nehmen die Situationen genauer in den Fokus, die Sie als belastend erlebten, oder in denen Sie sich irgendwie unwohl gefühlt hatten.

Wichtigstes Indiz ist Ihre Stimmung, denn wenn das eigene Lebensthema berührt wird, geht es einem meist schlecht. Weil hier die alten, zur Lösung ungeeigneten Programme laufen, wird man in der Folge angespannt, unruhig, enttäuscht, wütend oder ähnlich negativ gestimmt.

▶ Wenn Sie eine belastende Situation ausfindig gemacht haben, fragen Sie sich, wie Ihre Befindlichkeit darin war: Wie schauten Sie auf die Welt? Was störte in diesem Moment? Was war zu viel? Was fehlte, damit es Ihnen besser geht? Notieren Sie Ihr Erleben. Nutzen Sie die Liste zur Selbstbefragung. Ziel ist, die Schlüsselliste auszufüllen.

Bei der Selbstbeobachtung gibt es ein Hindernis, das man kennen sollte. Solange die alten Programme ablaufen, kann man nicht klar auf sich selbst schauen. In diesem Zustand ist man betriebsblind. Erst wenn Sie aus dem alten Programm wieder ausgestiegen sind, wird es Ihnen gelingen zurückzublicken. Dann können Sie sich fragen, was vorhin eigentlich los war. Wenn es also mal an einem Abend nicht klappt mit der Rückschau, holen Sie das später nach.

Beispiel 7

Ein Mann wird fündig, als wir sein Fahrverhalten genauer betrachten. Er erzählt: „Wenn ich im Auto unterwegs bin und mir jede rote Ampel zu viel ist, empfinde ich die anderen Autofahrer als störend. Jedes Auto vor mir ist mir zu langsam. Ich nehme es persönlich, dass der vor mir genau die vorgeschriebene Geschwindigkeit einhält. Wieso nicht etwas schneller? Die Geschwindigkeitskontrollen tolerieren doch auch zehn Prozent mehr. Ich erlebe die anderen Autofahrer als Behinderung, fühle mich beengt. Auf den Straßen ist nicht genug Platz für mich." Bei seinem Problem geht es also um Zeit und Raum beziehungsweise Platz für die eigene Person, darum, dass er sich von an deren oft behindert fühlt. Den Hinweis auf das, was ihm fehlt, finden wir, als er anfängt, von gegenteiligen Erfahrungen zu reden. „Innerlich ganz ruhig werde ich, wenn ich Zeit habe. Es können auch Pflichten da sein, aber eben ohne Zeitdruck. Ich habe so viel Zeit, dass ich auch mal in ein Buch schauen oder einfach gar nichts machen kann. Wenn das eine Weile geht, fühle ich mich kraftvoll, bekomme Lust, mich zu bewegen oder etwas zu unternehmen." Er braucht also Zeit, die für ihn verfügbar ist. Er hatte darunter gelitten, dass keine Zeit für ihn da war, dass er immer zurückstecken musste und deswegen nicht sein Tempo fahren konnte.

e) Wenn Paare miteinander streiten

Wenn sich Paare in der Paartherapie gegenseitig ihr Leid klagen und einander ihr Versagen vorwerfen, kann ein Beobachter die Nöte der beiden direkt mitschreiben. Sie sprechen sie in klaren Worten aus.

Beispiel 8 – Herr und Frau M.

Das kinderlose Paar ist seit längerer Zeit in einer Krise. Beide arbeiten, sie macht neben ihrer Arbeit noch den Haushalt, er hat eine lehrende Tätigkeit, für die er auch zu Hause noch viel tun muss. Sie beklagt sich, dass er sich immer hinter seiner Arbeit versteckt und sie nichts mehr von ihm hat. Zu ihrem Partner sagt sie das so: „Nie hast du Zeit für mich. Ich komme mir vor wie der gute Geist in unserem Haus. Ich sorge dafür, dass alles funktioniert, wir etwas zu essen haben und auch die Wohnung einigermaßen gemütlich ist, aber es kommt nichts zurück. Ich bin eben nur ein Geist. Ich brauche mal ein paar Worte und immer wieder auch mal eine Berührung, mal in den Arm genommen zu werden und nicht nur einmal in der Woche als Sexualobjekt zu funktionieren." Er wird bei diesen Worten sofort sauer und antwortet: „Für wen mache ich denn das alles? Ich tue das doch für uns. Ich hätte diese zusätzliche Tätigkeit nicht annehmen brauchen, ich habe das nur gemacht, damit es uns ein bisschen besser geht. Das siehst du überhaupt nicht. Ich glaube, du siehst mich auch überhaupt nicht. Du drehst dich immer nur ums Aufräumen, Putzen und Kochen. Von dir kommt auch nichts, was mich mal von der Arbeit weglocken könnte. Was heißt außerdem, dass du mal ein paar Worte brauchst? Bin ich nicht derjenige, der jeden Abend anfängt, ein bisschen Konversation

zu betreiben, um dein vorwurfsvolles Schweigen zu durchbrechen?"
Sie: „Aber über was redest du? Es geht immer nur um deine Arbeit,
nie um mich oder um uns. Du fragst auch nie, wie es mir geht. Ich
glaube, du kennst mich gar nicht." Er: „Immer nur ich, ich, ich. Du bist
so undankbar, dir kann man nichts recht machen."

Diese Konstellation kommt sicher öfter vor. Beide bemühen
sich um die Aufmerksamkeit des Partners, die aber nicht in der
erhofften Weise kommt. Beide versuchen, über den Umweg Leistung die ersehnte Zuwendung zu erhalten. Da diese nicht kommt,
fühlen sich beide in ihrer negativen Überzeugung bestätigt, dass
es das, was sie brauchen, für sie nicht gibt. Er zieht sich in seine
Arbeit zurück und sie fängt an, das Haus mustergültig zu putzen.
Beide warten auf die liebevollen, einfühlsamen und anerkennen-
den Blicke und Worte des anderen. Das Lebensthema von beiden rankt sich um das Grundbedürfnis nach Anerkennung und
Selbstwert.

Wie ich weiter oben schon andeutete, ist es nach meiner Erfahrung kein Zufall, dass beide Partner ein ähnliches Lebensthema aufweisen. Im Buch „Paare in Krisen" habe ich ausführlich
dargelegt, dass Paare mit ihren Lebensthemen immer sehr nahe
beieinanderliegen. Vermutlich, weil die Liebe Menschen zueinan-
der führt, die in ihrem Kern ähnlich gestrickt sind.[9]

Mal einen Streit mitschneiden

Hören Sie sich doch mal in einem Partnerkonflikt zu. Machen
Sie direkt danach ein Protokoll, oder einigen sich mit Ihrem Gegenüber auf eine Tonaufnahme einer Streitsituation.[10] Sie könnten
Ihr leidvolles Erleben aber auch – am besten direkt danach oder
noch mittendrin – einer Freundin oder einem Freund erzählen.
Ihr Gegenüber sollte versuchen, zentrale Aspekte Ihrer Aussagen
mitzuschreiben oder das Gespräch aufzeichnen. Anschließend
werten Sie gemeinsam aus.

---

9   Krätzig, R. (2016). Paare in Krisen. Navigationshilfe für schwieriges Gelän-
    de. Hamburg: BoD Verlag.
10 Fast jedes Mobiltelefon hat eine Aufnahmefunktion. Der Partner sollte
    aber einverstanden sein!

Achten Sie bei der Auswertung darauf, sich nicht von den Details der Problemsituation ablenken zu lassen. Wir suchen das, was dahinter steckt. Das ist manchmal zu erschließen aus dem, was beiden am meisten vom Partner fehlt oder zu viel ist. Was werfen Sie einander vor? Welche Sätze sprechen Sie dabei immer wieder aus? Sollte noch keine Klarheit entstehen, sammeln Sie noch mehr Details oder ziehen weitere Situationen hinzu.

Die individuelle Not erfassen – Das Mülleimerbeispiel

Die Suche nach der zentralen Not im eigenen Leben erfordert einen gewissen Grad an Genauigkeit. Ich möchte dies an einem Vergleich von fünf Paaren mit einem »Mülleimerproblem« zeigen. In allen Fällen bringt *er* ihn zu selten raus, und *sie* ist darüber sauer. Trotz der Ähnlichkeit hören wir fünf verschiedene Gründe, warum die fehlende Unterstützung bei der Müllentsorgung so belastend erlebt wird:

Partnerin 1: „Weil ich die Arbeit nicht alleine machen möchte".

Partnerin 2: „Damit der Partner mich endlich in meiner Belastung sieht."

Partnerin 3: „Damit er mich endlich ernst nimmt."

Partnerin 4: „Damit ihm klar wird, dass ich auf Augenhöhe stehe."

Partnerin 5: „Damit er mal etwas für mich tut."

Bei der Suche nach dem Lebensthema dürfen wir nicht an Vordergründigem hängen bleiben. Allgemeine Antworten haben keine Aussagekraft für unsere Fragestellung. Falls Sie aus den Sätzen herauslesen, dass es sich bei allen Frauen um fehlende Wertschätzung und mangelnde Beachtung ihrer Person oder ihres Tuns dreht, haben Sie vermutlich recht. Wir brauchen aber keine Zusammenfassung, sondern im Gegenteil *Antworten* auf die Frage, was im Einzelfall das Besondere ist. Um das zu finden, reichen auch die bisherigen Antworten noch nicht, wir müssen weiter fragen. Die Frauen antworten:

Partnerin 1: „Ich brauche das Gefühl, die Familie gemeinsam zu tragen. Damit wird das tägliche Einerlei leichter erträglich. Ich kann mich mehr damit anfreunden und bin gelassener."

Partnerin 2: „Ich spiele keine Rolle, scheine unwichtig. Ich fühle mich nicht gesehen in meiner Leistung und brauche Anerkennung. Dann kann ich auch stolz auf mich und mein Tun sein."

Partnerin 3: „Ich funktioniere und halte alles aufrecht. Er geht respektlos mit mir um, und ich nehme mich selbst nicht mehr ernst. Ich müsste mal aussteigen und mal wieder was ganz anderes machen. Mal nicht brav sein. Dann würde ich mich wieder lebendig fühlen."

Partnerin 4: „Ich spiele hier das Aschenputtel, und er ist der feine Herr, der draußen in der Welt Heldentaten vollführt. Mir ist alles zu viel, mir fehlen Freude und Leichtigkeit."

Partnerin 5: „Ich gebe immer so viel und bekomme kaum etwas. Ich will mal eine Zuwendung, ein Dankeschön. Ich will selbst mal verwöhnt werden."

Wenn drei der Frauen jetzt eine Schlüsseltabelle ausfüllen, bekommen wir folgende Ergebnisse:

Schlüsseltabelle Partnerin 1, 2 und 3

Belastungssituation	Mülleimer	Mülleimer	Mülleimer
Erlebte Not	Ich mache alles allein.	Ich werde nicht gesehen.	Ich werde nicht ernst genommen.
Dabei erlebte Gefühle	Verlassenheit und Zorn	Traurig, belastet, zweifelnd an mir	Verzweifelt, Scham, Erschöpfung
Lösung	Wir machen es gemeinsam.	Meine Leistung wird gesehen und belohnt.	Ich werde ernst und für voll genommen und respektvoll behandelt.
Lösungsgefühl	Entspannte Gelassenheit	Stolz, kraftvoll, innerlich ruhig und entspannt	Ich fühle mich lebendig, voller Freude und Leichtigkeit.

Tabelle 11: Schlüsseltabelle Partnerin 1, 2 und 3

Auch Partnerin 4 hat ihre ganz eigene Weise, das Mülleimerproblem zu erleben. Sie leidet darunter, dass sie sich nicht wichtig fühlt. Sie reagiert mit Depression und Mutlosigkeit und fühlt sich ausgeschlossen. Ihre erwünschte Lösung ist, dass ihr Partner ihr zeigt, dass sie auf Augenhöhe mit ihm ist.

Auch wenn es vielleicht für manchen Leser ein bisschen ähnlich klingt, sind die Unterschiede für unsere Suche nach dem Lebensthema wesentlich. Sowohl die erlebte Not als auch die Lösungen unterscheiden sich.

Erst mit dieser Genauigkeit haben wir eine brauchbare Grundlage für das weitere Vorgehen. Lassen Sie sich bei Ihrer Suche also nicht von allgemeinen – und vielleicht ja auch richtigen – Aussagen verführen. Wir brauchen keinen großen und goldenen Schlüssel. Damit der Schlüssel uns dient, kommt es darauf an, dass er genau passend gefeilt wird.

Aufgabe:

Fragen Sie sich doch mal, was an so einem Alltagsproblem wie der Mülleimerthematik das für Sie selbst am meisten Belastende wäre!

f) Den Partner fragen

Das ist für manchen ein einfacher Weg, um sich selbst auf die Spur zu kommen. Vor allem, wenn der eigene Partner schon etwas über problematische alte Programme und Lebensthemen weiß, wird er schnell und klar benennen können, wo diese auftauchen und inwiefern ihn das belastet.

Wenn Sie den Partner in die Suche nach Ihrem eigenen Lebensthemas einbeziehen, sollten Sie aber darauf gefasst sein, Dinge zu hören, die genau diese alten Wunden berühren und dann dazu gehörige Verhaltensmuster auf den Plan rufen könnten. Vielleicht fühlen Sie sich dann plötzlich provoziert und werden sauer oder ähnliches. Man sollte diese Möglichkeit daher nicht als ersten Schritt wählen und vielleicht auch schon ein bisschen Übung im Erkennen und Unterbrechen von Gedanken und Gefühlen haben.

Auch wenn es Sie reizt, erzählen Sie Ihrem Partner nur etwas über dessen Lebensthema, wenn er Sie danach fragt – und selbst dann in aller Vorsicht. Andernfalls riskieren Sie einen Streit oder zumindest schlechte Laune.

Beispiel 9

Ein junger Mann hat den entscheidenden Tipp von seiner Partnerin bekommen. Sie meinte, sie könne es nicht mehr hören, wenn er immer wieder klagt, dass ihm keiner zuhört und keiner ihn ernst nimmt. Ihm wird klar, dass er auch in anderen Beziehungen immer dasselbe beklagt hatte. Er spricht seine Erkenntnis so aus: „Ich suche danach, ernst genommen zu werden. Vermutlich hatte ich davon zu wenig als Kind. Deswegen ist es mir wichtig, dass man mir zuhört. Schlecht geht es mir, wenn ich mal wieder das Gefühl habe, dass genau dies nicht geschieht und ich mich mal wieder vergeblich darum bemühe, ernst genommen und gehört zu werden."

g) Eigene Wünsche

Auch die eigenen Wünsche können als Informationsquelle dienen. Darin drücken wir aus, was uns im eigenen Leben fehlt und indirekt auch, was zu viel ist. Wer sich Urlaub wünscht, hat zu wenig von dem, was er dort findet.

- Wenn Sie drei Wünsche frei hätten, was würden Sie damit in Ihrem Leben verändern?
- In eine ähnliche Richtung geht die Frage danach, was Sie machen, wenn Sie im Lotto gewinnen würden. Wie sähe dann Ihr Leben aus?

Auch die Wünsche, die sich nur auf Teilaspekte Ihres Lebens richten, sind ergiebig:

- Beschreiben Sie Ihren idealen Arbeitsplatz. Welche Umstände kommen hinzu oder fallen weg? Wie ist der Umgang an diesem Arbeitsplatz miteinander? Was ist Ihnen besonders wichtig?
- Was wünschen Sie sich für einen idealen Urlaub? Welche Qualität des Seins finden Sie dort?
- Formulieren Sie, was Sie sich von Ihrem Partner wünschen. Was fehlt Ihnen in Ihrer Beziehung am dringendsten?

Lassen Sie sich nicht von den Inhalten der Wünsche verführen, sondern fragen Sie sich, was dahinter steht. Die Frage: „Wofür brauche ich diese Wunscherfüllung?" führt in die richtige Richtung. Mal wird es direkt ausgesprochen, an anderen Stellen zeigt es sich in der Umkehrung beziehungsweise Negation. Manchmal muss man auch ein bisschen suchen.

- „Ich wünsche mir das neue Auto, weil ich dann mitreden kann mit den Kollegen." Hier geht es offensichtlich nicht um das Auto, sondern darum, auf Augenhöhe mit anderen zu kommen.

- „Ich wünsche mir ein neues Handy, weil ich dann nicht das Geprahle der Anderen ertragen muss." Auch hier ist das Handy nur ein Mittel zum Zweck. Vielleicht dafür, sich wichtiger zu fühlen, mehr wert zu sein oder ähnliches.
- „Ich wünsche mir, meinen beruflichen Stillstand endlich zu überwinden, weil ich mich jetzt unter Wert verkaufe. Ich kann mehr, kann es aber nicht zeigen." Hier will einer gesehen werden in dem, was er kann. Der benannte berufliche Stillstand könnte auch ein Hinweis darauf sein, dass er gelernt hat, auszuhalten und eigenen Impulsen nicht zu folgen. Vielleicht weil er darauf wartet, dass ihn ein anderer herausfordert.
- „Ich wünsche mir, dreißig Kilo weniger zu wiegen, weil ich mich dann gleichwertiger fühle". Hier scheint das Thema die erwünschte Gleichwertigkeit zu sein und das Abnehmen ein Mittel dahin.

Wenn mehrere Personen den gleichen Wunsch äußern, können dahinter sehr verschiedene Gründe stehen. Auch wenn alle sagen, dass sie sich wünschen, dreißig Kilo weniger zu wiegen, will jeder etwas anderes damit erreichen:

- ... weil ich dann gesünder lebe und weniger Angst haben muss auszufallen
- ... weil ich mich dann weniger abhängig von anderen fühle
- ... weil dann keiner mehr über mich redet
- ... weil ich mich selbst dann mehr mag

Das, was einem am Herzen liegt, wird manchmal deutlicher, wenn man sich folgendes versucht vorzustellen: Wie würde das Leben aussehen, wenn die Wünsche erfüllt wären? Schmücken Sie die Fantasien über dieses neue zukünftige Leben, in dem sich Ihre Wünsche erfüllt haben, richtig aus. Es kann helfen, dabei die realen Grenzen hinter sich zu lassen, alles zu übertreiben und zu überhöhen. Fällt Ihnen immer noch nicht auf, was die zentralen Themen sind? Dann erzählen Sie diese übertriebene Fantasie einem anderen, der wird vermutlich entdecken, worauf es Ihnen ankommt.

h) Vertiefende Fragen

Wenn Sie jetzt noch nicht fündig geworden sind oder weitere Details brauchen, dann beantworten Sie sich diese und ähnliche Fragen:

- Was belastet mich in meinem heutigen Leben am meisten? Was fehlt mir? Was ist mir zu viel?
- In was investiere ich heute besonders viel Energie? Was will ich damit erreichen?
- Was hat mich in meiner Kindheit am meisten belastet?

Auswerten

Sind Sie fündig geworden? Haben Sie einen Verdacht oder sind sogar schon sicher, wie Ihr Lebensthema lautet? Dann geht es jetzt um die Frage, wie Sie aus diesen Informationen Ihren Schlüssel zur Psyche herleiten.

Eine Problemsituation finden

Als Nächstes brauchen Sie eine Situation, die typisch für Ihr Lebensthema ist. In der sich also die zentrale Not Ihres Lebens mal wieder abspielte. Wählen Sie eine Situation aus und erinnern Sie sich an das Geschehen. Sollten Sie noch keine Ahnung über Ihr Lebensthema haben, machen Sie mit einer beliebigen problematischen Situation weiter.

Ziel ist es, die Schlüsseltabelle auf Seite 111 zu füllen. Wenn das nicht direkt geht, können Sie die Liste zur Selbstbefragung nutzen, die wir schon im Beispiel 5 (Herr L.) verwendet hatten. Sie finden diese auf der nächsten Seite. Sie dient nur als Zwischenstufe, sollten Sie beim Bearbeiten auf die eine oder andere Frage keine Antwort finden, lassen Sie die Zeile aus.

Liste zur Selbstbefragung

Fragen an sich selbst	Antworten
Was waren die belastenden Umstände der Situation?	
Was war mein Erleben?	
Was habe ich über mich selbst gedacht?	
Was habe ich über andere Menschen gedacht?	
Mit welchem Mittel (altes Muster) versuchte ich, die Situation zu lösen?	
Was habe ich als Scheitern erlebt?	
Wie sieht die Stimmung aus, die nach dem Scheitern entstand?	
Was ist zu viel?	
Was hat gefehlt?	
Warum fehlte es?	

Tabelle 12: Liste zur Selbstbefragung, leer

Nach dem Ausfüllen der obenstehenden Liste sollte Ihnen die Schlüsseltabelle keine Probleme mehr bereiten. Eine weitere leere Liste finden Sie im Anhang und zum Ausdrucken auf meiner Webseite www.reinhardt-kraetzig.de.

Die eigene Schlüsseltabelle

Typische Belastungssituation	
Erlebte Not	
Dabei erlebte Gefühle Grad der Belastung (Belastungsskala)	
Lösung	
Lösungsgefühl Grad der Entlastung (Positivskala)	

Tabelle 13: Die eigene Schlüsseltabelle, leer

Haben Sie alles ausfüllen können? Die Lasten einzutragen, fällt vielen vermutlich leichter, als die Lösung zu benennen.

Eine passende Lösung (er-)finden

Was jetzt kommt, ist Ihnen schon aus den Übungen im Abschnitt »Vorbereitungen« geläufig. Dort hatten wir für ein aktuelles Problem eine Lösung gesucht, die dabei half, innerlich in

Distanz und aus dem belasteten Erleben herauszukommen. Der einzige Unterschied ist, dass wir es jetzt mit der Not zu tun haben, die mit dem Lebensthema verknüpft ist.

Lassen Sie sich nicht davon ablenken, dass es hier um ein grundsätzliches Thema geht, sondern bleiben Sie gedanklich dicht an der Problemsituation, die Sie als typisch ausgewählt haben. Erinnern Sie sich? Wir suchen keine Lösung des äußeren Problemablaufs, sondern etwas, was aus dem belastenden Erleben heraushilft. Deshalb heißt die Frage nach einer Lösung auch:

Was müsste geschehen, damit Sie aus dem belastenden Gefühl herausfinden?

Gestatten Sie sich jede Antwort, ganz gleich, ob das, was Ihnen gerade einfällt, möglich ist oder nicht. Lassen Sie sich nicht von Ihrem Verstand bremsen. Vielleicht fällt Ihnen eine Situation ein, in der genau das passiert war, was Ihnen auch jetzt helfen würde. Fällt Ihnen nichts ein, erfinden Sie etwas. Benutzen Sie Ihre Fantasie, lassen Sie ihr freien Lauf. Bleiben Sie dabei in Kontakt mit dem belastenden Gefühl, suchen Sie nach etwas, das Ihnen aus diesem Gefühl heraushelfen könnte. Dazu brauchen die meisten eine bestimmte Art von Zuwendung, Aufmerksamkeit, Begleitung oder Schutz von anderen Menschen. Lassen Sie Ihre Fantasie in diese Richtung kreisen und verschwenden keine Zeit mit dem Erfinden von Traumschlössern und Märchenwelten.

Wenn Sie für sich selbst keine Lösung finden können, stellen Sie sich vor, ein (Ihr) Kind, Ihre beste Freundin, Ihr bester Freund oder Ihr Partner würde das erleiden müssen, was Sie in der Situation erlitten haben. Was würden Sie den Betroffenen als Lösung anbieten wollen? Meist will man das geben, was man selbst in so einem Moment braucht.

Manchem hilft es sich vorzustellen, noch ein Kind zu sein, das diese Not gerade erleidet. Was hätten Sie als Kind gebraucht, um aus der Not herauszukommen? Oder stellen Sie sich vor, Sie begegnen als erwachsene Person genau diesem leidenden Kind. Was würden Sie für dieses Kind tun, wie würden Sie es »retten«?

Rückwärtssuche

Falls Ihnen nicht einfällt, welches Geschehen Ihnen bei der Auflösung der zentralen Not helfen könnte, gehen Sie bei Ihrer Suche umgekehrt vor. Halten Sie sich vor Augen, wie Sie sich gerne anstelle der Not fühlen möchten. Tragen Sie also zuerst etwas in die letzte Zeile „erwünschtes Lösungsgefühl" ein. Suchen Sie danach Erinnerungen, in denen Sie sich genauso gefühlt hatten und prüfen Sie, ob diese als Anregung für die gesuchte Lösung behilflich sein können.

Der einzige Fehler, den Sie bei der Suche nach einer Lösung machen können, wäre, alles *theoretisch*, also mit rationalem Verstand und Logik herausarbeiten zu wollen. Um das zu vermeiden, sollten Sie nahe an der Problemsituation und dem dabei erlebten belastenden Gefühl bleiben und für dieses konkrete Geschehen einen Weg finden, aus dem negativen Erleben herauszufinden. Nähern Sie sich dafür ein wenig an das belastende Gefühl an, ohne darin zu sehr einzutauchen. Vielleicht lesen Sie noch mal im Abschnitt »Sicherheitsmaßnahmen« ab Seite 66 etwas über den Umgang mit negativen Gefühlen, falls Sie nicht sicher sind, wie Sie damit umgehen sollen.

Die Lösung, die wir hier gesucht haben, hat schon eine ganze Menge mit dem Schlüssel zur Psyche zu tun, der unser eigentliches Ziel ist. Die Lösung ist noch nicht der Schlüssel, aber sie kann uns direkt dorthin führen. Ein Schlüssel beinhaltet eine positive Erfahrung. Es ist genau das Erleben, das geschieht, wenn Sie in die Lösung eintauchen. Das heißt, wenn es für einen Moment lang so ist, als wenn die Lösung gerade geschehe und Sie mittendrin im Geschehen seien.

Von der Lösungsidee zur erlebten Erfahrung

Im jetzt folgenden Schritt muss die gefundene Lösung von einer Idee zu einer erlebten Erfahrung werden. Um etwas in Ihrem Leben zu verändern, reichen richtige und vielleicht neue Gedanken nicht aus – Sie brauchen dazu neue Erfahrungen, also ein Gemenge aus Gedanken und Gefühlen. Erst wenn mit den Gedanken an die Lösung auch ein positives Gefühl einhergeht, bekommt sie die Kraft, die wir brauchen, um sie als Schlüssel zu verwenden. Das gute Gefühl, das durch die Lösungssituation hervorgerufen wird, ist hierbei wesentlich. Die Lösung muss erlebt werden, erst dann kommen Sie ans Ziel. Um zu erleben, müssen Sie für einen Moment konzentriert in die Szene einsteigen und dann nachspüren, was das in Ihnen auslöst. Die Übung ist erst komplett, wenn die guten Gefühle spürbar, also auf Ihrer subjektiven Skala messbar sind. Je stärker Ihr inneres Messgerät ausschlägt, umso besser. Damit dieses Ziel erreichbar wird, müssen wir die Lösungsidee lebendig werden lassen. So, als würden Sie ein Drehbuch in einen Film verwandeln. Wenn Sie Glück haben, gibt es für diesen Film schon Vorlagen in Ihrer Erinnerung.

1. Habe ich die Lösung schon einmal erlebt?

Im ersten Schritt sind Sie gefordert, Ihre Erinnerungen zu durchforsten. Haben Sie schon einmal erlebt, was Sie sich als Lösung für Ihr Lebensthema wünschen? Sollten sich mehrere solcher Erlebnisse finden, wählen Sie eines aus, bei dem Sie sich am besten an die positive Wirkung erinnern können.

Wenn Sie eine Erinnerung haben, nehmen Sie sich dann einen Moment Zeit, die ausgewählte Erinnerung sehr genau zu studieren. Finden Sie heraus, was das Wesentliche an dieser Erfahrung war. Welche Umstände waren für den positiven Verlauf entscheidend? Dann fokussieren Sie sich genau auf diesen Kern und erinnern sich an Ihr Gefühl. Was haben Sie erlebt? Wo in Ihrem Körper hat dieses Erleben seinen Niederschlag gefunden? Bei diesem Wiedererleben werden Sie feststellen, dass Sie das Gefühl und die dazugehörenden Körperempfindungen auch in der Gegenwart spüren. Vielleicht nicht genauso intensiv wie damals, aber eine Ahnung davon sollte sich einstellen. Nehmen Sie sehr genau wahr, was Sie fühlen und empfinden – und genießen Sie es.

Nicht ablenken lassen

Lassen Sie sich nicht von negativen Gedanken ablenken. Die sind oft nur Störmanöver aus Ihrem Unbewussten, die es leider häufig gibt. Weiter vorn im Buch (Seite 81) hatte ich eine Geste mit beiden Händen vorgeschlagen: Eine Hand holt die angenehme Erinnerung heran, die andere behält die Störmanöver im Blick und schiebt störende Gedanken oder Gefühle beiseite. Dieses einfache körperliche Hilfsmittel können Sie auch an dieser Stelle anwenden.

Sollten sich negative Gedanken oder Gefühle nicht wegschieben lassen, gibt es dafür zwei Gründe: Entweder waren Sie nicht entschieden genug und haben sich von den negativen Gedanken und Gefühlen verführen lassen, das positive Erleben aus dem Fokus zu verlieren. Oder Ihre Lösung ist noch nicht tragfähig genug. Vielleicht gibt es darin schon gute Ansätze, aber etwas Wesentliches ist noch nicht berücksichtigt. In diesem Fall sind die Störgedanken keine Störungen, sondern wertvolle Hinweise auf etwas Fehlendes. Wir werden uns dem Umgang mit diesen konstruktiven Störgedanken auf der folgenden Seite genauer widmen.

Sollten Sie in Ihren Erinnerungen keine passenden Erfahrungen gefunden haben, dann müssen Sie wieder auf Ihre Vorstellungskraft zurückgreifen. Häufig findet man über diesen Weg später doch noch Zugang zu Erinnerungen. Erst durch das Spiel mit der Fantasie werden sie freigelegt.

2. Ein genau abgestimmtes Hirngespinst

Der Maßstab für eine erfolgreich gebaute Fantasie ist die Intensität der von ihr ausgelösten positiven Gefühle. Nehmen Sie sich also die Freiheit, sich eine in jeder Hinsicht optimierte Situation aufzubauen und in diese einzutauchen. Wir sind im Bereich der unbegrenzten Möglichkeiten! Tauchen Sie ein in Ihre Fantasie, stellen Sie sich vor, dass Sie mittendrin sind im Geschehen. Spüren Sie, wie sich das anfühlt. Sollte etwas nicht stimmen, verändern Sie die Fantasie und steigen erneut ein. Stimmt der Ort nicht, ändern Sie ihn. Sind Personen dabei, die einen störenden Einfluss haben, entfernen Sie diese. Fehlen die richtigen Personen, holen Sie solche dazu oder – falls Sie niemanden der gewünschten Art kennen, erfinden Sie eine passende Person. Vergessen Sie für einen Moment die Grenzen der Wirklichkeit und folgen Sie nur Ihren Wünschen und Bedürfnissen.

2. a. Erinnerungen und Fantasien mischen

Auch ein Mix aus Erinnerungen und Fantasie ist möglich, genau wie alles andere, was das positive Gefühl bei der Anwendung des Schlüssels unterstützt. So können etwa Erinnerungen aus ganz verschiedenen Situationen nebeneinandergesetzt oder auch zu einer einzigen zusammengefügt werden. Wenn die Erinnerung an *ein* gutes Ereignis noch nicht reicht, um ein ausreichend intensives gutes Gefühl zu erzeugen, kann man zum Beispiel den beteiligten Personen noch Helfer zur Seite stellen oder die Rahmenbedingungen verändern. Wenn die damalige Situation zu schnell vorbei war, wird sie so umgebaut, dass genügend Zeit gegeben ist. Wohnte die helfende Person zu weit weg, um oft genug anwesend zu sein, kann man ihr eine Wohnung direkt nebenan fantasieren und sich dann ausmalen, wie sich ein häufiger und regelmäßiger Kontakt anfühlen würde.

Viele kleine positive Ereignisse könnten zum Beispiel zu einem Film zusammengefügt werden, in dem sich eine Situation an die andere reiht. Vielleicht kennen Sie Urlaubspräsentationen, in denen kleine Filmchen mit Standbildern wechseln, alles mit einer durchgängigen, angenehmen Musik hinterlegt. Warum also nicht einen kleinen inneren Film zum Thema drehen – wie mein Klient, der einen Film aus einem halben Dutzend Erinnerungen an viele kleine Situationen zusammensetzte. In jeder einzelnen bekam er die freundliche Wertschätzung, die für ihn so wichtig ist und sich in diesem Film vervielfachte. In einem anderen Fall führte eine Klientin hilfreiche Begleiter zusammen, die sie in verschiedenen Lebensphasen getroffen hatte. Sie stellte sich vor, mitten unter ihnen zu stehen und in jeder Richtung einen von ihnen sehen zu können.

Anregung oder Störung

Ich hatte bereits angedeutet, dass vermeintlich *störende Gedanken* nicht unbedingt eine Behinderung sein müssen, sondern dass sie zusätzliche wichtige Informationen liefern. Schauen wir auf ein Beispiel:

Beispiel 10

Herr O. vermutet, dass seine Not etwas mit Ängsten zu tun habe. Er hat ein aktuelles Beispiel: Seitdem er weiß, dass er demnächst in einer neuen Filiale seiner Firma anfangen wird, ist er geplagt von Ängsten, den teilweise neuen Aufgaben dort nicht gewachsen zu sein. Er befürchtet, die neue Arbeitssituation nur mit großer Anstrengung durchhalten zu können, ist innerlich wie aufgepeitscht, unruhig, und sein Darm arbeitet auf höchster Stufe, sodass er ständig das Gefühl hat, eine Toilette aufsuchen zu müssen. Die Frage, woher er solche Empfindungen kennt, führt zu Erinnerungen an den Kindergarten. Damals hatte er die Umgebung als feindselig erlebt und sich immer dagegen gewehrt, dorthin zu gehen. Er hatte die Befürchtung, mit den anderen Kindern nicht mithalten zu können und von ihnen angegriffen und verhöhnt zu werden. Letztendlich musste er aber doch hingehen und es aushalten. Die Frage, was damals fehlte, führt zu dem Wunsch nach einer Person, die ihn in den Kindergarten begleitet und den ganzen Tag für ihn verfügbar ist. Sie soll als Schutz dienen, wenn etwas schief geht, vor allem aber helfen, die anderen Kinder zu verstehen und zu lernen, mit ihnen umzugehen.

Da er sich nicht erinnern kann, etwas im Sinne des Lösungsgefühls schon erlebt zu haben, konstruieren wir eine Fantasie mit einem älteren Mann, ähnlich einem Opa, der ihn in den Kindergarten bringt und mit ihm dort bleibt. Für einen kurzen Moment entsteht eine innere Entlastung (Positivskala: 1-2), dann kommen wieder belastende Gedanken. Er denkt an später, dass der Helfer nicht mehr da sein wird, wenn er ihn dann braucht. Es stellte sich heraus, dass er den helfenden Opa in seiner Fantasie zu schnell hatte gehen lassen. Der Fantasie-Opa muss mehr Zeit mitbringen, er soll ihn einige Tage begleiten.

Die erlebte Entlastung ist jetzt etwas stärker (Positivskala: 3), nach wenigen Augenblicken kommen die Ängste trotzdem wieder. Auf die Frage, was noch fehlt, weiß er sofort, dass er selbst entscheiden möchte, wann der Begleiter gehen soll. Die Vorstellung, dass der andere plötzlich weggehen würde, ist zu belastend. Das Ende muss offen sein. Die Fantasie wird um diesen Faktor erweitert. Jetzt bestimmt er, wann er auf eigenen

Füßen stehen möchte und wie lange er den Opa braucht. Es entsteht das Gefühl einer angenehmen Schwere, dazu gehört das Erleben, ganz fest auf dem Boden zu stehen und gleichzeitig von einer schützenden Sphäre umgeben zu sein.

Die Schlüsseltabelle von Herrn O.

Typische Belastungssituation	Neuer Arbeitsplatz, neue Aufgaben. Angst, dem nicht gewachsen zu sein. Genauso habe ich mich schon im Kindergarten gefühlt.
Erlebte Not	Der Darm arbeitet. Ich habe »Schiss«. Dazu kommen Unruhe, Selbstzweifel und die Peinlichkeit, schnell auf eine Toilette zu müssen.
Lösung	Opa geht mit in den Kindergarten. Jetzt habe ich jemanden, der mir erklärt, wie es geht, der für mich da ist, falls ich etwas falsch mache.
Lösungsgefühl	Ich bin in einer schützenden Sphäre und stehe fest und mit Gewicht auf dem Boden. Ich schaffe das.

Tabelle 14: Schlüsseltabelle von Herrn O.

Wir mussten also zweimal nachbessern. In der ersten Runde deshalb, weil schnell wieder belastende Gedanken aufkamen; beim zweiten Mal, weil sich das gute Gefühl nicht tief genug entwickelte. Beim ersten Mal lieferten die belastenden Gedanken den Hinweis (dass der Opa längere Zeit anwesend sein muss), im zweiten Fall konnte das fehlende Moment einfach erfragt werden. Die Fantasie war von Anfang an richtig aufgebaut, aber erst durch die Korrekturen bekam sie ausreichend Kraft.

Dieses Beispiel unterstreicht, wie genau die Lösungen konstruiert sein müssen. Das gilt übrigens auch für die Auswahl von Erinnerungen. Manchmal stimmt eine Erinnerung perfekt, oft macht es aber Sinn, einzelne Aspekte mit Fantasie zu verändern.

Störmanöver von konstruktiven Hinweisen unterscheiden

Woran kann man erkennen, ob es sich um Störmanöver handelt oder um konstruktive Hinweise?

Bei einer stimmigen Lösungssituation stellen sich schnell deutliche positive Gefühle ein. Auf der Positivskala befindet man sich im oberen Bereich. Kommt die Unterbrechung durch störende Gedanken erst danach, ist es meist nur ein Störmanöver. Schiebt man die störenden Gedanken weg, geht die positive Entwicklung sofort weiter. Wenn dagegen das Wegschieben nicht gelingt, ist die Wahrscheinlichkeit hoch, dass noch ein wichtiges Argument Beachtung braucht. Auch wenn die positive Intensität über eine 4 nicht hinausgeht, könnte noch Nachbesserungsbedarf sein.

Störmanöver arbeiten oft mit sehr allgemeinen Aussagen wie: „Das ist doch nur eine Fantasie, das hilft doch nichts" oder: „Das vergesse ich doch wieder alles" oder ähnlichen. Es wird gesagt, was alles nicht geht, und Begriffe wie »immer« oder »nie« machen die Argumente vermeintlich wichtig. Beliebt ist auch der Versuch, die Gedanken auf ein anderes Thema zu lenken.

Auch konstruktive Gedanken springen mitunter auf ein anderes Thema. Hört man aber genau hin, stellt man fest, dass zu dieser anderen Situation eine bestimmte Qualität des Erlebens gehört, die beim Aufbau der Lösung noch fehlte. Die unbewusste Psyche assistiert bei der Suche und richtet den Fokus punktgenau aus. So springen die Gedanken etwa zur Familie eines Freundes, und die Geborgenheit in dieser Familie kommt in die Erinnerung. Dann könnte diese Geborgenheit ein Aspekt sein, der in der Lösungsszene noch fehlt.

Oder der Gedankensprung zum letzten Urlaub in einer Gruppe erinnert an das Gefühl, sich in einer Gruppe besonders wohlgefühlt zu haben. Dann sollte die Lösung um diese Eigenschaft ergänzt werden; falls sie schon dabei ist, muss sie mehr in den Fokus genommen werden.

Konstruktive »Störgedanken« lassen sich auch daran erkennen, dass sie den Fokus auf bestimmte Aspekte der Lösungssituation richten, zum Beispiel auf etwas, was darin zu viel oder zu wenig ist. Fehlt etwas ganz, helfen die eben beschriebenen Sprünge zu anderen Themen, um genauer herauszufinden, was fehlt.

Ansatzpunkte für Korrekturen

Einige Eigenschaften der Lösungssituationen tauchen bei Korrekturen häufiger auf:

Zeit: Die Zeit spielt oft eine besondere Rolle. Das hat damit zu tun, dass die Zeit eine wichtige Komponente beim Entstehen belastender Erfahrungen ist. Es geht immer um Zeit, wenn Kinder zu lange allein gelassen, zu früh in die Verantwortung geschoben oder nicht lange genug begleitet wurden. Zeit kann man auch verstehen als Synonym für Vertrauen. Vertrauen kann sich nur entfalten, wenn gute Umstände längere Zeit anhalten und nicht unterbrochen werden.

Braucht man in einer Lösungsfantasie mehr Zeit, um Vertrauen aufzubauen, kann man sich mit einem Trick behelfen. Um diese Zeit zu bekommen, fügt man eine zusätzliche Szene hinzu. Ich beziehe mich auf das letzte Beispiel, in dem ein Opa als Begleiter benötigt wird. Die zusätzliche Szene lassen wir schon Monate oder Jahre früher beginnen, etwa in der Aufforderung: „Stellen Sie sich vor, der gute Opa kommt schon Jahre vorher in Ihr Leben. Sie haben ihn so für sich, wie es für Sie angenehm ist ... Wie verbringen Sie die Zeit miteinander?" In der eigentlichen Lösungsszene heißt es dann: „Jetzt kommt der Opa in die Szene, Sie kennen ihn bereits sehr gut. Sie haben in den Jahren vorher schon erfahren, dass Sie ihm vertrauen können ...".

Manchmal hilft es auch, im Zeitraffer auf einen Ablauf zu schauen. Eine gute Situation kann zusätzliche Wirkung entfalten, wenn man sich vorstellt, dass sie über Wochen oder Monate anhält.

Vertrauen mithilfe einer Fantasie aufzubauen, ist leider nur in gewissen Grenzen möglich. Wenn jemand zu wenige Erfahrungen damit sammeln konnte, helfen auch keine Tricks. Dann muss für den Aufbau von Vertrauen *reale Zeit* in vertrauensvolle Erfahrungen investiert werden. Hier sind die im Vorteil, die auf reale Erfahrungen von Vertrauen zurückblicken und daran anknüpfen können.

Sicherheit: Bei vielen Korrekturen von Lösungssituationen

geht es um das Thema Sicherheit. Da die Lösungssituation ja eine Antwort auf ein Problem ist, kann es sein, dass darin noch bedrohliche Umstände oder nicht verlässliche Personen verblieben sind. Auch wenn – wie im Beispiel – der Opa vor den anderen Kindern schützt, sind immer noch Personen vorhanden, vor denen der Opa schützen muss. In diesem Fall kann der gewählte Ort mit zusätzlichen Eigenschaften ausgestattet werden. Man denkt sich weitere Zimmer, Wände oder feste, abschließbare Türen hinzu. Einfacher ist es, einen unsicheren Ort zu verlassen und vielleicht sogar die Zeit. Fast jeder kennt die Beam-Techniken aus Science-Fiction-Filmen. Auch das Reisen in andere Zeiten oder Dimensionen erfordert selten Erklärungen. Nutzen Sie dieses Potenzial oder greifen Sie gleich zum Zauberstab. Die Frage heißt dann: „Angenommen, Sie haben jetzt einen Zauberstab zur Verfügung. Wie gestalten Sie die Situation, damit Sie sich sicher auf das gute Gefühl einlassen können?"

Personen: Selten sind erinnerte Lösungen ohne Einschränkungen. Die reale gute Oma, der Onkel, der Freund, alle waren in der Wirklichkeit nicht oft genug anwesend oder vielleicht aufmerksam, aber nicht liebevoll oder haben andere Mängel. Die aufkommenden störenden Gedanken drehen sich oft um solche Details. Hier ist es möglich, die bemängelte Person auszuwechseln, sie mit Begleitern zu unterstützen, die den Mangel ausgleichen, oder die Person selbst mit entsprechenden Fähigkeiten zu fantasieren. Nicht immer ist alles möglich. Probieren Sie einfach, was am besten funktioniert.

Sucht man für eine Situation in der Kindheit eine Lösung, gibt es eine Person, die in sehr vielen Fällen beinahe ideal ist und perfekte Hilfe anbieten kann. Es ist die eigene Person. Man selbst kennt die eigenen Nöte sehr genau und weiß daher, was man zur Unterstützung gebraucht hätte. Deshalb liegt es nah, sich selbst als Erwachsener in die Vergangenheit zurück zu beamen und die Kindversion der eigenen Person aufzusuchen und ihr zu helfen. Man kann sich auch mit dem Kind an der Hand wieder in die Gegenwart versetzen und das Kind im Jetzt versorgen. Insbesondere wenn man eigene Kinder in einem ähnlichen Alter hat, bietet es sich an, sein Kind-Ich in die Gegenwartsfamilie hinein zu denken.

Viele Menschen geben ihren Kindern das, was ihnen selbst fehlte. Stellen Sie sich vor, dass Ihr kleines Ich neben Ihrem realen Kind sitzt und genau das bekommt, was es braucht. Wie geht es ihm dabei?

Verantwortung: Bei einigen Menschen hat es einen hohen Stellenwert für ihr Selbstverständnis, Verantwortung für andere zu übernehmen. Solchen Menschen fällt es manchmal schwer, sich auf positives Erleben einzulassen, solange andere noch unversorgt sind. Sie denken an die anderen und was sie für diese tun müssten. Hier muss die Verantwortung für andere Personen berücksichtigt und in der Lösung mit geregelt werden, zum Beispiel mit zusätzlichen Personen: „Stellen Sie sich vor, ein ganzes Team von Menschen kümmert sich jetzt um alles Notwendige. An jeden wird gedacht. Sie können Ihre Gedanken loslassen und zu sich selbst zurückkehren."

Auch wenn man für Kindheitsnöte Lösungen sucht, taucht dieses Thema häufig auf. Viele Kinder wachsen damit auf, sich für Eltern oder Geschwister verantwortlich zu fühlen oder sogar für eine harmonische Balance in der Familie. Hier hilft man sich so, wie eben beschrieben. Die helfende Oma bekommt Unterstützer, die sich nur um die offen gebliebenen Aufgaben kümmern. Diese Helfer werden so ausgesucht beziehungsweise konstruiert, dass sie für die anstehenden Aufgaben geeignet sind. Eine freundliche liebevolle Frau für die Geschwister, ein starker durchsetzungsfähiger Mann, um den betrunkenen Vater in Schach zu halten, eine einfühlsame Psychotherapeutin, um die durchdrehende Mutter zu beruhigen et cetera.

Schuld: Eine Schuldthematik kann jeden positiven Prozess massiv behindern. Wenn man sich schuldig fühlt und für sein Tun eine Strafe erwartet, hat man keine Erlaubnis, sich zu belohnen. Kinder lernen leider schnell, dass sie selbst die Schuld tragen an dem, was geschieht. Viele Eltern wissen das nicht und sprechen daher selten aus, dass ein Kind zwar manches noch nicht kann, dass dies aber niemals ein Beleg für seine Schuld ist. Viele Erwachsene haben diese Schuldannahme aus ihrer Kindheit mitgebracht. Sie müssen erst lernen, dass dies ein Irrtum war und sie sich niemals schuldig gemacht haben. Geht es um Schuld, sollten die erinnerten oder erfundenen Helfer in der Lösungsvorstellung mehr als einmal aussprechen: „Es ist nicht deine Schuld! Kinder haben niemals Schuld! Du bist vollkommen frei von Schuld."

Erwachsene, die sich wegen eines Versagens, Fehlers oder unzureichender Verantwortungsübernahme schuldig fühlen, brauchen etwas anderes als einen generellen Freispruch. Sie müssen lernen, dass es zum Menschsein dazugehört, Fehler zu machen – und dass dies geradezu eine Voraussetzung für persönliche Weiterentwicklung ist. Manches (vermeintliche) Versagen war Teil eines Lernprozesses und kann daher verstanden und akzeptiert werden.

Manchen reicht das nicht, sie brauchen mehr als Verständnis für die eigene Fehlerhaftigkeit. Sie haben das Gefühl, sich an anderen schuldig gemacht zu haben und können eine Entschuldung nicht annehmen. Hat eine Mutter ihr Kind nicht vor dem wütenden Vater schützen können, ist es hilfreich, nicht mehr von Schuld zu reden, sondern von Verantwortung. Sie sollte lernen, dass sie an einem Punkt ihre Verantwortung als Mutter nicht erfüllen konnte. Hier wird die Tendenz zur Generalisierung unterbrochen. Sie ist dann nicht mehr die generell versagende und schuldige Mutter, sondern eine, die unter bestimmten Umständen nicht helfen konnte. Damit wird es möglich, die Umstände genauer zu betrachten und vielleicht sogar zu verstehen, warum sie sich so verhalten hat.

Manche Personen brauchen für ihr Tun dennoch eine Strafe oder müssen eine Wiedergutmachung leisten, um innerlich zu einer Entschuldung zu kommen. Dann macht es auch Sinn, einen inneren Richter aufzurufen und ihn nach einer angemessenen Strafe zu fragen. Hier ist viel Genauigkeit gefragt. Strafe allein löst nicht unbedingt das Schuldgefühl. Die Frage heißt: „Was müssen Sie tun oder was muss geschehen, damit Sie sich wieder rehabilitiert fühlen?"

Manchmal kommt man allein nicht weiter

Vielleicht wurde im letzten Abschnitt deutlich, dass es unter Umständen schwierig sein kann, noch durchzublicken und zum

Ziel zu finden. Ist eine Störung Ablenkungsmanöver oder Hinweis auf wichtige Ergänzungen? Wieso kommt kein gutes Gefühl, obwohl sich die Lösung so treffend anhört? Was fehlt, was hat man übersehen? Was tun, wenn man nicht weiterkommt?

Ich empfehle einen entspannten Umgang mit solchen Schwierigkeiten. Rom wurde auch nicht an einem Tag erbaut, und manche Prozesse brauchen einfach etwas länger. Wenn man nicht mehr weiter kommt, kann das auch ein Hinweis sein, dass eine Pause angesagt ist, ein Themenwechsel, eine Auszeit.

Es kann aber auch zeigen, dass es *allein* zu schwierig ist. Dann heißt die Aufgabe, für die eigene Suche einen Begleiter zu finden. Dabei denken viele vermutlich zuerst an nahestehende vertraute Personen. Oft ist aber ein nur oberflächlich Bekannter besser geeignet. Je näher Menschen einander sind, umso ähnlicher sind ihre Lebensthemen und umso größer ist die Wahrscheinlichkeit, dass der Helfer Wichtiges übersieht, weil auch seine eigenen Themen berührt werden. Da, wo er helfen soll, klarer zu sehen, hat er vielleicht genau seine blinden Flecken. Denn die hat man meist im Bereich des eigenen Lebensthemas. Für die hier gesuchte Begleitung wäre eine sehr nahestehende Person also eher ungünstig.

Es gibt auch eine Reihe von Themen, die für eine Bearbeitung allein schlecht geeignet sind. Wenn etwa ein Mensch zu früh in seinem Leben auf sich allein gestellt war und ihm eine respektvolle und fürsorgliche Begleitung fehlte, empfehle ich, den beschriebenen Suchprozess nicht allein durchzuführen. Wer schon viel zu viel auf sich allein gestellt war, sollte damit nicht endlos weitermachen.

Sind Sie jemand, der sich ungern in die Abhängigkeit von anderen begibt und seine Aufgaben am liebsten allein erledigt, weil man sich auf andere so wenig verlassen kann? Helfen Sie gerne anderen, aber fragen selbst selten oder nie um Unterstützung? Waren Sie schon in frühen Jahren Ihrer Kindheit mit vielen Aufgaben auf sich allein gestellt und vielleicht sogar in der Verantwortung für Eltern, Geschwister oder andere? Dann sind Sie vielleicht so ein Mensch, dem es sehr gut tun könnte, mal Unterstützung durch andere zu erfahren.

Menschen in helfenden Berufen wie Ärzte, Therapeuten oder Krankenschwestern sind oft betroffen. Ärzte, die den Weg in meine Praxis finden, nehmen meist nur wenige Sitzungen. Sie versuchen, ihr Problem zu verstehen, um dann den Rest allein zu bewältigen – so wie es für sie normal ist. Für ihre Patienten geben sie alles, aber für sich selbst kennen sie es kaum, sich das zu holen, was sie brauchen. Aber auch in allen anderen Berufsfeldern finden sich die Alleinkämpfer. Ihre zentrale Not dreht sich oft darum, dass ihnen zu viel Verantwortung aufgebürdet ist, sie anderen zu wenig vertrauen können oder eigene Grenzen nicht gewahrt werden. Die Schlüssellösungen sind dementsprechend Situationen, in denen sie endlich mal ihre Ruhe haben, andere ihnen Verantwortung abnehmen oder einfach nur stabile verlässliche Grenzen existieren.

Am Ziel – Schlüsselmomente genießen

Wenn Sie sich bis hierher vorgearbeitet haben, sollten Sie Ihren persönlichen Schlüssel gefunden haben und auch schon seine positive Erlebensqualität kennen.

Ihn zu benutzen bedeutet, sich die erarbeitete Lösung innerlich vor Augen zu halten und für einen Moment in das positive Erleben einzutauchen. Warten Sie dafür nicht auf negative Situationen. Zukünftig soll der Schlüssel Ihnen auch zur Entlastung in schwierigen Momenten dienen, aber damit das gelingt, sollten Sie den Umgang vorher etwas geübt haben. Der Schlüssel wird daher anfangs im normalen Alltag trainiert. Auch zur *Nachbereitung* von schwierigen Situationen können Sie ihn von Anfang an benutzen. Wenn Sie regelmäßig üben, zeigt er bald auch eine mildernde Wirkung auf zukünftige schwierige Situationen. Da die Psyche jetzt regelmäßig das bekommt, was sie braucht, wird zukünftigen Problemen mehr und mehr der Sprengstoff entzogen.

Für einen Moment voll konzentriert

Um ein gutes Ergebnis zu erzielen, brauchen Sie Ihre ganze Konzentration. Lassen Sie sich nicht darauf ein, nur kurz an den Schlüssel zu denken und sich dann wieder anderen Aufgaben zuzuwenden. Damit haben Sie noch nichts erreicht. Der Gedanke allein bewirkt nichts. Nehmen Sie eine kleine Auszeit: Bleiben Sie einfach da sitzen (oder stehen), wo Sie gerade sind. Unterbrechen Sie Ihre Beschäftigung, lassen den Stift ruhen, legen die Computermaus aus der Hand oder stellen das Bügeleisen zur Seite. Manchen hilft es, die Augen zu schließen, um sich so leichter von der Umgebung abgrenzen zu können. Wenn Sie die Augen offen halten wollen, lassen Sie den Blick entspannt an einer Stelle ruhen. Dabei werden die Augen so eingestellt, als wolle man gleichzeitig das gesamte Blickfeld erfassen. Dadurch entspannen die Augen und der Blick wird weicher.

Sie können dann direkt in die Lösungssituation einsteigen. Holen Sie sich die Erinnerung, die Fantasie oder die Mischung von beidem in Ihre Vorstellung. Schauen Sie auf den kleinen Film der guten Szene. Der gute Ablauf geschieht, und Sie haben die Aufgabe, sich an das gute Gefühl zu erinnern. Spüren Sie in den Körper hinein und nehmen Sie insbesondere die Regionen wahr, in denen Sie das positive Erleben vorrangig spüren.

Wenn es Ihnen schwerfällt, direkt die Schlüsselszene aufzurufen, können Sie auch den »Umweg« über eine Negativerfahrung nehmen. Wählen Sie eine aus, die etwas mit Ihrem Lebensthema zu tun hat, am besten die, die Sie schon zum Finden Ihres Schlüssels genutzt hatten. Holen Sie sich diese Negativszene in Erinnerung und nehmen Sie Kontakt zu den dabei erlebten Gefühlen auf. Halten Sie innerlich so viel Distanz wie notwendig, denn Sie sollten zu jedem Zeitpunkt einfach wieder aussteigen können. Auf Ihrer persönlichen Belastungsskala (1 bis 10) sollten Sie eine 3 bis 4 auf keinen Fall überschreiten. Sobald Sie eine Ahnung negativer Gefühle spüren, wechseln Sie zu Ihrer Schlüsselszene. Lassen Sie den inneren Film ablaufen und spüren Sie, was das mit Ihnen macht. Sollte der Einstieg in die Schlüsselszene noch nicht klappen, gehen Sie erneut in die Belastungserinnerung. Steigen Sie ein klein wenig tiefer ein, bevor Sie erneut den Wechsel vornehmen.

Ganz gleich, auf welchem Weg Sie dahin kommen, ist das Ziel immer, die positiven Gefühle der Schlüsselszene zu spüren. Auf Ihrer persönlichen Positivskala sollten Sie mindestens eine 1 bis 2 erreichen. Alles, was mehr ist, ist besser.

Reale Schlüssel und Schlösser aus Metall nutzen sich mit zunehmendem Gebrauch mehr und mehr ab. Bei unserem Schlüssel zur Psyche ist es anders, der funktioniert umso besser, je häufiger er eingesetzt wird. Das liegt daran, dass häufig angesprochene neuronale Netzwerke in unserem Kopf verstärkt, sozusagen ausgebaut werden. Unser Gehirn ist hocheffektiv und sorgt dafür, dass das, was oft benötigt wird, entsprechend »weit vorne« angesiedelt und ohne viele Umwege schnell verfügbar ist. Deshalb sollten Sie den Schlüssel häufig benutzen. Dadurch wird er immer besser.

Je öfter Sie üben, umso schneller wird es Ihnen gelingen, zum Ziel zu kommen. Am Anfang brauchen Sie vielleicht noch 10 bis 15 Minuten. Bei regelmäßigem Üben können Sie dasselbe schon bald in circa drei Minuten oder weniger erreichen.

Später werden Sie an jedem Ort üben können. Am Anfang empfehle ich, gute Orte für diese kleine Meditation auszusuchen. Orte, die Sie darin unterstützen, zu dem positiven Erleben vorzudringen, das Ihre Seele braucht. Wenn Sie es dann später auch an anderen, vielleicht weniger geeigneten Orten durchführen, können Sie die positiven Aspekte dieser guten Orte als Hintergrund mit in Ihre Schlüsselszene einbauen.

Erst wenn Sie eine gute Routine in ungestörten Situationen entwickelt haben, sollten Sie damit anfangen, es auch in anderen Situationen, die mehr Ablenkung bieten, zu erproben. Auch wenn es dann schwieriger wird, sich zu konzentrieren und dafür vielleicht nur wenige Augenblicke zur Verfügung stehen, bleibt das Ziel der Übung immer das Erleben der guten Gefühle der Schlüsselszene.

Mindestens drei Mal am Tag

Nehmen Sie den Kontakt zu Ihrem Schlüssel mindestens drei Mal pro Tag auf. Alles, was Sie darüber hinaus machen, verbessert die Wirksamkeit. Zehn kurze Momente der inneren Andacht sind besser, aber das sollte kein Grund sein, sich unter Druck zu setzen.

Überall üben

Wo sitzen Sie bisher nur herum und haben nichts zu tun, greifen aus Langeweile zum Handy oder lesen ein Buch? Solche Situationen sind ideale Übungsmomente und meist reichlich vorhanden, sodass Sie Ihren Alltag nicht umkrempeln müssen, um Zeiten und Räume für das Üben zu schaffen. Erfahrungsgemäß scheitern die meisten genau daran.

Viele Menschen nutzen öffentliche Verkehrsmittel, andere ihr Auto. Manche fahren Fahrrad oder gehen zu Fuß. Alles ist geeignet, selbst das Sitzen vor dem Fernseher kann für »Schlüssel-Momente« genutzt werden. Wenn Sie ein Autofahrer im städtischen Berufsverkehr sind, haben Sie genügend kurze Wartezeiten, in denen Sie zumindest für einen Moment ganz ungestört sind. Sie könnten mit etwas Übung zum Beispiel die Phasen nutzen, in denen Sie vor einer roten Ampel warten.

Den Schlüssel nutzen

Die wichtigste Art den Schlüssel zu nutzen, wenden Sie bereits an, wenn Sie regelmäßig Ihren Schlüssel aufrufen, also in die Schlüssel-Szene mit Ihren Gedanken und Gefühlen für ein paar Augenblicke einsteigen. Es ist eine positive Eigenschaft des Schlüssel zur Psyche, dass er seine Wirkung von allein entfaltet. Weil die Psyche regelmäßig das bekommt, wonach sie solange gehungert hatte, wird der innere Druck geringer und desolate Verhaltensmuster werden auch weniger aufgerufen. Dennoch kann man noch mehr tun. Die nächsten Abschnitte wenden sich an alle, die noch einige Schritte weitergehen möchten.

Zuerst geht es darum, in Ihrem Alltag zu entdecken, wo das, was Ihnen Ihr Schlüssel bringt, bereits vorhanden ist, aber von Ihnen noch nicht wahrgenommen wurde. Danach erfahren Sie, wie Sie Orte neu «etikettieren» und so dafür sorgen können, ganz subtil immer wieder an die positiven Schlüsselmomente erinnert zu werden. Danach folgt ein Abschnitt, in dem Sie erfahren, wie Sie Ihr Bewusstsein so trainieren können, dass es Ihnen leichter fällt, negative Erfahrungen zu vermeiden oder diese zu positiven umzuwandeln.

TEIL 3

ERWEITERTE SCHLÜSSELERFAHRUNGEN

Entdecken, was schon da ist

Bei den meisten Erwachsenen ist das, wonach sie sich im Kern ihrer Psyche sehnen, längst in ihrem Leben vorhanden - aber sie sehen es nicht. Trotz störender Verhaltensprogramme haben sie es sich in ihr Leben geholt, aber durch den langen Verzicht sind sie daran gewöhnt, dass es nicht da ist. Deshalb wird es auch dann nicht erkannt, wenn es tatsächlich da ist.

Das bedeutet, dass auch das, was man mit Hilfe des Schlüssels in sein Leben bringen will, bereits dort ist – nur unentdeckt. Es lohnt also, auf Entdeckungsreise zu gehen und diese «Blindheit» aktiv aufzulösen.

Dazu müssen Sie auf Ihr Leben und Ihren Alltag aus einem anderen Blickwinkel schauen. Diesen anderen Blick bekommen Sie durch die Schlüsselerfahrung, dadurch werden Sie perfekt auf das zu Entdeckende eingestimmt.

Wo sollte man anfangen zu suchen? Das hängt von dem jeweiligen Schlüsselthema ab. Wer sich nach Sicherheit sehnt, sollte eher im Kreis der nahen Menschen suchen, also in der Familie und im Freundeskreis. Der Arbeitsplatz kommt hierfür in einigen Fällen auch in Frage, in vielen anderen aber nicht. Wer nach Liebe sucht ist ebenfalls auf den Kreis der nahen Personen angewiesen. Hier sind oft auch die eigenen Kinder wichtig, denn die meisten Kinder lieben ihre Eltern uneingeschränkt, auch wenn es sich manchmal - weder für die Kinder noch die Eltern - so anfühlt. Wer es braucht, wahrgenommen zu werden, wichtig zu sein, Bedeutung zu haben et cetera, sollte auch die weiteren Lebenskreise einbeziehen. Viele bekommen diese Form von Zuwendung von Arbeitskollegen, Kunden oder Chefs - oft ohne es zu bemerken.

Aufgabe:

Wenn Sie eine Vorauswahl getroffen haben, sorgen Sie für einen Moment Ruhe für einen Durchlauf Ihrer Schlüsselszene. Dadurch bekommen Sie den anderen Blick auf das vertraute Geschehen. Durch die Schlüsselerfahrung kommen ganz bestimmte Aspekte (Sicherheit, Anerkennung et cetera) des Miteinanders in den Vordergrund. Danach gehen Sie in gewohnte Situationen, treffen mit anderen Familienmitgliedern, Freunden oder Kollegen zusammen. Betrachten Sie das Geschehen unter dem speziellen Gesichtspunkt Ihres Schlüsselthemas. Können Sie etwas davon wiederfinden?

Viele werden bei dieser Suche bemerken, dass eine ganze Menge von dem, wonach sie so lange gesucht haben, längst da ist. Der, der überzeugt war, ohne Anerkennung durchs Leben gehen zu müssen, entdeckt, dass es diese Anerkennung von vielen Seiten und schon lange in seinem Leben gibt. Der, der sich nicht wert meint, entdeckt die Anerkennung und Hochachtung, die ihm schon seit langem geschenkt wird. Bisher war er nur blind dafür oder hat dem Ganzen einfach nicht getraut. Dabei war dieses Misstrauen vermutlich nur ein Aspekt eines alten Musters, das einen davor schützte, erneut enttäuscht zu werden. Lernen Sie in diesem Fall, dem zu vertrauen, was da ist. Trauen Sie Ihrem Misstrauen nicht, aber trauen Sie Ihrem guten Gefühl.

Leben Sie die Weisheit, dass Vertrauen immer mit Vertrauen beantwortet wird. Wenn Sie es schaffen, Vertrauen zu schenken, werden Sie das lang ersehnte Vertrauen auch erhalten.

Führen Sie die oben stehende Aufgabe öfter durch, Wiederholungen machen das Ergebnis nur besser. Dadurch wird die Schlüssel-Erfahrung nicht nur hervorgeholt, wenn Sie mit dem Schlüssel üben. Sie wird auch ganz von allein durch Umstände und Geschehen in Ihrem Alltag angesprochen – manchmal direkt und intensiv, öfter nur im Hintergrund. Dennoch wird die Schlüsselerfahrung mehr und mehr ein Teil Ihrer Wirklichkeit - und dies lässt sich noch ausbauen.

Die Gegenwart neu etikettieren

Wenn Sie sich Zuhause auf Ihr Sofa setzen oder auf der Arbeit an den Schreibtisch oder die Werkbank gehen, tauchen Sie ganz von allein in die gewohnten, altvertrauten Atmosphären ein. Überall dort, wo das keine guten Gefühle macht, können Sie das mit Ihrem Schlüssel ändern.

Aufgabe:

Die Aufgabe ist recht einfach, probieren Sie es dennoch erst einmal an einem unverfänglichen Ort. Wählen Sie einen, an dem Sie sich öfter aufhalten, gleich ob zu Hause oder woanders. Sie brauchen nur ein paar Minuten Zeit. Rufen Sie zuerst Ihre Schlüsselszene auf und versuchen so gut es geht in das Schlüssel-Erleben einzusteigen. Auf der Positivskala (1-7) sollten Sie mindestens eine drei erreichen.

Spüren Sie das gute Gefühl in Ihrem Körper und nehmen wahr, wo es sich im Körper befindet. Danach stellen Sie sich vor, dass es auch über Ihren Körper hinausgeht und Sie wie eine angenehme, vielleicht auch farbige Wolke umgibt.

Jetzt schauen Sie sich aus diesem Gefühl heraus in Ihrer Umgebung um und stellen Sie sich vor, dass Ihre positive Gefühlswolke auf die Umgebung abfärbt. Die Schwingung Ihrer Schlüssel-Gefühls-Sphäre legt sich über alle Gegenstände, durchdringt sie und beeinflusst sie. Das kann man auch mit Klängen oder mit Gerüchen machen und sich ausmalen, von einer Klang- und/oder Geruchswolke umgeben zu sein. Klänge und Gerüche können Sie auch ganz real werden lassen und den Raum mit realer Musik und Gerüchen füllen. Wer mag, kann Räucherstäbchen nutzen, einen Raumduftverdunster oder einfach das eigene Parfüm hier und da im Raum verteilen. Sie können sich zusätzlich dazu vorstellen, dass mit der Musik und den Düften die alten Schwingungen von diesem Ort entfernt werden. Sagen Sie sich, dass hier jetzt ein anderer Wind weht, eine neue Energie einzieht und andere Geister regieren. Die alten Herrscher werden abgesetzt, um Platz für Ihr neues Erleben zu schaffen.

Teil 2 dieser Aufgabe:

Runden Sie den Vorgang damit ab, dass Sie diesem Ort ein «neues Etikett» geben. Er soll für Ihre unbewusste Psyche eine andere Bedeutung bekommen, soll anders interpretiert werden und in der Folge andere innere Programme auslösen. Erinnern Sie sich an die Worte, die neben den Gefühlen zu Ihrem Schlüssel gehören. Zum Beispiel: „ich bin es wert", „ich bin wichtig", „es ist immer jemand für mich da", „mir hört jemand zu" et cetera. Ich meine den Titel der Schlüssel-Szene, die Überschrift, die über dem Ganzen steht. Sollten Sie solche Überschriften noch nicht haben, finden Sie Ihre heraus. Stellen Sie sich vor, dass Sie Ihre Überschrift auf ein Etikett schreiben und dieses Etikett an einer guten Stelle befestigen. Im Geiste verbinden Sie damit den Auftrag an Ihre unbewusste Psyche, allein Ihren Aufenthalt an diesem Ort zukünftig als Anlass zu nehmen, sich an dieser Überschrift und dem dazu gehörigen Lebensgefühl zu orientieren.

Nachdem Sie ein bisschen Erfahrung damit gesammelt haben, dürfen Sie sich auch schwierige Orte aussuchen. Hier fällt es vielleicht schwerer, den eigenen Schlüssel anzuwenden und in ein gutes Gefühl zu kommen. Lassen Sie sich daher genug Zeit dafür. Sollte es beim ersten Mal nicht klappen, planen Sie einfach den nächsten Versuch. Und wenn das dann immer noch nicht perfekt gelaufen ist, wiederholen Sie es. Selbst wenn es beim ersten Mal schon gut läuft, ist es sinnvoll das Ganze öfter zu machen. Etikettieren Sie denselben Ort ruhig mehrmals, die Psyche lernt auch durch Wiederholung. Ganz allmählich wandelt sich auf diese Weise zum Beispiel Ihr Büro zu einem Ort, an dem Sie es wert sind, beachtet zu werden – oder was immer Ihr zentrales Thema ist. Lassen Sie mit dieser Aktivität keinen der Orte aus, an dem Sie sich öfter aufhalten und der in irgendeiner Weise belastend auf Sie wirkt. Etikettieren Sie Ihr Leben neu.

Abschluss

Zum Abschluss dieses Abschnitts stelle ich den Bericht eines meiner Patienten über seine Erfahrungen mit dem Schlüssel zur Psyche vor.

Bericht über eine Selbstbehandlung

Ein 45jähriger Mann hat seinen Schlüssel zur Psyche aus einigen Sitzungen in meiner Praxis mitgenommen. Er berichtet darüber, wie es ihm damit gelang, eine schwierige Phase in seiner Partnerschaft endlich abzuschließen.

Seit etwa zwei Jahren waren wir in immer kürzeren Abständen in fürchterliche Streitereien geraten. Die Anlässe waren verschieden, meist waren es Kleinigkeiten, die als Auslöser dienten. Jeder Streit hat uns beide massiv belastet und es dauerte Tage, bis wir wieder einigermaßen normal funktionierten. Wir haben einiges ausprobiert, dennoch fanden wir keinen Weg aus dieser immer enger werdenden Spirale. Wir haben sogar schon über eine Trennung nachgedacht. Eine Ursache war für uns nicht auszumachen. Unsere Lebenssituation ist ziemlich normal. Viele leben ähnlich und kommen besser miteinander klar. Wir haben beide eine sehr belastende Arbeit, die sehr hohe Ansprüche an Präsenz und Konzentration stellt. Meine Partnerin ist zusätzlich durch ihre Eltern belastet. Diese fordern viel an Aufmerksamkeit, stellen hohe Ansprüche und bieten wenig an Unterstützung. Meine Eltern sind zwar weniger problematisch, aber so ganz ohne sind sie auch nicht. Frustrierend ist auch, dass es mit unserem Kinderwunsch bisher nicht geklappt hat und bei meiner Frau (40) läuft langsam die Uhr ab. In meinen Gesprächen mit dem Therapeuten fiel der Blick auf einen Aspekt, der mir zwar schon bekannt war, den ich aber kaum als Ursache vermutet hatte. Schon öfter hatte ich den Gedanken, dass ich die Menschen, die mir wichtig sind, immer wieder enttäusche. Ich kann sie offenbar nicht zufriedenstellen, egal, wie sehr ich mich bemühe. Der Therapeut hat das aus dem heraus geschlossen, was ich über das Miteinander mit meiner Frau berichtete. Wir haben nur einen Streit genauer betrachtet und offenbar reichte das als Zugang zu meiner Psyche. Plötzlich war mir auch klar, warum ich immer wie eine Rakete hochgehe, wenn sich meine Frau beklagt. Sie sagt dann unter anderem, dass sie von mir enttäuscht ist ... und das erlebe ich wie einen Schlag ins Gesicht. Der Therapeut erklärte mir, dass ich den Gedanken nicht zu genügen vermutlich schon als Kind entwickelt hatte. Das konnte ich schnell nachvollziehen, denn ich bin das erste von zwei Kindern. Das zweite Kind, ein Bruder, kam schon anderthalb Jahre später. Der bekam natürlich mehr Zuwendung, einfach weil er jünger war, aber das habe ich offenbar - solange ich denken kann - meinem Versagen zugeschrieben.

Um meinen Schlüssel zur Psyche zu finden, hatte der Blick auf den einen Streit vollkommen ausgereicht. In der Schlüssel-Szene will ich endlich mal genügen, also kein Versager oder Ähnliches sein. Zuerst habe ich mir eine Fantasie aufgebaut, in der ich als Einzelkind aufwachse, also kein Ersatzmann auftaucht, der es besser macht. Darin genüge ich meinen Eltern vollkommen, sie sind mit mir zufrieden, sehen was ich kann und sagen mir das auch immer wieder. Eine Sitzung später haben wir den Schlüssel weiter ausgebaut, da wurde mir dann auch klar, dass mir meine Partnerin oft das Gefühl gibt, genau richtig zu sein. Ich fühle manchmal, dass sie mich wirklich liebt und ich mich vor keinem Ersatzmann fürchten brauche. Mir fiel eine Urlaubserinnerung aus unserem ersten Beziehungsjahr ein, in der ich mich genauso gefühlt hatte. Die haben wir aufgegriffen und als ich darin eingetaucht war, fühlte ich mich wie ein Engel im Himmel, vollkommen geborgen und in Sicherheit.

Nach dieser Sitzung habe ich angefangen, mit dem Schlüssel zu üben. Ich habe mir die gute Erinnerung so oft wie möglich vor Augen geholt und bin mit meinen Gefühlen darin eingetaucht. Weil es auch genügt, wenn man das nur 1 Minute lang macht, habe ich die Aufgabe an das Kaffeetrinken gekoppelt. Wann immer ich mir eine kleine Auszeit mit einem Kaffee gönnte, habe ich mich an den Schlüsselmoment erinnert. Nach ein paar Mal funktionierte es immer leichter. Ich brauchte nur daran denken, mich an das Gefühl zu erinnern und schon war es da. Nach ein paar Tagen fing ich an, ungenau zu werden, ich habe mir nur die Bilder vor Augen geholt und vergessen, mich auch um das Gefühl zu kümmern. Aber nachdem ich das merkte, machte ich es wieder konzentriert.

Ich gewöhnte mir an, vor jeder ersten Begegnung mit meiner Frau kurz mit meinem Schlüssel zu arbeiten. Wenn ich das Auto vor dem

Haus parkte oder spätestens, bevor ich den Schlüssel in die Haustür steckte, holte ich mir die Erinnerung plus Gefühl vor Augen beziehungsweise in den Körper. Dies führte dazu, dass ich meiner Frau gegenüber viel offener war. Im Geiste war ich ja gerade mit ihr in einer wunderschönen Situation gewesen und daher machte es dann wenig, wenn sie mir etwas gestresst begegnete. Ich war gelassen und konnte mit viel mehr innerem Spielraum mit ihrem Stress umgehen. Bis auf seltene Ausnahmen gelang es mir auch, nicht mehr auf ihr: „du enttäuscht mich", zu reagieren. Es war, als hätte ich eine Rüstung an und der Pfeil, der mich sonst immer so verletzt hatte, prallte an meinem Schild ab. Anstatt innerlich zu toben, blieb ich ruhig und fragte stattdessen ruhig und freundlich, was mit ihr los ist. Durch ihre Antworten war schnell klar, dass ihre Belastung wenig mit mir zu tun hatte. Meist war es Ärger auf der Arbeit oder Probleme mit den Eltern und manchmal auch grundsätzlicher Frust darüber, wie ihr Leben verläuft. Offenbar gehörte es zu unserem psychischen Familiensystem, dass ich mir das alles aufgeladen hatte. Vielleicht hatte sie auch – unbewusst – meine Tendenz genutzt, mich zum Boxsack zu machen. Sie brauchte nur sagen, dass sie von mir enttäuscht ist und schon konnte sie ihren ganzen Frust an mir auslassen. Anstatt dieses hässliche Spiel weiter zu treiben, redeten wir jetzt miteinander.

Als wir dann noch gemeinsam ihren Schlüssel zur Psyche erarbeiteten und sie anfing damit zu üben, wurden unsere Begegnungen noch besser. Sie provozierte nur noch selten. Meist redete sie direkt über ihr Anliegen und wir konnten in Ruhe über alles reden.

Auch für meine Themen hat sie jetzt ein offenes Ohr - und immer wieder mal streut sie ein, dass sie mit mir vollkommen zufrieden ist. Unsere Beziehung läuft jetzt wieder in ruhigen Gewässern. Die grundsätzlichen Probleme haben sich nicht verändert, aber wir gehen vollkommen anders damit um.

DAS BEWUSSTSEIN TRAINIEREN

Ich habe schon an verschiedenen Stellen darauf hingewiesen, dass jeder, der es schafft, seinen Schlüssel zur Psyche jeden Tag mehrmals anzuwenden, einen allmählichen Wandel erleben wird. Ich stehe auch weiterhin zu dieser Aussage. Es gibt aber einen Haken, denn viele hören bald wieder auf, ihren Schlüssel zu nutzen. Das ist bei den meisten keine Faulheit und auch kein Versagen, sondern liegt daran, dass jeder, der etwas an sich und seinem Leben ändern möchte, einen starken Widersacher hat. Ich spreche von Gewohnheiten.

Menschen sind »Gewohnheitstiere«. Das, was jahrelang normal war, hat sich bewährt und bleibt deshalb der Maßstab. Wenn wir nicht dranbleiben und dafür sorgen, dass weiterhin neue Erfahrungen ins Leben fließen, stellt sich die eigene Psyche quer und sorgt dafür, dass alles beim Alten bleibt. Das kann jeder gut an seinen bisherigen vergeblichen Veränderungsversuchen nachvollziehen. Die guten Vorsätze vom Neujahrstag, die erfolglosen Versuche abzunehmen, die Wünsche nach Weiterbildung, neuer beruflicher Tätigkeit, neuem Hobby, neuen Freunden et cetera – alle wurden mit voller Entschlusskraft formuliert und waren dann doch im Alltag wieder untergegangen. Genauso könnte es auch mit dem gerade gewonnenen Schlüssel ablaufen. Damit Sie nicht in diese Falle laufen, zeige ich Ihnen auf den nächsten Seiten, wie man das eigene Bewusstsein schulen kann.

Problemtrance - hellwach und doch in Trance

Solange es einem gut geht, ist es kein Problem, die eigene Aufmerksamkeit auf beliebige Aspekte der Gegenwart zu richten oder sich zu entschließen, jetzt mit dem Schlüssel zu arbeiten. Deutlich schwieriger wird das, wenn es einem auch nur ansatzweise schlecht geht. Irgendjemand oder irgendetwas wurde zum Auslöser, und plötzlich ist man mittendrin – in einem Fressanfall, einer Angstattacke oder einem Beziehungsstreit. Je mehr man unter Stress gerät, desto geringer sind die Chancen auszusteigen. In diesem Zustand wird man kaum zum Schlüssel greifen, weil es einem vielleicht blödsinnig erscheint oder man überhaupt nicht mehr an diese

Möglichkeit denkt. Wenn die alten Programme laufen, entstehen Erfahrungen, die die alten Programme bestätigen. Es gehört zur Natur von Bewältigungsmustern, sich selbst zu bestätigen und zu verstärken.

Der Bewusstseinszustand in so einem Moment ist sehr speziell. Der Betroffene ist vielleicht wütend, verzweifelt, aufgebracht und erlebt sich selbst und seine Umgebung dabei sehr intensiv. Wenn die Situation vorbei ist und die Emotionen abgeklungen sind, wird er wissen, dass er innerlich auf einen winzigen Aspekt der Gegenwart begrenzt war. Ein Stichwort hatte den Anfall ausgelöst. Das Lebensthema war berührt worden, etwas hatte eine Verletzung oder Provokation mit sich gebracht. Ein Anderer oder bestimmte Umstände waren als feindselig oder ähnlich negativ erlebt und folgerichtig abgewehrt und beschimpft worden. Für einen Moment fehlt dieser Person die Möglichkeit, zu sich selbst in Distanz zu treten, das eigene Verhalten kritisch zu betrachten und eventuell sogar zu unterbrechen. Sie ist eingeengt auf einen kleinen Aspekt des eigenen Seins und unfähig, diese Einengung als solche zu erkennen.

Ich habe diesen Bewusstseinszustand manchmal etwas spöttisch als »naives Bewusstsein« bezeichnet. Naiv, weil der Betreffende gerade keine Ahnung von der eigenen Begrenztheit hat. Da sich mancher davon beleidigt fühlen könnte, möchte ich lieber von einer Problemtrance reden. Dies ist eine in der Hypnose verwendete Bezeichnung für einen Trancezustand, der sich von selbst ergibt, wenn ein Klient sich gedanklich in ein emotional stark besetztes Thema begibt.

Ich möchte noch einmal betonen, dass diese Art bewusst zu sein nicht grundsätzlich etwas Schlechtes ist. Sie hat sich über riesige Zeiträume bewährt und ist die Grundlage unserer Existenz, sie entspricht unserer »Konstruktion«. Sie spart Energie und schützt einen, sich dem emotional stark besetzten Thema zu überlassen. Man muss nicht jeden Schritt bedenken, und im Miteinander reagiert man verlässlich und wird wieder erkannt. Wir sind einfach so, wie wir sind. Wir gehen mit dem um, was geschieht, so wie wir es für richtig halten. Und was für uns richtig ist, haben wir aus unseren Erfahrungen gewonnen. Es hat mitunter etwas sehr Entlastendes, einfach das Produkt der eigenen Geschichte zu sein, so zu leben, wie man geworden ist und sich auf den Fluss des »automatischen Seins« einzulassen. Wir wählen und entscheiden ständig, meist regiert dabei der innere Navigator ganz unbewusst, manchmal assistiert das Bewusstsein, ohne dass wir uns über das feine Ineinandergreifen der beiden Systeme bewusst werden müssen. Ich bin überzeugt, dass die meisten Menschen nichts anderes brauchen, um ein gutes Leben zu leben. Diese Art der »Alltagstrance« wird erst dann zur »Problemtrance«, wenn die negativen belastenden Erfahrungen der Kindheit berührt sind. Man reagiert entsprechend der gelernten Muster, und wenn uns das nicht vorwärts bringt, sehen wir es als Zufall oder schieben es dem Chef, dem Partner, dem eigenen Übergewicht oder dem Fernsehprogramm zu. Vielleicht sehen wir auch eigene Fehler und Schwächen, und vielleicht nehmen wir uns vor, etwas zu verändern, aber weil wir keinen distanzierten Blick auf uns selbst haben, bleibt das in der Regel ohne Wirkung.

Über das eigene Denken nachdenken

Stellen Sie sich vor, Sie könnten lernen, das, was im eigenen Kopf abläuft, steuernd zu beeinflussen. Und Sie könnten das so gut, dass Sie auch aus einer Problemtrance einfach aussteigen könnten. Sie könnten dann gewünschte von ungewünschten Gedanken unterscheiden und den Strom Ihrer Gedanken filtern und regulieren. Sie hätten die Möglichkeit, über das eigene Denken nachzudenken und das Denken nach Belieben zu lenken. Ginge das Gleiche auch mit den Gefühlen, könnten Sie bestimmte Erlebensweisen unterbrechen und andere dafür aufbauen. Sie hätten eine innere Kontrollinstanz, die wahrnimmt, wie Sie gerade drauf sind, die »falsche« Gedanken und Gefühle abschalten und »richtige« anschalten könnte.

Mit dieser Kontrollinstanz könnten Sie erkennen und verhindern, dass Sie von alten Programmen gesteuert werden und zum Beispiel auch dafür sorgen, Ihre Schlüsselübungen im notwendigen Umfang durchzuführen. In der Folge könnte sich der Umbau der eigenen Person in wenigen Wochen und Monaten ungestört entwickeln, weil das Alte nicht immer wieder bestätigt und das Neue regelmäßig bestärkt würde.

Genau diese Fähigkeit möchte ich Ihnen nahebringen. Ist so etwas erreichbar? Viele, die schon einmal versucht haben, die Vorgänge in ihrem Kopf zu beobachten oder die sich öfter mit Grübeleien oder Schlafstörungen herumschlagen, werden das für eine sehr schwierige Aufgabe halten. Trotzdem: Eine solche Kontrolle über die Abläufe im eigenen Kopf kann man lernen. Die dafür notwendigen Fähigkeiten bringt *unser Bewusstsein* mit.

Fähigkeiten des Bewusstseins nutzen

Wenn sich das Bewusstsein wie ein Scheinwerfer auf einen Aspekt der Gegenwart richtet, ist alles andere für einen Moment nur Hintergrund. Das gilt dann auch für die unbewusste Psyche. Sie folgt dahin, wo das Bewusstsein den Fokus lenkt. Wir wissen, dass das Bewusstsein nicht gänzlich frei agieren kann. Seine Tätigkeit muss in Übereinstimmung mit dem erfolgen, was die unbewusste Psyche an Regeln und Annahmen über die eigene Person gelernt hat. Sollte die Aktivität des Bewusstseins von ihr nicht »genehmigt« werden können, kann es wenig dagegen ausrichten. Sein Spielraum wird allerdings umso größer, je weniger psychischer Stress gerade herrscht. Diesen Umstand nutzen wir auch bei der Arbeit mit dem Schlüssel. Mit den Lösungen und den daraus entstehenden guten Gefühlen »beruhigen« wir die unbewussten Sicherungsinstanzen. Je mehr bei der Psyche ankommt, dass alles in Ordnung ist, umso mehr lässt sie zu, was gerade geschieht.

Weil wir unter Stress in alte Muster verfallen und alte Muster Stress auslösen, müssen wir lernen, Stress zu vermeiden und alte Muster, falls sie doch angesprungen sind, zu unterbrechen. Wir brauchen also genau die Fähigkeiten, die wir erst entwickeln wollen. Weil die Möglichkeiten zur Kontrolle des eigenen Kopfes erst schrittweise entstehen, werden wir insbesondere am Anfang mit einigen Problemen und Rückfällen zu kämpfen haben. Wir fangen an mit den Möglichkeiten, die wir schon besitzen, und verschaffen uns von da aus Stück für Stück die Fähigkeiten, die wir brauchen.

Das Ziel heißt: Das Bewusstsein so trainieren, dass es in die

Lage kommt, die eigene Psyche mehr als vorher zu lenken. Einer der ersten Schritte besteht darin, eine gehörige Portion Skepsis gegenüber dem eigenen Denken, Fühlen und Handeln zu entwickeln. Nicht jedes Gefühl ist richtig, nur weil wir es erleben, und nicht jeder Gedanke ist vertrauenswürdig, nur weil wir ihn denken.

Das andere Bewusstsein

Der andere Bewusstseinszustand, den wir hier erarbeiten wollen, beginnt mit der Bereitschaft, das eigene Handeln, Denken und Fühlen kritisch zu betrachten und zu bewerten. In dem angestrebten Zustand sollte man um die Begrenztheit des eigenen Denkens und Handelns wissen. Man sollte akzeptieren können, dass man das Produkt seiner Geschichte ist und das eigene Handeln im Wesentlichen aus unbewussten Quellen gesteuert wird. Man hat verstanden, wie sehr das bewusste Denken vom Unbewussten vorbereitet und gelenkt wird.

Vermutlich lächelt ein Mensch in diesem anderen Modus auch öfter mal über sich selbst, wissend, wie wenig verlässlich das eigene Bewusstsein ist, wie leicht es zu beeinflussen ist und wie leichtfertig es mit Fakten umgeht. Mit dieser Distanz zu sich selbst kann es beispielsweise gelingen, einen gerade Fahrt aufnehmenden Streit zu beenden, trotz der eigenen verletzten Gefühle und der sich ausbreitenden feindseligen Gedanken den eigenen Angriff zu stoppen und dann ganz andere Schritte zu gehen. Vielleicht entschuldigen Sie sich, anstatt anzugreifen, vielleicht fragen Sie Ihr Gegenüber, was denn gerade los ist. Wenn der Eine aus dem Spiel aussteigt, kann auch der Andere nicht weitermachen – weil man einen Gegner braucht, um Ping-Pong zu spielen.

Wer sich schon einmal in ausweglosen Streitereien mit seinem Partner verfangen hat, weiß genau, dass solche Unterbrechungen nicht einfach machbar sind. Das ist genauso schwer wie die Aufgabe, für einen Esssüchtigen den Kühlschrank rechtzeitig wieder zu schließen. Die Fähigkeiten dieses anderen Bewusstseins bekommt man nicht in den Schoß gelegt. Man muss sie sich aktiv erarbeiten. Dazu gehört zu lernen, sich selbst zu beobachten und Erfahrungen darin zu sammeln, das Geschehen im eigenen Kopf zu unterbrechen und in eine gewünschte Richtung zu lenken. Dazu gehört auch, sich aktiv einiges an Wissen über die eigene Person anzueignen, über die eigenen Schwächen, das eigene Lebensthema und den dazu gehörigen Schlüssel. Unbedingt notwendig ist es, eine Beobachterinstanz im eigenen Kopf einzurichten. Wir schauen gleich, wie sie installiert werden kann.

Während man in der Alltagstrance zu sich selbst keine Distanz hat und vermutlich jedem Impuls der eigenen Psyche folgt, macht man sich in diesem anderen Bewusstseinszustand immer noch einmal Gedanken über sich selbst. Zumindest am Anfang bedeutet das zusätzliche Arbeit.

Für den hier erstrebten Bewusstseinszustand gibt es unterschiedliche Bezeichnungen, ich benenne ihn am liebsten mit *Achtsamkeit*. Sie ist eine bestimmte Form der Aufmerksamkeit, die absichtsvoll ist, sich auf den gegenwärtigen Moment bezieht (statt auf die Vergangenheit oder die Zukunft) und nicht wertend ist. Achtsam sein bedeutet, wach zu sein und anzuerkennen, was im gegenwärtigen Moment geschieht. Achtsamkeit ist das Gegenteil von Unachtsamkeit, bei der man unter anderem

- Aktivitäten durcheilt, ohne für sie aufmerksam zu sein;
- Dinge zerbricht oder verschüttet aus Nachlässigkeit, Unaufmerksamkeit oder weil man an etwas anderes denkt;
- unfähig ist, feinere Gefühle körperlicher Spannung oder Beschwerden zu bemerken;
- vornehmlich mit der Zukunft oder der Vergangenheit beschäftigt ist;
- isst, ohne sich bewusst zu sein, dass (bzw. was) man isst.[11]

Achtsamkeit dagegen richtet unsere Aufmerksamkeit auf die Aufgabe, die gerade anliegt. Sind wir achtsam, ist unsere Aufmerksamkeit nicht in Vergangenheit oder Zukunft verstrickt, und wir urteilen oder weisen nicht zurück, was im Moment geschieht. Wir sind präsent.

---

11 Vgl. Germer, C. K. u. a. (2009), S. 17.

Mindsight

Der Psychologe Daniel Siegel[12] führt für den Geisteszustand, den wir hier betrachten, einen eigenen Begriff ein. Im Unterschied zu *Mindfulness* (englisch für Achtsamkeit) bezeichnet er ihn als *Mindsight*. Dies ist ein zusammengesetztes Wort aus *Mind* und *Sight* (deutsch: Geist/Verstand/Gedanken und Sicht/Sehen und so weiter) und bedeutet „Sicht des Geistes" oder „Einsicht in die Funktionsweise unseres Geistes". Siegel benutzt diesen Begriff für die menschliche Möglichkeit, auf den eigenen Geist zu schauen und auch die Innenwelt anderer erspüren zu können. Mindsight basiert auf der Fähigkeit zur Achtsamkeit, geht aber darüber hinaus: Weil es nicht nur beinhaltet, von Moment zu Moment präsent zu sein, sodass man mitbekommt, was los ist, sondern auch, das, was geschieht, zusätzlich zu verändern.[13] Mit Hilfe von Mindsight kann man innere Prozesse bewusst machen, ohne sich von ihnen mitreißen zu lassen und bekommt so die Freiheit, von den gewohnheitsmäßigen Reaktionen wegzukommen.[14]

Mindsight hat auch die Beziehung zu anderen im Fokus. Ein gutes Maß an innerer Distanz zu sich selbst ist auch Voraussetzung dafür, andere unvoreingenommen wahrnehmen und mit ihnen umgehen zu können.

Mit Mindsight wird genau das beschrieben, was wir oben als Zielvorgabe entworfen haben. Es gibt eine Reihe von Autoren, die dem Begriff Achtsamkeit ähnliche Eigenschaften wie der Mindsight-Achtsamkeit von Siegel zuschreiben. Ich bleibe im Folgenden dennoch beim Begriff von Siegel. Damit möchte ich verdeutlichen, dass es hier um Anforderungen geht, die einen neuen Zugang erfordern, und dass die geforderten Fähigkeiten nicht einfach vorhanden sind, wie manche vermutlich annehmen, wenn ich von Achtsamkeit spreche.

---

12 Vgl. Siegel, D. (2010), S. 66.
13 Vgl. Siegel, D. (2011).
14 Vgl. Siegel, D. (2010), S. 13.

Offenheit, Selbstbeobachtung und eine Chance zur Objektivität

Für den Aufbau einer Mindsight-Achtsamkeit müssen wir uns mit vier Aufgaben beschäftigen:

1. *Wissen* – Wir brauchen Kenntnis über die beschränkten Möglichkeiten des Bewusstseins, über die Dominanz der unbewussten Psyche und ihre Filterfunktion bei der Erfassung der Wirklichkeit. Man sollte wissen, dass das, was man selbst als wahr oder falsch erlebt, oft wenig mit der Wirklichkeit anderer zu tun hat. Auch die Bedeutung der eigenen Kindheit für das heutige Erleben und Handeln sollte man kennen.

2. *Beobachten* – Eine innere Beobachterinstanz soll errichtet werden, um das eigene Denken, Fühlen und Handeln zu beobachten und zu bewerten.

3. *Auswerten* – Hier geht es um die Fähigkeit, in Selbstreflexion zu gehen, in eine innere Distanz zum eigenen Denken, Fühlen und Handeln – und auf diese Weise das vom inneren Beobachter erhobene Material kritisch auszuwerten.

4. *Eingreifen* – Falls notwendig, wird in die Aktivität des eigenen Gehirns eingegriffen. Ungewünschte Aktivitäten werden unterbrochen, gewünschte in Gang gebracht. Die Arbeit mit dem Schlüssel zur Psyche gehört zu diesem Schritt.

Wenn Sie es geschafft haben, diese Aufgaben eine Weile zu üben und zu trainieren, werden Sie merken, wie sich Ihr Blick auf sich selbst, die anderen und die Welt stückweise verändert. Sie verstärken dadurch Ihre Fähigkeit zur Selbstbeobachtung beziehungsweise Selbstdistanz und werden offener für die Belange anderer. Damit entsteht auch eine Chance, so etwas wie Objektivität zu erlangen. Wirklich objektiv kann ein Mensch niemals sein, aber er kann weniger in seinen Kind-Psycho-Programmen verfangen und der Gegenwart gegenüber offener sein. Er kann sich selbst skeptischer sehen und andere (in ihren negativen Aspekten) etwas weniger ernst nehmen – weil er deren unpassenden Programme darin erkennt und das alles weniger persönlich nimmt.

Mit zunehmender Offenheit entsteht die Freiheit, sich nicht an vorgefassten Meinungen festzuhalten, Erwartungen loszulassen und die Umstände so wahrzunehmen, wie sie sind. Damit kann man auch sich selbst gegenüber objektiver werden. Man kann denken und fühlen, ohne sich gleich davon dominieren zu lassen, weil man weiß, dass ein Gedanke oft einfach so kommt, angestoßen von Zufälligkeiten, daher auch etwas Beliebiges hat und nicht die eigene Person repräsentiert. Hier entsteht Spielraum, in dem man über die eigenen Aussagen und Gefühle verständnisvoll lächeln kann und diese nicht zu ernst nimmt.

Durch diese Art der Achtsamkeit werden Hirnstrukturen aufgebaut und ausgeformt, die hilfreich für das eigene Wohlbefinden und ein glückliches Leben sind.

***

Was ist nun konkret zu tun? Wie können wir uns die in den Schritten 2 bis 4 geforderten Fähigkeiten erarbeiten? Wir wollen lernen, unseren Geist zu lenken und brauchen die Freiheit, unsere Konzentration auch auf die eigene Person zu richten. Die folgenden Übungen dienen dem Aufbau dieser Fähigkeiten.

Übungen 1 - Achtsamkeit

Ein Bewusstseinszustand wie Mindsight muss erfahren werden, um ihn zu lernen. Learning by doing (deutsch: Lernen durch Tun) heißt hier die Devise. Wir üben in unterschiedlicher Intensität.

Auf der einen Seite steht das Üben im Alltag. Sogar in einem unter Druck stehenden Alltag ist es möglich, achtsame Augenblicke einzurichten. Mit einem langen bewussten Atemzug kann man zum Beispiel für einen Augenblick von seinen Aktivitäten zurücktreten, kann seine Aufmerksamkeit sammeln und sich fragen: „Wie geht es mir eigentlich jetzt im Moment?", oder: „Was brauche ich gerade, was fehlt oder ist zu viel?"

Am anderen Ende stehen ausgewählte Übungen, in denen die

Fähigkeiten konzentriert erarbeitet werden. Es folgt eine kleine Auswahl.

Übung – Eine Sitzposition finden

Wir steigen ein mit der Aufgabe, eine Sitzposition zu finden, in der Sie eine Weile ungestört Ihren Körper beobachten können, ohne sich dabei von Gedanken wegtragen zu lassen. Spüren Sie Ihren Körper und probieren dabei aus, welche Sitzposition für Sie gut ist. Bleiben Sie mit Ihren Gedanken ganz bei der Aufgabe, lassen Sie keine Ablenkung zu. Unterbrechen Sie für einen Moment das Lesen.

Jetzt: Eine angenehme Sitzposition finden

Eine Empfehlung für eine geeignete Sitzposition könnte so lauten: Setzen Sie sich gerade auf den vorderen Teil des Stuhls (bitte nicht anlehnen). Stellen Sie Ihre Füße flach auf den Boden – die Waden etwa in einem rechten Winkel zu den Oberschenkeln. Die Wirbelsäule sollte möglichst gerade sein, dabei aber nicht verkrampft, sondern locker. Das Kinn wird leicht zur Brust hin gezogen, damit der Nacken sanft gedehnt ist, der Kopf im Ganzen wie von einer Leine am Scheitel leicht nach oben gezogen. Die Schultern locker lassen. Die Hände werden locker in den Schoß gelegt.

Jetzt: Nehmen Sie auf einem Stuhl die eben beschriebene Position ein, behalten Sie sie etwa eine halbe Minute bei und lassen sich nicht von Gedanken ablenken.

Übung – Sich auf die eigene Person konzentrieren

Richten Sie Ihre Aufmerksamkeit auf die eigene Person. Das hat einen doppelten Vorteil: Sie betreten die Gegenwart und entdecken sich selbst darin. Probieren Sie es aus. Zum Beispiel, indem Sie für einen Moment spüren, wie Ihr Atem den Körper bewegt.

Jetzt: Beobachten Sie Ihren Atem – drei oder vier Atemzüge lang

Für diese Art von Aufgabe ist es gleich, wohin Sie Ihre Aufmerksamkeit richten. Auch andere Aspekte des eigenen Körpers können als Fokus verwendet werden. Sie können dafür zum Beispiel jeden Ihrer Sinne abfragen, also konzentriert hören, tasten, schmecken, riechen. Zum Beispiel können Sie bewusst wahrnehmen, wo Ihr Blick gerade hinfällt. In diesem Moment wahrscheinlich auf diese Zeilen. Aber bitte lesen Sie nicht nur, sondern beobachten Sie sich beim Lesen ...

Was heißt es eigentlich, sich selbst zu beobachten, während man etwas tut? Menschen sind mit sensiblen Sinnen ausgestattet. Wenn nur bekannte Routinen abgearbeitet werden, tun die Sinne ihre Arbeit im Hintergrund. Beim Abspülen des Geschirrs werden Sie nicht mehr bewusst die Glätte und Härte des Porzellans erfühlen, genauso wenig wie die Textur des Geschirrtuches. Man wäscht ab und ist dabei in Gedanken bei etwas anderem. Auch wenn das grundsätzlich okay ist, können wir die Konzentration auf unsere Sinneswahrnehmungen nutzen, um mehr in der Gegenwart unseres Seins anzukommen und dieses Sein damit gleichzeitig zu beeinflussen.

Vielleicht drehten sich beim Abwaschen die Gedanken noch um den Berufsalltag oder um die Aufgaben, die noch zu tun sind. Weil Gedanken immer mit Körperreaktionen und Gefühlen einhergehen, manövriert sich die Person beim Abwaschen im schlechtesten Fall so unterschwellig in eine Befindlichkeit, die vom Arbeitsstress dominiert wird. Ruft der Stress dann alte unzweckmäßige Bewältigungsprogramme auf, fühlt man sich beim Abwaschen unter Umständen wie in den negativen Erfahrungen der Kindheit. Mit der unmittelbaren Gegenwart hat das dann nichts mehr zu tun. Richtet man seine Sinne aber auf das, was man jetzt gerade tut, wird dieser Mechanismus unterbrochen. Auch wenn man das Abwaschen nicht liebt, kann es dennoch zu einer kleinen Auszeit werden. Einzige Aufgabe: Spüren! Registrieren Sie das unterschiedliche Gewicht des Geschirrs, die unterschiedliche Dicke von Porzellan und Gläsern. Hören Sie auf das Plätschern des Wassers, spüren Unterschiede von warm und kalt, glatt und rau ... Dies ist nur ein Beispiel, wenn Sie alles von der Spülmaschine machen lassen, gibt es andere Momente, in denen Sie mit allen Sinnen in die Gegenwart kommen können.

Übung

Jetzt, während Sie lesen, könnten Sie zum Beispiel Ihre Sitzhaltung wahrnehmen. Spüren Sie, wo Ihr Körper in Kontakt
mit der Unterlage ist. Dazu fragen Sie Ihre Drucksensoren
im Körper ab. Spüren Sie, wo auf der Körperoberfläche am
meisten Druck spürbar ist, wo am wenigsten. Spüren Sie ganz
genau hin und versuchen Sie, den Druck Ihrer Kleidung auf
dem Körper zu spüren. Wo liegt sie nur sanft auf, wo drückt ein
Gummi deutlich auf die Haut?

Das Gleiche geht auch mit den Körpersensoren für Wärme.
Spüren Sie hin, wie die Wärme an und in Ihrem Körper verteilt
ist. Wo ist es am wärmsten, wo am wenigsten warm?

Fragen Sie jetzt noch einen anderen Sinneskanal ab und beobachten Ihren akustischen Input. Finden Sie drei verschiedene
akustische Informationen. Selbst wenn es ganz still um einen
herum ist, bleibt immer noch der eigene Atem und – wenn
man noch tiefer in sich hineinhorcht – der Herzschlag.

Beim Essen üben

Wer gerne isst, kann sehr von Übungen mit dem Geschmacks-
sinn profitieren.

Übung

Hier geht es darum, eine kleine Menge eines Nahrungs- oder
Genussmittels im Mund zu halten, um alle Geschmacks-
nuancen zu erforschen. Ein kleines Stück Schokolade ist zum
Beispiel sehr gut geeignet. Am besten wäre es, wenn Sie eine
Ihnen kaum bekannte Sorte nehmen, ein Stückchen auf die
Zunge legen und es sich dort ganz von alleine auflösen lassen.
Schmecken Sie hin und bleiben mit Ihrer ganzen Aufmerksamkeit dabei. Schokolade enthält eine große Anzahl verschiedener Aromen – versuchen Sie, einige zu unterscheiden. Erst
wenn die Schokolade vollkommen geschmolzen ist, erlauben
Sie sich, sie zu schlucken. Verfolgen Sie auch diesen Vorgang
sehr zugewandt. Vielleicht können Sie spüren, wie die Schokolade den Hals hinunter fließt. Bleiben Sie auch danach noch
einen Moment bei der Sache. Gibt es noch Reste des Scho-

koladengeschmacks im Mund? Wenn Sie wollen, wiederholen Sie den Vorgang.

Sie können dasselbe auch mit einer Rosine oder einem Stück Obst oder einem Bissen Brot machen. Die schmelzen nicht, sondern müssen zerkaut werden. Bevor Sie das tun, sollten Sie das Stück erst betrachten, mit den Fingern ertasten, mit der Zunge erfühlen und dann irgendwann zwischen den Zähnen zerdrücken. Einem winzigen Stück eine halbe Minute oder mehr zu schenken, kann Sinnesqualitäten eröffnen, an denen Sie sonst vorbeihetzen.

Begrenzter Freiraum

Für einen kleinen Moment erlaubt es die Psyche, die eigene Aufmerksamkeit beliebig auszurichten. Daher sind die bisherigen Aufgaben vermutlich problemlos zu erfüllen. Schwieriger wird es, wenn längere Zeiträume ins Spiel kommen. Das können Sie nachvollziehen, wenn Sie versuchen, eine längere Reihe von Atemzügen aufmerksam zu verfolgen. Nehmen Sie als Zielvorgabe, 30 Atemzüge mitzuzählen. Jeder Atemzug bekommt einen Namen: ein 1, aus 1, ein 2, aus 2 und so weiter.

Jetzt: 30 Atemzüge mitzählen ...

Wie lange konnten Sie dem Atem folgen? Welche Zahl können Sie noch erinnern, bevor Sie irgendwohin abdrifteten? Manche schaffen es bis 3, andere auch bis 10. Es ist normal, dass die Aufmerksamkeit irgendwann abreißt.

Übungen 2 - Gedanken lenken

Die Unterbrechung unterbrechen

Im nächsten Schritt richten wir den Fokus auf die Gedanken, die uns aus der Atemübung herausholen. Das Ziel ist, die Unterbrechung wahrzunehmen und zu verhindern.

Übung

Machen Sie die eben durchgeführte Atemübung noch einmal.

Jetzt stellt sich die Aufgabe, zusätzlich zum Zählen der Atemzüge aufkommende Gedanken zu beobachten und zu verhindern, dass Sie von ihnen abgelenkt werden.

Sollten Sie diese doppelte Aufgabe für Ihre Aufmerksamkeit als zu viel auf einmal erleben, bietet sich an, zunächst nur das Beobachten aufkommender Gedanken allein zu üben. Dazu dienen die folgenden Übungen.

Übung – Aufkommende Gedanken unterbrechen

Beobachten Sie für einen Moment nur den Fluss Ihrer Gedanken. Notieren Sie innerlich oder auf einem Stück Papier, welche Gedanken auftauchen. Nachdem Sie einen Gedanken notiert haben, lassen Sie ihn wieder gehen, verfolgen ihn also nicht weiter. Vielleicht sagen Sie dem Gedanken: „Nein, jetzt nicht, später vielleicht", oder Sie stellen sich ihn wie eine Wolke am Sommerhimmel vor, die von einer sanften Brise über den Horizont geschoben wird.

Wenn Sie das zum ersten Mal machen, werden Sie staunen, was da alles von allein auftaucht. Manchmal fühlt es sich so an, als würde das Gehirn unentwegt plappern. Auf jeden Gedanken folgt sofort ein nächster, niemals scheint Ruhe einzutreten.

Variante – Den Fluss der Gedanken beobachten

Verfolgen Sie einen aufkommenden Gedanken als Beobachter, nehmen Sie wahr, wie er sich entwickelt. Verschwindet er von allein und wird von einem anderen abgelöst? Oder entwickelt er sich in einen anderen Gedanken hinein oder …

Nicht so einfach, aber umso wichtiger ist die folgende Übung.

Übung – Gedankenleere

Das Ziel ist: Gedankenleere, das heißt für einen Moment überhaupt keinen Gedanken aufkommen zu lassen. Aufmerksam wird das eigene Denken beobachtet und dabei jeder auftauchende Gedanke unterbrochen und wieder weggeschickt. Anfänglich kann das ziemlich anstrengend sein.

Entspannt und gelassen üben

Denen, die inzwischen gemerkt haben, dass das alles nicht so einfach ist, möchte ich sagen, dass es vielen so geht. Lassen Sie sich nicht entmutigen, geben Sie sich für alle Übungen so viel Zeit, wie Sie brauchen. Dazu gehört auch, Übungen öfter zu wiederholen. Die Vorgänge im eigenen Kopf zu beobachten, ist ungewohnt. Insbesondere am Anfang ist es schwierig, nicht gleich mit dem ersten besten Gedanken mitzugehen. Hier hilft nur üben – und dieses Üben immer wieder zu wiederholen. Weil das Üben eine Menge Konzentration braucht, ist es belastend. Daher empfehle ich, nicht zu lange am Stück damit zu verbringen. Einige Minuten reichen.

Es hilft, bei allen Übungen auch innerlich eine entspannte gelassene Haltung einzunehmen. Es geht nicht um einen Krieg gegen feindliche Gedanken, sondern um ein angenehmes Miteinander von aktivem aufmerksamem Bewusstsein und den sonstigen Aktivitäten der Psyche. Dazu gehören in allen Übungen Freundlichkeit und Akzeptanz sich selbst und den eigenen inneren Prozessen gegenüber. Jeder aufkommende Gedanke kann freundlich wahrgenommen und ebenso freundlich zurückgewiesen werden. Schließlich gibt es eine Seite in der eigenen Person, für die er gerade wichtig scheint. Ziel ist nicht eine Herrschaftsübernahme im eigenen Kopf (die auch nicht funktionieren würde), sondern ein kooperatives Miteinander.

Beachten Sie den feinen Unterschied zwischen Konzentration und Achtsamkeit. Konzentration besteht darin, sich aufmerksam auf ein bestimmtes Objekt einzustellen, darauf den Blick zu fokussieren und die ganze Aufmerksamkeit für diesen begrenzten Bereich der Wahrnehmung aufzuwenden. Achtsamkeit hat eine dazu entgegengesetzte Ausrichtung. Hier wird der Fokus der Aufmerksamkeit nicht gezielt eingeengt, sondern vielmehr weitgestellt. Im Maximalfall ist dann eine weitwinkelartige Aufmerksamkeitseinstellung erreichbar, die in einer umfassenden, klaren und hellwachen Offenheit für die gesamte Fülle der Wahrnehmung besteht.[15]

---

15 Vgl. Wikipedia, Stichwort: Achtsamkeit (abgerufen am 30.06.2016).

Überall üben

Hier gilt das Gleiche, was oben zu den Übungen für den Umgang mit dem Schlüssel zur Psyche gesagt wurde: Sie können und sollten überall und immer dann üben, wenn Sie irgendwo herumsitzen, nichts zu tun haben, aus Langeweile zum Handy greifen oder ein Buch lesen. Sie müssen also Ihren Alltag nicht umkrempeln, um Zeiten und Räume für das Üben zu schaffen. Selbst beim Sitzen vor dem Fernseher können einige Momente zum Üben genutzt werden.

So kann man beispielsweise beim *Autofahren* wach-bewusst wahrnehmen, wie ein Teil der eigenen Person – ich nenne ihn mal den »Roboter« – den Verkehr wahrnimmt und das Auto steuert. Das ist überhaupt nicht gefährlich, weil zusätzlich zum Roboter auch das fokussierte Bewusstsein mitfährt. Die Aktivität läuft ungebrochen weiter, während man sich selbst, zum Beispiel seine körperliche Verfassung, wahrnimmt oder einfach nur wach registriert, wie der Roboter arbeitet.

Im Auto könnte man, ähnlich wie in der Übung zur Sitzposition, auf die eigene Sitzhaltung fokussieren und eine angenehme entspannte Sitzhaltung suchen, auch wenn es nicht so viele Varianten wie auf einem Stuhl gibt. Man kann auch darauf achten, dass sich keine ablenkenden Gedanken einschleichen. Mit wachem Bewusstsein registriert man jeden Seitenblick und Gedanken, unterbricht ihn und findet wieder in eine zentrierte ruhige Fahrweise zurück.

Auch beim *Radfahren* kann man wunderbar üben, Beobachter des eigenen Tuns zu sein. Man kann den eigenen Körper in den Fokus nehmen, den Atem spüren, die Muskeltätigkeit und auch den Grad der Belastung. Man kann die Aufmerksamkeit auch auf den Fahrtwind richten oder auf das Rütteln und Schütteln des Körpers, das durch Unebenheiten ausgelöst wird.

Beim *Spazierengehen* hat man noch ein paar Möglichkeiten mehr, weil man weniger schnell auf die Umgebung achten muss. Sie können sich daher nacheinander auf je einen Aspekt des Geschehens konzentrieren und dann versuchen, für eine Weile dabei zu bleiben:

1. Fokussieren Sie auf den eigenen Körper, auf den Rhythmus des Gehens, auf das, was Ihnen ins Auge fällt, auf die Geräusche, die Sie wahrnehmen.

2. Versuchen Sie, während des Gehens für eine Weile den eigenen Gedankenfluss wahrzunehmen und ihm zu folgen. Bleiben Sie dabei in einer Beobachterposition und lassen Sie sich nicht von den Gedanken davontragen.

3. Konzentrieren Sie sich auf die Vorgänge in Ihrem Kopf und versuchen Sie diesmal, jeden aufkommenden Gedanken abzuweisen.

Auch in öffentlichen Verkehrsmitteln gibt es vielfältige Möglichkeiten, weil man hier zeitweise die Augen schließen und sich von der Umgebung ablösen kann. Sie können alle schon beschriebenen Übungen machen und viele andere dazu. Ich nenne nur noch einige zur Anregung:

Wenn Sie leicht mit visuellen Vorstellungen arbeiten können und Ihnen manchmal die Nähe der Mitreisenden zu viel ist, probieren Sie Folgendes: Denken Sie sich eine Sphäre um sich herum. Stellen Sie sich in Gedanken eine Schutzschicht vor, die den eigenen Körper im Abstand von einigen Zentimetern umgibt. Es bleibt ganz Ihrer Fantasie überlassen, was Sie als Material wählen. Vielleicht ist es eine Ballonhülle, die undurchsichtig ist und Sie vollkommen abschottet. Vielleicht ist es eine durchsichtige Sphäre, die Sie in Ihrer Fantasie vollkommen gegen negative Energien aus Ihrer Umgebung abschirmt. Nur Angenehmes darf hindurch, der Rest prallt rigoros ab. Man kann auch mit der Vorstellung einer festen Wand aus Stein, Holz oder Beton experimentieren. Entscheidend ist, dass Sie sich damit wohlfühlen und ein positiver Effekt entsteht.

Man kann auch in ganz anderer Weise mit visuellen Elementen Konzentration üben. Stellen Sie sich zum Beispiel eine Zitrone vor oder einen Würfel. Lassen Sie den Gegenstand vor Ihrem inneren Auge rotieren. Machen Sie klar, wann Sie mit der Aufgabe anfangen und wann Sie diese beenden. Lassen Sie sich nicht von irgendeiner Ablenkung ein Ende aufdrücken, außer, die aktuelle Situation erfordert Reaktion, vielleicht weil Sie Ihre Zielstation erreicht haben.

Eher kurz, dafür aber öfter

Wie schon gesagt empfehle ich, anfangs nur einige Minuten zu üben. Konzentrationsübungen sind belastend und brauchen einen gewissen Vorlauf, bis sie problemlos gelingen. Es ist okay, wenn Sie auch nach zwei, drei Wochen immer noch Dreiminutenintervalle üben. Viel wichtiger als die Länge der Sequenzen ist es, dran zu bleiben und sie immer wieder zu machen. Wenn Sie dann mehr Zeit und Lust haben, probieren Sie aus, eine Übung zu verlängern.

Die eigene Wahrnehmungspräferenz nutzen

Was für ein Wahrnehmungstyp sind Sie? Jeder Mensch verfügt anders über seine Sinne. Der eine hört weniger, sieht aber wie ein Adler, der andere ist hellhörig wie ein Luchs, nimmt aber seinen Körper wenig differenziert wahr. Es hat sich bewährt, bei den Übungen vor allem die bevorzugten beziehungsweise stärksten Sinneskanäle zu nutzen. Wenn Sie die Aufgaben entsprechend anpassen, machen Sie sich den Einstieg leichter. Sie müssen nur herausfinden, wo der eigene Sinnes-Schwerpunkt liegt.

Dabei hilft, dass sich der bevorzugte Wahrnehmungskanal nicht nur auf den sinnlichen Input auswirkt, sondern auch darauf, wie die Person spricht und denkt. Jemand, der besonders mit dem Hören vertraut ist, erlebt zum Beispiel die belastende Menschenfülle im Bahnhof anders als der, der vorrangig sieht. Der Hörende spricht von: „Das ist mir hier zu laut", „Da möchte ich mir die Ohren zuhalten" oder „Es klingt wie ein Orkan". Einer mit einer Präferenz auf dem Sehen spricht davon, dass es hier zu voll ist, zu viele Menschen da sind und zu wenig Platz ist. Einer, der vorrangig fühlt, berichtet von den Körperempfindungen oder Bewegungsqualitäten, die ihn gerade beschäftigen: „Ich kriege hier keine Luft mehr", „Mir zieht sich alles zusammen" oder „Ich möchte am liebsten wegrennen."

Sie brauchen sich also nur selbst ein wenig zuzuhören, um

Ihren bevorzugten Sinn zu erschließen. Mit einem Begleiter geht es einfacher, für einen aufmerksamen Zuhörer ist das ein leichtes Unterfangen. Sie können auch einen Online-Test durchführen, zum Beispiel gibt es auf einer Webseite von Cordula Nussbaum[16] einen einfachen Test, um den eigenen Wahrnehmungstyp zu erschließen.

Wenn jemand einen bestimmten Sinneskanal bevorzugt, bedeutet dies nicht, dass die anderen Kanäle deshalb schlecht ausgebildet sind. Der bevorzugte Kanal eignet sich aber hervorragend als Einstieg in eine Sinnesübung. Wenn Sie wissen, was für ein Wahrnehmungstyp Sie sind, können Sie sich den Einstieg in die verschiedenen Aufmerksamkeitsübungen erleichtern, indem Sie sich zuerst auf Ihren bevorzugten Kanal konzentrieren. Der Hörende erinnert sich an eine Melodie, der Schmeckende an einen Geschmack, der Fühlende spürt seinen Körper und so weiter.

Meditation

Wenn Sie sich weiter mit dem Thema Achtsamkeit, Aufmerksamkeitsschulung und Selbstbeobachtung beschäftigten wollen, könnte Meditation für Sie interessant sein. Machen Sie es so wie in jüngster Zeit wieder viele Manager, Spitzensportler und Gelehrte: Greifen Sie auf eine Jahrtausende alte bewährte Tradition zurück.

Meditation bedeutet: nachdenken, nachsinnen, überlegen – und ist sehr viel mehr als nur eine Weise, sich zu konzentrieren. Sie ist eine in vielen Religionen und Kulturen ausgeübte spirituelle Praxis. Übungen von Achtsamkeit und Konzentration dienen dazu, den Geist zu beruhigen und zu sammeln. In östlichen Kulturen gilt sie als eine bewusstseinserweiternde Übung. Im Hinduismus, Buddhismus und Daoismus besitzt sie eine ähnliche Bedeutung wie das Gebet im Christentum[17].

---

16 www.kreative-chaoten.com/wp-content/uploads/2015/04/Wahrnehmungs-Typ-Analyse.pdf (abgerufen am 30.03.2016).

17 Vgl. Wikipedia, Stichwort: Meditation (abgerufen am 30.06.2016).

Ich empfehle, Meditation unabhängig von religiösen Aspekten oder spirituellen Zielen zu nutzen und zielgerichtet Übungen herauszugreifen, um diese dann regelmäßig durchzuführen. Eine gute Einführung wird zum Beispiel von Ulrich Ott[18] gegeben, der auch die neurologischen Zusammenhänge und Wirkungen sehr eindrucksvoll darstellt. Ulrich Ott beschreibt die Wirkung von Meditation auf sich selbst so:

„Ich sehe es immer sehr schön, wenn ich aus einem Workshop oder aus einer sehr intensiven Meditation komme und zur Mensa gehe: Im Normalzustand läuft man einfach mit Scheuklappen von A nach B und hat schon einen Speiseplan, weiß schon, was man alles tun will und parallel denkt man noch darüber nach, welche E-Mails man danach schreibt, welche Dinge man im Meeting anspricht. D. h., man ist ständig in diesem Simulationsapparat gefangen, der Vergangenes und Zukünftiges koordiniert, aber man geht nicht den Weg von A nach B. Man ist nicht da und man sieht die Leute nicht, die da sind. Und wenn man sich durch die Meditation klärt und in den gegenwärtigen Moment erwacht und dann denselben Weg läuft, dann treffen sich die Blicke. Man sieht irgendwie jeden. Es ist, wie wenn man sofort da ist. Es ist eine viel größere Präsenz, ein viel größerer Kontakt da. Man riecht auf einmal, es hat geregnet oder die Wiese wurde gemäht oder man hört Vögel. Man sieht einfach mehr, wer man ist und wo man ist. Und diese Öffnung ist, denke ich, ein sehr wichtiges Ziel der Meditation."[19]

Meditation als Antidepressivum

Seit einigen Jahren gibt es Forschungen, welche die Wirkung von Meditation auf das Gehirn und die Psyche zum Gegenstand haben. Dabei wurde deutlich, dass Meditation noch mehr kann als eben angedeutet. Ott schreibt, dass man langfristig „die Architektur seines Gehirns verändert"[20], wenn man regelmäßig seine Aufmerksamkeit auf das Hier und Jetzt bündelt. Jede Tätigkeit setzt

---

18 Vgl. Ott, U. (2010).
19 Ott, U. (2011).
20 Ott, U., zit. n. Fuß, H. (2009).

bestimmte Bereiche im Gehirn in Gang, und je öfter eine Tätigkeit wiederholt wird, desto stärker wachsen die entsprechenden Hirnstrukturen. Ott zitiert US-Wissenschaftler[21], die feststellten, dass die Hirnrinde bei Meditierenden bis zu fünf Prozent dicker ist als bei nicht meditierenden Vergleichspersonen. Außerdem weisen bestimmte Hirnareale deutlich mehr neuronale Verschaltungen auf. Weil das bei älteren Meditierenden am auffälligsten war, schließt Ott, dass „regelmäßiges Meditieren eine Ausdünnung der Hirnrinde im Alter"[22] verhindere.

Ott konnte in eigenen Studien zeigen, dass das Konzentrationstraining die seelische Gesundheit fördert. Mit seinem Team an der Universität Gießen erforscht er vor allem Übungen der Achtsamkeitsmeditation. Die Versuchspersonen richten dabei ihre volle Aufmerksamkeit auf spontan auftretende Empfindungen und lernen, diesen Gefühlen wohlwollend zu begegnen. Nach einer Weile erfährt der Meditierende sich selbst und seine Umwelt auf neue Weise. Sein Körperempfinden wird sensibler, er kann seine Emotionen souveräner kontrollieren.

Auch im klinischen Bereich werden inzwischen die positiven Wirkungen von Meditation genutzt. Die Zeitschrift *Deutsches Ärzteblatt* nimmt Bezug auf eine Reihe von Studien an der John Hopkins University in Baltimore und informiert seine ärztlichen Leser darüber, dass regelmäßige Meditation eine positive Wirkung auf Angstzustände, Depressionen und Schmerzen hat.[23] Einzelne Krankenkassen etwa fördern mit einer Zuzahlung Kurse zur „Stressbewältigung durch Aufmerksamkeit". Wissenschaftliche Studien zeigen auch, dass Menschen, die Achtsamkeit üben, weniger gestresst sind und besser mit Belastungen des täglichen Lebens fertig werden. Auch bei chronischen Erkrankungen lassen sich positive Effekte des Achtsamkeitstrainings nachweisen, zum Beispiel sinkender Blutdruck, langsamere Atmung, langsamerer Herzschlag und ein ruhiger ablaufender Stoffwechsel. Ott berichtet unter Berufung auf verschiedene Studien von positiven Wirkungen achtsamkeitsbasierter Verfahren bei Diabetes, Herz-

---

21 Lazar, S. u. a. (2005), zit. n. Ott, U. (2010), S. 180.

22 Ott, U., zit. n. Fuß, H. (2009).

23 Vgl. rme/aerzteblatt.de (07.01.2014, abgerufen am 30.06.2016).

krankheiten, Fettleibigkeit, Arthritis.[24] Bei „Depressionen verringerte sich die Rückfallquote um bis zu 50 Prozent".[25]

Der Default-Modus

Hochinteressant ist, dass schon Meditation allein die Bereitschaft des Gehirns verringert, in alte Programme zu wechseln. Diese Erkenntnis ist ein Nebenprodukt der Gehirnforschung. Der Zustand des Gehirns in Zeiten, in denen es keine bestimmte Aufgabe hat, wird als Default-Modus bezeichnet. Es wurde festgestellt, dass in solchen Zeiten nicht etwa alles ruht, sondern dass andere Bereiche im Gehirn aktiver werden. In solchen Phasen schaltet das Gehirn um in eine Art Ruhezustand: in das sogenannte Default-Mode-Netzwerk. Wenn gerade nichts da ist, was die Aufmerksamkeit bindet, nutzt das Gehirn die freie Zeit zum Beispiel dafür, vergangene Situationen auszuwerten und daraus für zukünftige Situationen zu lernen. Verschiedene Handlungsalternativen werden im Geiste durchgespielt.[26] Bemerkbar macht sich dies dadurch, dass man für einen Moment nicht bei der Sache ist, Tagträumen nachhängt und nur halb gegenwärtig ist. In der Folge stolpert man zerstreut durchs Leben, vergisst Autoschlüssel, versäumt seine Termine oder ist einfach nur geistig abwesend. Wenn man sich beim Lernen oder bei einer anderen Beschäftigung konzentrieren muss, wirkt jedes Abschweifen von der eigentlichen Aufgabe kontraproduktiv. Tagträumen hat allerdings auch eine andere Seite. Es kann sehr nützlich sein, wenn es beispielsweise um Kreativität geht: Manch kreativer Einfall kam nur zustande, weil das Gehirn nichts anderes zu tun hatte, als sich mal nur mit sich selbst zu beschäftigen.

Für unsere Fragestellung ist der Umstand wichtig, dass wir im Default-Modus eher dazu tendieren, auf bereits Gelerntes zurückzugreifen, um aktuelle Aufgaben zu lösen. Das liegt nahe, denn im Default-Modus ist man mit seinen Gedanken nur wenig gegenwärtig und unter anderem damit beschäftigt, die inneren Archive zu ordnen. Dazu passt die Erkenntnis, dass bei einer depressiven

---

24 Ott, U. (2010), S. 158.
25 Ott, U., zit. n. Fuß, H. (2009).
26 Vgl. Ott, U. (2010), S. 99.

Erkrankung das Default-Mode-Netzwerk nicht herunterreguliert werden kann. In eine ähnliche Richtung weist eine Untersuchung von M. Killingsworth und D. Gilbert an der Harvard University[27]. Dazu wurden 2.250 Freiwillige im Alter von 18 bis 88 Jahren mit einer Smartphone-App ausgestattet. Über diese App wurden sie immer wieder gefragt, wie glücklich sie sind, was sie gerade tun, ob sie über ihre augenblickliche Tätigkeit nachdenken oder über etwas anderes. Ergebnis: Fast die Hälfte ihrer Zeit verbrachten die Leute damit, über etwas anderes zu sinnieren als über das, was sie gerade taten. Und: Diese Tagträumerei machte sie meist unglücklich – sie hinderte die Probanden wohl daran, mehr in der Gegenwart zu leben.

Meditation kann den Default-Modus beeinflussen: Bei erfahrenen Meditierenden verändern sich Aktivität und Verknüpfungen der Nervenzellen dieses Netzwerks, sodass sich diese Personen besser konzentrieren können. Menschen, die in Meditation geübt sind, können sogar Teile dieses Default-Mode-Netzwerks gezielt hemmen. Die Folge: gegenwartsbezogene Aufmerksamkeit, vermehrte Konzentration auf das Hier und Jetzt. Beides schützt davor, in alte unzweckmäßige Programme zu geraten.

Wer also regelmäßig meditiert, verbessert allein dadurch seine Chance, sich seltener von seinem inneren Navigator in nachteilige Muster hineinmanövrieren zu lassen.

***

Bewusstseinstraining und Meditation eröffnen neue Möglichkeiten auf die eigene Person einzuwirken. Manches verbessert sich ganz von allein, manches bleibt aber noch zu tun. Hier kommt der nächste Schritt, dazu nutzen wir das bis jetzt erarbeite Können und Wissen.

---

27 Killingsworth, M. A., Gilbert, D. T. (2010), S. 932.

Eine Beobachterinstanz errichten und trainieren

Wir sind noch mitten drin in der Aufgabe, das eigene Bewusstsein zu trainieren. Das Ziel unserer Bemühungen ist es, das, was wir mit dem Schlüssel zur Psyche angefangen haben, weiter auszubauen. Wir wollen steuernd in die Aktivitäten des eigenen Gehirns eingreifen können. Ungewünschte Aktivitäten sollen unterbrochen, gewünschte in Gang gebracht werden. Zu diesem Zweck errichten wir jetzt eine Beobachterinstanz im eigenen Kopf. Es kostet etwas Aufwand, diese aufzubauen und sie mit den notwendigen Fähigkeiten auszustatten, aber es lohnt sich. Der Grad der inneren Freiheit, der dadurch entsteht, ist immens.

In einem entspannten Moment ist es kein Problem, die Aufmerksamkeit auf die eigene Person zu richten, zu überprüfen, was gerade läuft und eventuell auch einzugreifen. In entspannten Momenten ist dies auch kaum erforderlich. Anders ist es, wenn man in einer schlechten Stimmung ist, dann wäre es viel notwendiger, verändernd einzuschreiten, es ist aber auch viel schwieriger. Je mehr man sich im Stress befindet, umso weniger Chancen hat man, aus einem gerade ablaufenden Verhaltensmuster auszusteigen. Und wenn dabei das eigene Lebensthema berührt ist, ist erst mal jeder Spielraum weg.

Um in belasteten Momenten steuernd in die eigene Psyche eingreifen zu können, muss man schon etwas geübt sein. Vorbedingung dafür ist die Fähigkeit, aufkommende Gedanken kritisch zu betrachten, diese zurückzuweisen oder einfach zu unterbrechen. Dies ist keine leichte Aufgabe, wie Sie bei den vorher gestellten Aufgaben vielleicht schon gemerkt haben. Aber wenn Sie eine Weile dran bleiben, werden Sie auch etwas erreichen. Lassen Sie sich nicht zu schnell frustrieren und bleiben Sie realistisch: Am Anfang des Trainings werden Sie unter Stress wenig ausrichten. Erst mit zunehmender Übung werden Sie auch in solchen Situationen eingreifen können.

Den Beobachter aufbauen

Der Beobachter, den Sie hier in Ihrem Kopf aufbauen, hat seinen Blick auf Sie selbst gerichtet. Sie bauen diese Instanz auf, indem Sie genau das tun, was diese Instanz nachher machen soll. Sie richten Ihre bewusste Wahrnehmung immer wieder auf die eigene Person, das eigene Erleben, Tun und Denken. Der Blick geht dabei immer in zwei Richtungen: uns interessieren vor allem belastende, aber auch positive Momente. Das Ziel ist, belastetes Erleben und wenig nützliches Verhalten so früh wie möglich zu erkennen und steuernd einzugreifen. Gleichzeitig wollen wir auch sensibler und offener für positives Erleben und Geschehen werden.

Fangen Sie damit an, dass Sie jeden Abend ein kurzes Problem- beziehungsweise Positivprotokoll führen. Es geht um eine formlose Auflistung dessen, was an diesem Tag gut und schlecht war Mit der Aufgabe, negative Zustände zu beobachten, hatten wir uns früher schon beschäftigt – im Abschnitt »Das zentrale Lebensthema finden«, im Unterpunkt »d) Selbstbeobachtung« ab Seite 99. Dort war es darum gegangen, belastende Situationen ausfindig zu machen, um Informationen für Ihren Schlüssel zu sammeln. Die innere Beobachterinstanz bekommt durch das Protokoll einen ersten Errichtungsimpuls. Denn wenn Sie abends noch einmal zurückschauen, werden Sie bald damit anfangen, tagsüber genauer hinzusehen. Machen Sie es also für eine gewisse Zeit ganz beständig. Sollte es an einem Abend mal nicht klappen, holen Sie es später nach.

Jetzt notieren wir aber nicht nur Belastendes, sondern auch positive Momente und Umstände. Auch für diese sollen sie sensibler werden und deshalb kommen sie auch auf das abendliche Protokoll. Wenn Sie schon ein bisschen Übung darin haben, werden Sie staunen, wie viel Positives in Ihrem Leben schon vorhanden ist. Wir sind es einfach mehr gewohnt, die Lasten in den Fokus zu nehmen und uns damit zu beschäftigen. Daher kann es Spaß machen und sehr ertragreich sein, die Beobachterinstanz mit dem Aufspüren von positiven Gedanken zu üben. Mit diesem Protokoll erfahren Sie also, wie viel Positives in Ihrem Leben tatsächlich geschieht und gleichzeitig, welche Momente Sie als besonders wohltuend erleben. Sie werden auch sensibler für gute Momente und können bewusster und unmittelbarer an ihnen teilhaben.

Die Aufgabe lautet also wie folgt:

Aufgabe - abendliches Protokoll:

. Nehmen Sie sich jeden Abend ein paar Minuten Zeit und schauen auf den Tag zurück. Fragen Sie sich, welche guten Momente heute da waren und welche kleineren oder größeren positiven Erlebnisse damit verbunden waren. Was war das Gute an der Situation, was haben Sie dabei erlebt? Notieren Sie einige Stichworte dazu.

Suchen Sie außerdem nach belastenden Momenten und notieren in Stichworten, was Sie so belastete, wie Sie sich darin fühlten und vielleicht auch was fehlte, damit es ihnen besser gegangen wäre.

Auch durch das regelmäßige Arbeiten mit der Schlüsselsituation trainieren Sie den inneren Beobachter, weil Sie immer wieder gefordert sind, ausgewählte Szenen zu visualisieren und bewusst hin zu spüren, welche Gefühle diese in Ihnen auslösen.

Die Analyse vergangener Problemsituationen

Mit der Analyse vergangener Problemsituationen wollen wir ebenfalls den inneren Beobachter stärken. Mit dem Wissen aus vergangenen Belastungen können Sie künftig schon früher bemerken, wenn sich etwas anbahnt. Wenn man weiß, welche Stichworte oder Bedingungen mögliche Auslöser sind, kann man schneller reagieren. Normalerweise fällt es einem erst hinterher auf, dass man wieder einmal »drauf war«, also in alte, unzweckmäßige Programme gerutscht war. Deshalb heißt die Aufgabe zunächst: zurücksehen und sich erinnern, was da vorgefallen war. Diese Aufgabe ersetzt nicht das tägliche, auf den Tag rückblickende Protokoll.

Übung:

Schauen Sie auf längst vergangene Problemsituationen noch einmal zurück, egal, wie lange diese schon zurückliegen. Versuchen Sie, die Auslöser zu erkennen. Und wenn sie nicht mehr zu erfassen sind, stellen Sie Vermutungen darüber an. Was wurde gesagt, was ist passiert, welche Art von Stress hatte das Ganze begünstigt? Wichtig ist auch, sich an die eigenen Gefühle zu erinnern. Gehen Sie dazu in die Erinnerung hinein und spüren Sie nach, was Sie erlebten und welche Aspekte Ihres Erlebens Ihnen rückblickend besonders auffallen. Machen Sie sich Notizen über das, was Sie herausgefunden haben.

Sollten Sie durch solche Rückblicke emotional zu sehr belastet sein, empfehle ich, direkt im Anschluss mit dem eigenen Schlüssel zu arbeiten. Sie können sich auch fragen, was damals geholfen hätte oder gefehlt hatte. Beantworten Sie den damaligen Mangel mit einer Fantasie, in der jetzt alles stimmig abläuft. Manche vergangene Problemsituation kann man auf diese Weise innerlich auch abschließen und Sie lernen dabei auch noch Varianten Ihres Schlüssels kennen.

IN DIE AKTIVITÄTEN DES EIGENEN GEHIRNS EINGREIFEN

Wenn Sie sich regelmäßig darin üben, in dieser verstehenden Weise auf Ihre Problemsituationen zurückzusehen, ganz gleich, ob auf die von heute morgen oder die vor vier Jahren, werden die Zeiten immer kürzer werden, bevor Ihnen klar wird, dass da gerade wieder etwas war. Irgendwann kommt der Moment, in dem Sie unmittelbar merken, dass Sie jetzt gerade aus einem alten, nicht zweckmäßigen Programm heraus agieren. Dann ist Ihr Beobachter genügend entwickelt und in der Lage unmittelbar verändernd einzugreifen.

Dann geht es Ihnen so ähnlich wie dem Angstpatienten, den ich hier als Beispiel anführe.

Beispiel 11, Herr M. – Innere Gegenrede

Für ihn völlig überraschend konnte Herr M. erstmals beobachten, wie sich in ihm eine Panik ausbreitete. Anders als sonst war er nicht der Panik ausgeliefert, sondern fand sich in einer Beobachterposition. Es gelang ihm innerhalb weniger Momente, den Anfall zu beenden. Bei ihm war es eine Angst vor Dunkelheit, die besonders groß wurde, wenn er räumliche Enge erlebte. In der betreffenden Situation war beides zusammengekommen. Er kam zu spät zu einer Veranstaltung, seine Begleiterin war schon mittendrin, und er war gerade dabei, sich durch die Menge zu ihr hindurch zu drängen, als das Licht im Saal ausging. Orientierungslos und eingeengt wäre er früher völlig überfordert, zitternd und mit Herzrasen zusammengebrochen. Jetzt sah er zu, wie sich die Angst in ihm ausbreitete und es gelang ihm, dem aufkommenden Gedanken, dass er verloren sei, etwas entgegenzusetzen. Er benannte in einer inneren Gegenrede einfach die tatsächlichen Fakten: „Es ist alles in Ordnung ... Alle anderen Menschen stehen ganz ruhig ... Das Licht geht gleich wieder an ...".

Wäre er dem Gedanken über die vermeintliche Gefahr gefolgt, hätte er damit seinem eigenen Unbewussten den Auftrag erteilt, in gewohnter Weise für die eigene Sicherheit zu sorgen. Das wäre in diesem Fall ein Panikanfall gewesen. Neu war, dass er das innere

Geschehen nicht unwidersprochen hinnahm. Er stellte sich den aufkommenden Gedanken und Gefühlen entgegen und fing eine innere Auseinandersetzung mit sich selbst an. Haltepunkte für die innere Neuausrichtung waren die Gegebenheiten der aktuellen Realität.

Das Bewusstsein diskutiert mit sich selbst

Hier diskutiert also das Bewusstsein mit sich selbst. Schauen wir uns den Ablauf im eben genannten Angstbeispiel einmal im Detail an:

- Die unbewusste Psyche hat ein Stichwort bekommen und startet das dazugehörige alte und heute unzweckmäßige Programm. Angst entsteht.

- Das Bewusstsein greift die aufkommende Angst auf und findet in der Umgebung Bestätigungen dafür (es ist immer noch dunkel und immer noch eng). Die unbewusste Psyche wird bestätigt.

- Die Beobachterinstanz registriert die aufkommende Angst und stellt aus ihrer distanzierten Position fest, dass es offenbar dafür keine Grundlage gibt. Um das auch der unbewussten Instanz klarzumachen, lenkt sie die Wahrnehmung auf die gegebene Wirklichkeit, nimmt bewusst wahr, dass auch alle anderen ruhig dastehen und daher alles in Ordnung ist …

- Die unbewusste Seite kämpft noch ein bisschen und verweist auf einen noch störenden Sinnes-Input. Der Mann nimmt die Enge und die Nähe der anderen als unangenehm wahr. Die Beobachterinstanz fokussiert die Wahrnehmung erneut auf die Ruhe der anderen Personen: Erst jetzt lenkt die unbewusste Seite ein und lässt Ruhe entstehen.

Innerlich mit Tatsachen argumentieren

Für einen außenstehenden Beobachter ist es deutlich, dass ein Panikanfall nicht angemessen gewesen wäre. Lediglich die plötzlich aufkommende Dunkelheit und die zufällige Menschenfülle wurden als Argument aufgegriffen. In vielen Situationen, in denen ein Mensch in seelischen Stress gerät, gilt Vergleichbares: Die gewählten Verhaltenslösungen haben wenig oder nichts mit der gegebenen Wirklichkeit zu tun. Deshalb kann man die folgende Aussage als Regel für Stressmomente nutzen:

Der innere Beobachter soll mit Fakten der aktuell gegebenen Realität argumentieren, um der Psyche etwas entgegenzusetzen.

Man muss dazu nicht *viele* Argumente finden. Mitunter reicht es, immer wieder dasselbe auszusprechen, zum Beispiel: „Es ist alles okay, wie oft soll ich es dir noch sagen?! Es ist alles okay, hör jetzt auf, ich kann das Angstprogramm jetzt nicht gebrauchen, es stört! Hör auf! Es ist alles okay…". Die Argumente müssen aber wahr sein und sich auf die gegebene Wirklichkeit beziehen. Ein Mensch auf einem Hochseil kann sich nicht damit beruhigen, dass er sich sagt, er wäre in Sicherheit. Er könnte allenfalls Ruhe herstellen, wenn er sich sagt, dass er dieselbe Situation schon tausendmal gut überstanden hat und von daher alles in Ordnung ist.

An andere Aspekte der Gegenwart anknüpfen

Haben Sie es schon einmal erlebt, dass mitten in einer Streitsituation mit Ihrem Partner die Arbeitsstelle anruft, ein Kollege an die Tür klopft oder ein Kunde etwas will? Vermutlich waren Sie erstaunt, wie schnell es Ihnen gelang, die Stimme wieder einzufangen und auch einen klaren Gedanken zu formulieren. Ich rede nicht von emotionalen Ausnahmesituationen mit extremer Belastung, da funktioniert das nicht mehr. Ich habe hier eher durchschnittliche Belastungszustände vor Augen. Viele Menschen sind in der Lage, bei Anforderungen aus ihrer Arbeitswelt sofort in einen inneren Normalzustand umzuschalten. Ähnliches funktioniert bei manchen auch, wenn sie den Gesprächspartner wechseln. Anderen hilft es, sich in ihren Sport zu flüchten oder ins Auto zu steigen und notwendige Erledigungen zu machen. Unser Gehirn ist in der Lage umzuschalten. Die in der Streitsituation diskutierten Probleme sind damit nicht gelöst, aber zumindest kommt die eigene Psyche aus dem Stress heraus und kann eher aus einer Distanz auf die Probleme im Miteinander schauen.

Der entscheidende Schritt heißt, an andere Aspekte der Gegenwart anzuknüpfen, wissend, dass es neben dem, was einen selbst gerade beschäftigt, auch noch anderes gibt. Manchmal hilft ein Aufgabenzettel auf dem Schreibtisch, den man dann, ohne lange zu überlegen, abarbeitet. Den Zettel schreiben Sie am besten zu einer Zeit, in der es Ihnen gut geht. Vorbereitend kann man auch noch mehr machen.

Die größte Waffe gegen Stress
ist unsere Fähigkeit,
einen Gedanken dem anderen vorzuziehen.
William James

Sich auf belastende Situationen vorbereiten.

Wenn Sie Ihren inneren Beobachters schon etwas trainiert haben, verfügen Sie vermutlich über einige Informationen darüber, was für Sie im Ernstfall notwendig ist, um aus der negativen Befindlichkeit heraus zu kommen. Das stärkste Gegenmittel haben Sie mit Ihrem Schlüssel in der Hand. Das Problem ist, das man im belasteten Zustand nicht daran denkt und vielleicht auch nicht mehr weiß, wie das mit dem Schlüssel funktioniert. Für solche Momente kann man Hilfsinstanzen einrichten und nutzen. Das kann eine Notiz sein, auf der alles steht, was Sie genau jetzt tun sollen oder Sie erklären Freunden oder Partnern, was diese Ihnen sagen sollen, wenn Sie in der Not anrufen.

Hilfsinstanzen 1. »Merke!« -Notiz

Schreiben Sie dem Teil Ihrer Person, der gerade mitten in einer belastenden Situation steckt, eine »Merke!« -Notiz. Diese sollten Sie nun gut sichtbar (für die nächste Gelegenheit) in Ihrem Zuhause befestigen. Folgendes könnte auf diesem Zettel stehen:

„Wenn du jetzt wieder dieses Gefühl hast, dass sich alles gegen dich verschworen hat, wenn du deswegen wütend und traurig bist, dann mach sofort Folgendes: Zieh deine Laufschuhe an und renne los. Renne, bis du schwitzt und gehe danach unter die Dusche. Stelle dir dabei vor, dass all die negativen Gefühle ausgeschwitzt und dann zusammen mit dem Schweiß abgewaschen werden."

Diese Notiz sollte genau das enthalten, was Ihnen dabei hilft, eine belastende Situation hinter sich zu lassen. Weil der Schlüssel zur Psyche genau dafür gemacht ist, reicht es auch, einfach eine Gebrauchsanleitung für Ihren Schlüssel aufzuschreiben. Zum Beispiel:

„Gehe für einen Moment aus dem Haus, gehe eine Runde spazieren, dabei ist es egal, wo du lang gehst. Richte Deine Aufmerksamkeit auf dein Gehen. Wenn Du ein paar Schritte gegangen bist, nehme mindestens fünf Atemzüge ganz genau wahr. Das hilft Dir, in die Gegenwart zu kommen. Erinnere Dich dann an die Situation bei der Oma, als Du im Sommer für ein paar Wochen da warst. Erinnere Dich an die Leichtigkeit und das gemeinsame Lachen. Höre die Stimme der Oma und schau in Ihre freundlichen Augen ...

Auf dem »Merke«-Zettel könnte auch stehen:

„... dann ruf sofort Anja an."

Denn das wäre eine weitere Möglichkeit. Natürlich haben Sie vorher mit Anja gesprochen und sie instruiert, wie sie im Falle eines »Not«-Anrufs zu handeln hat. Anja hätte dann die Aufgabe, statt sich Ihr Leid anzuhören und in Ihre Tiraden einzusteigen, Sie in freundlicher Bestimmtheit zu lenken. Anja könnte Sie ablenken, indem sie mit Ihnen über Ihre Arbeit spricht oder über etwas anderes, wo Ihre Verantwortung gefordert ist. Wenn Anja und Sie gemeinsam erfreuliche Situationen erlebt haben, könnte sie ohne Umschweife auf diese Erinnerung umschwenken – und vielleicht auch noch ein bisschen über die guten Aspekte Ihrer Partnerschaft mit Ihnen plaudern. Zum Abschluss des Gesprächs schickt sie Sie dann vielleicht zum Sport oder in die Badewanne oder lädt Sie zu sich ein auf ein gemütliches Glas Wein.

Die Hauptlinie für Anjas Gesprächsstrategie: Bloß nicht das belastende Erleben bestätigen, sondern durch den Blick auf gute Erfahrungen und/oder Verantwortung von dem Negativerleben ablenken, um so wieder einen klaren Kopf zu bekommen.

Sie können Anja auch darin anleiten, Sie zu Ihrer Schlüsselerfahrung zu lenken, so ähnlich, wie Sie es mit der Notiz an sich selbst tun würden.

Sollte Anja bereits in die Schlüsselthematik eingeweiht sein, könnte sie auch versuchen, Ihnen einen zur aktuellen Situation passenden Schlüssel zu bauen. Schauen wir auf ein konstruiertes Beispiel. Darin hat Ellen Stress mit Ihrem Mann und sucht Trost bei Anja.

Anja baut eine Schlüsselerfahrung

Schon einige Tage davor hatte Ellen ihrer Freundin Anja über ihre Schlüsselerfahrung berichtet. Anja weiß, dass Ellen ganz besonders verletzlich reagiert, wenn sie das Gefühl hat, dass jemand ihr vorschreiben möchte, was sie machen soll. Dann fühlt sie sich sofort eingeengt, wird sauer und möchte am liebsten sofort aus der Situation flüchten. Hintergrund: Sie war in einer sehr engen und durch autoritäre und selbstbezogene Eltern bestimmten Kindheit groß geworden. Anja weiß auch, dass Ellen dann das Gefühl braucht, frei zu sein und tun und lassen zu dürfen, was sie will.

Jetzt ist der Ernstfall eingetreten. Ellen ist in einen Streit mit ihrem Mann geraten und ruft vollkommen aufgelöst Anja an. „Du glaubst ja nicht, was ich gerade mit Bernd erlebt habe. Der hatte gerade erfahren, dass er demnächst in einer anderen Dienststelle arbeiten wird. Mitten in der Stadt und mit dem Auto kaum zu erreichen. Also will er sein Auto verkaufen und sich mit mir mein Auto teilen. Ich war total geschockt. Was ist wenn wir beide mal ein Auto brauchen? Dann bleibe ich zu Hause, weil seine Termine ja wichtiger sind? Ich fühle mich total bevormundet und bin stocksauer. Ich weiß gar nicht, warum ich mich auf diese Beziehung eingelassen habe.“

Anja hört sich das Ganze erst einmal ruhig an und lenkt dann Ellen auf eine andere Spur. „Liebe Ellen, jetzt stellst du Dein Licht aber gewaltig unter den Scheffel. Da kenne ich Dich aber anders. Wenn Du etwas willst, dann hast Du es auch bisher immer geschafft, es durchzusetzen. Du bist doch eine Frau, der man überhaupt nichts vorschreiben kann. Und so wie ich Deinen Bernd kenne, lenkt der lieber ein, bevor er es sich mit Dir verscherzt. Die Geschichte mit dem Auto ist doch noch gar nicht vollzogen. Wenn Du das nicht willst, dann sag doch einfach nein. Und sollte er Dich doch überzeugen, dann kannst Du immer noch die Verabredung mit ihm treffen, dass im Zweifelsfalle immer er das Fahrrad nehmen muss. Ach übrigens, du hast mir doch neulich von Deiner Schlüsselszene erzählt. Was war das noch mal, erzähle mir das doch noch mal …"

Die Strategie von Anja besteht darin, Ellen an ihre starken Seiten zu erinnern und möglichst viel von der Freiheit zu reden, die es tatsächlich im Leben von Ellen gibt. Denn in dem Verhaltensmuster, in dem sich Ellen gerade befindet, glaubt sie, den Entscheidungen von anderen chancenlos ausgeliefert zu sein. Am Schluss schlägt sie noch einen Bogen zu dem Schlüssel, den Ellen sich bereits selbst erarbeitet hatte.

Den Partner / die Partnerin zum Helfer machen.

Grundsätzlich können sie all das, was hier mit der Freundin angedacht wurde, auch mit Ihrem Partner bzw. Ihrer Partnerin machen. Weil die eigenen desolaten Verhaltensmuster im Partner meist sehr schnell ebenfalls desolate Verhaltensmuster auslösen, steht der Partner vermutlich als helfende Instanz gerade nicht zur Verfügung. Mit dieser unbewussten Psychodynamik in Beziehungen habe ich mich in meinem Buch: „Paare in Krisen" eingehend beschäftigt. Dort können Sie nachlesen, wie man damit umgehen und wie man schwierige Konstellationen vermeiden kann. Der Partner kommt also nur dann als Helfer infrage, wenn Sie sich mit anderen Personen in Streitereien verstricken. Die Instruktionen sind dann so ähnlich wie oben bei »Anja«.

Ein gutes Gefühl ist der beste Schutz

Im Vorfeld können Sie noch mehr tun, als Freunde, Partner oder Notizzettel einzubeziehen. Im Grunde geht es darum, möglichst oft dafür zu sorgen, dass es Ihnen gut geht und dass die Situationen, in denen Sie sich befinden, für Sie stimmig bleiben.

Wenn schlechte Gefühle mit dem Auftauchen der unpassenden und störenden Verhaltensmuster einhergehen und die Präsenz eines wachen Gegenwartsbewusstsein mit gutem bzw. neutralem Erleben verbunden ist, liegt die Schlussfolgerung nahe: Ein hilfreiches Mittel zur Vermeidung von »Abstürzen« in alte Muster, ist die Aufrechterhaltung einer guten bzw. neutral-positiven Stimmung. Denn die alten Muster sind nun einmal Mittel zur Bewältigung innerer Not. Wenn es Ihnen also gelingt, es sich gut gehen zu lassen, werden Sie kaum mit Ihren inneren Notprogrammen konfrontiert werden.

Das beste Mittel in eine gute Befindlichkeit zu kommen, haben Sie mit Ihrem Schlüssel immer in Reichweite. Sie brauchen sich nur ein paar Minuten Zeit zu nehmen, um in Ihre Schlüsselszene einzusteigen. Dann schauen Sie aus diesem anderen Blickwinkel erneut auf Ihre aktuelle Situation. Meist sieht alles schon etwas anders aus.

Aber Sie können auch noch mehr tun. Bei den Übungen zum Aufbau Ihres inneren Beobachters waren Sie schon auf die positiven Momente in Ihrem Leben hingewiesen worden. Wenn Sie das nicht nur nachträglich protokollieren, sondern auch unmittelbar im Geschehen bewusst wahrnehmen und auf sich einwirken lassen, wird sich jedes al Ihre Stimmung aufhellen. Die Aufgabe heißt also:

Üben Sie sich darin, immer wieder positive Aspekte Ihrer Gegenwart wahrzunehmen.

Um das nicht nur so nebenbei »wegzulesen« bitte ich Sie, genau jetzt nach einem positiven Aspekt Ihrer aktuellen Situation zu suchen. Ist es im Moment ruhig oder gemütlich, oder fällt Ihr Blick gerade eben auf eine schone Blume ...

Finden Sie momentan nichts wirklich Gutes, kann es auch helfen, sich an angenehme Erfahrungen zu erinnern. Schauen Sie mal in Ihre Erinnerungen – oder einfach auf Ihre Schlüsselszene, ja, genau jetzt!

Die eigene Stimmigkeit als Seismograph

Um ein gutes Gefühl aufrechtzuerhalten, ist es wesentlich, dass die Bedingungen der augenblicklichen Situation für Sie stimmig sind. Manchmal sind es Kleinigkeiten, die es schwer machen, bei einem guten Gefühl zu bleiben. Wenn Ihnen zu kalt ist, der Raum zu hell oder zu dunkel, die Musik zu laut, der Stuhl unbequem, wenn das Essen nicht schmeckt, Sie eigentlich ziemlich müde sind, stimmt etwas für Sie nicht. Die zentrale Aufgabe: Stets im Kontakt mit sich bleiben, um zu spüren, was in Ordnung ist und was nicht - und dann dafür zu sorgen, dass es wieder stimmig wird. Ist Ihnen zu kalt, doch Sie können sich nicht dazu durchringen, sich eine Decke zu holen oder eine Strickjacke anzuziehen, dann kehrt Unstimmigkeit in die Situation ein. Die meisten Menschen können eine Zeitlang mit so kleinen Unstimmigkeiten auskommen. Machen Sie sich aber klar, dass Unstimmigkeiten die Türen sind, durch welche die alten Muster den Raum betreten. Wollen Sie diese vermeiden, dann üben Sie auch, in kleinen Dingen für Ihre Stimmigkeit zu sorgen.

Stress: Magnet der alten Muster

Generell gilt: Jede Form von Stress erhöht die Wahrscheinlichkeit, dass Sie von alten Mustern gelenkt werden Es ist wie im Bild mit dem Riff unter der Wasseroberfläche: Steht das Wasser ausreichend hoch, hat man kein Problem damit. Das Riff taucht erst auf, wenn von dem Wasser – hier als Symbol für Wohlgefühl, persönliche Energie und innere Balance – nicht mehr genug vorhanden ist.

Was löst in Ihrem Leben Stress aus? Sind es die Anforderungen der Arbeit oder Familie? Setzen Sie an sich selbst zu hohe Ansprüche oder sind es andere, die das tun? Vielleicht erleiden Sie den Stress ja auch aufgrund von Unterforderung ... Vielleicht ist es die Anwesenheit anderer, die Sie belastet. Oder ist es eher die Abwesenheit, die Ihnen Stress bereitet? Mögliche Stressverursacher gibt es eine Menge. Auch hier ist es wichtig, durch Selbstbeobachtung herauszubekommen, was die eigenen Stressverursacher sind. Denn dann sind Sie in der Lage, einzugreifen und etwas zu verändern ...

VERTRAUTE PROBLEME - RESTE

Wenn Sie all das anwenden, was ich Ihnen bis hierher vorgeschlagen habe, wird sich einiges in Ihrem Leben ganz von allein verändern. Vielleicht gehen Sie inzwischen gelassener mit Stress und Konflikten um, sind weniger angespannt und können gute Momente besser wahrnehmen und mehr genießen. So sind auch die Streitereien mit dem Partner weniger geworden und verlaufen weniger belastend und auch mit vielen anderen Lasten Ihres Lebens, gehen Sie inzwischen anders um.

Der Schlüssel zur Psyche und das dazu gehörige Werkzeug haben eine sanfte und positive Wirkung auf den Alltag, aber manche schlechte Angewohnheit bleibt dennoch da. Zu diesen Resten gehören oft körperliche Abhängigkeiten wie zum Beispiel beim Rauchen, dem Alkohol und den Sahnetorten. Wer übergewichtig ist, hat vielleicht immer noch zu wenig Lust auf regelmäßige Bewegung und auf gesundes Essen. Hier ist zusätzliche Unterstützung notwendig.

Menschen sind Gewohnheitswesen und manches muss man sich erst wieder mühsam an- oder abtrainieren. Wer sich an eine Sucht heranwagt, muss sich auch mit körperlichen Widerständen herumschlagen. Beim Rauchen haben sich im Kopf Rezeptoren für Nikotin gebildet, die weiter versorgt werden wollen. Ähnlich ist es mit der Zuckersucht, in die man leicht hineingerät, wenn man Kuchen, Marmelade, Zucker im Kaffee und ähnliche Leckereien gerne zu sich nimmt. Beim Zucker ist das Entzugssyndrom etwas weniger intensiv als beim Rauchen, aber es gibt eines der Körper will sie einfach wieder haben - die tägliche Ration Zucker.

Auch beim Alkohol gibt es eine körperliche Abhängigkeit und je nach gewohnter Menge und Dauer des Konsums braucht man länger, um wieder davon loszukommen. Manche schaffen es nur mit ärztlicher Begleitung und medikamentöser Unterstützung.

Ihr Schlüssel kann Ihnen gute Dienste bei jeder Art von Entzug dienen, aber auch, wenn es um kleinere Aufgaben geht. Er hilft, innerlich ruhiger, entspannter und auch gelassener mit dem jeweiligen Veränderungsprojekt umzugehen.

Wenn der Schlüssel allein nicht reicht, hilft die folgende Aufgabenstellung ein Stück weiter. Mit dem bereits Erarbeiteten wird sie Ihnen leicht gelingen.

In der Fantasie das Ziel erleben

Wir nutzen genau das gleiche Prinzip, dass uns bereits zum Schlüssel zur Psyche führte. Wir verwenden unsere Fantasie oder greifen auf passende Erinnerungen zurück. Es geht darum, sich innerlich auszumalen, wie es sich anfühlt, wenn das ersehnte Ziel bereits erreicht ist. Wir arbeiten also erneut mit inneren Bildern und der eigenen Vorstellungskraft, nur dass wir diesmal in die Zukunft schauen. Das, was wir dabei sehen und erleben, kann von der eigenen Psyche viel deutlicher als innere Vorgabe und Leitziel verarbeitet werden, als mancher gut erdachte Plan. Genauso wie beim Schlüssel zur Psyche hilft es auch hier, sich diese Zukunftsszenarien immer wieder anzuschauen.

So geht es

Nehmen Sie sich ein paar Minuten Zeit, in denen Sie ungestört üben können. Machen Sie sich vorher klar, welchem Ihrer Laster Sie sich zuwenden werden. Bearbeiten Sie nur eines zurzeit. Das lässt sich übrigens auch sehr schön mit Ihrer Schlüsselszene kombinieren. Dazu steigen Sie zuerst für einen Moment in die Schlüsselszene ein, schmecken das angenehme Schlüsselgefühl und wechseln dann in die Szene mit dem neuen Verhalten in der Zukunft.

Malen Sie sich aus, wie Sie ohne dieses Problem leben. Erschaffen Sie eine Fantasie, in der Ihr Leben genauso abläuft, wie Sie es sich wünschen. Sie können auch vertraute Abläufe aus Ihrem Alltag dazu nutzen und diese so umbauen, dass sie passen. Zum Beispiel sitzen Sie, anders als sonst nach dem Essen, jetzt lächelnd und entspannt auf dem Sofa und genießen noch den Nachgeschmack des Essens, statt auf dem kalten Balkon den beißenden Rauch im Mund zu spüren. Steigen Sie mit allen Sinnen in diese Szene ein, sehen sich darin um und fühlen sich in diese Zukunftsvision hinein.

Diesen Bildern und diesen Gefühlen kann sich Ihre unbewusste Psyche kaum entziehen. Erst recht nicht, wenn Sie auch noch ein passendes Motto dazu denken - als neue innere Überzeugung. Sehr gut sind Sätze, die unterstreichen, dass Sie Ihr Ziel längst erreicht haben. Zum Beispiel (bei einem angehenden Nichtraucher): „Ich liebe die klare, saubere Luft in meiner Lunge", oder: „Ich fühle mich so kraftvoll", oder: „Mein Kopf und mein Körper fühlen sich so leicht an". Wichtig ist, bei diesen Formulierungen nicht das negative Verhalten erneut anzusprechen, sondern sich nur um die positive Qualität zu kümmern. Also nicht: „Ohne Zigaretten geht es mir besser", oder: „Seitdem ich nicht mehr rauche, rieche ich mehr", sondern: „Es geht mir großartig", oder: „Ich genieße die Düfte". Zusammen mit der gewählten Szene, in der das neue Verhalten deutlich wird, kriegt die Psyche hinreichend mit, um was es geht.

Denken Sie angesichts toller Bilder auch nicht: „Da bin ich bald", oder: „Nur noch wenige Wochen bis dahin", sondern formulieren Sie Ihre Sätze so, als hätten Sie das Ziel schon erreicht.

Wenn Sie es schaffen, regelmäßig kleine Meditationen in dieser Art zu gestalten, wird Ihre Psyche von ganz allein den Weg zu dem gewünschten Ziel finden. In einem kommenden Buch werde ich näher auf Möglichkeiten eingehen, sich selbst bewusst zu steuern. Der Schlüssel zur Psyche bleibt aber ein ganz zentrales Element von allem was Sie dabei unternehmen. Denn nur er gewährleistet, dass sich Ihre unbewusste Psyche nicht in den Weg stellt.

TEIL 4 - THEORIE

PSYCHE UND BEWUSSTSEIN

Diesen theoretischen Teil habe ich am Ende des Buches platziert, weil das in ihm vorgestellte Wissen keine Voraussetzung dafür ist, seinen Schlüssel zur Psyche zu finden. Warum stelle ich Ihnen dieses Wissen überhaupt vor? Weil es dabei hilft, etwas skeptischer auf das eigene Bewusstsein zu schauen und mehr Respekt vor dem zu haben, was in der eigenen Person unbewusst abläuft.

Besonders wichtig scheint mir eine Korrektur der weitverbreiteten Irrtümer über die Organisation der Psyche und die Rolle des Bewusstseins darin. Wir haben lange Zeit in der Annahme gelebt, dass wir einen freien Willen haben und unser Bewusstsein die dominante Instanz in unserem Kopf ist. Dabei hat die Überschätzung des bewussten Willens ihre Gründe auch in der Natur des Bewusstseins. Es entspricht einfach nicht seiner Art, die eigene Begrenztheit zu sehen und anzuerkennen, dass es oft nur als Assistent des emotionalen Gehirns dient. Lieber denkt es sich als frei, mächtig und unabhängig. Aber es ist nicht »Herr im Hause«, sondern wird immer dann gänzlich von den unbewussten Seiten der Psyche dominiert, wenn zentrale Themen der eigenen Person berührt werden. Wenn Sie die Suche nach Ihrem Schlüssel bereits durchgeführt haben, konnten Sie dies sicher beobachten. Das Bewusstsein ist tatsächlich ein Hilfsmittel der Psyche. Es dient dazu, schnell mit Neuem umgehen zu können. Dass diese Instanz dann auch so etwas wie unsere kulturelle, technische und zivilisatorische Entwicklung ermöglicht, ist vermutlich nur ein Nebenaspekt ihrer eigentlichen Aufgaben.

Ich biete Ihnen im Folgenden eine Auswahl neuerer Erkenntnisse aus Neurobiologie und Neuropsychologie. Dabei interessiert hier vor allem das Zusammenwirken von bewussten und unbewussten Anteilen der Psyche bei der Steuerung eines Menschen. Mit dem Schlüssel zur Psyche greifen wir in diese Steuerung ein und wollen uns einen Eindruck verschaffen, wie das Ganze überhaupt abläuft.

Die Psyche

Von »Psyche« wird auch in philosophischen, religiösen oder mythologischen Zusammenhängen gesprochen. Ich betrachte sie hier ausschließlich aus psychologischer Sicht.

Der Begriff Psyche stammt aus dem Altgriechischen (ψυχη) und bedeutet »Atem-Hauch« und daraus abgeleitet dann auch »Leben« und »Seele«. Schon in der altgriechischen Bedeutung wird damit das beschreiben, was einen Menschen lebendig, anders als andere und unverwechselbar macht. Es wurde in einem sehr umfassenden Sinn verstanden und auch zur Umschreibung der ganzen Person verwendet. Mit ψυχη konnte auch Gemüt, Herz, Mut und Herzhaftigkeit, auch Denkvermögen, Verstand und Klugheit oder allgemein der Geist gemeint sein.

Die moderne Psychologie versteht unter dem Begriff der Psyche die höheren Funktionen des Gehirns, welche die Kognitionen (Denkvorgänge/Informationsverarbeitung) als auch die Emotionen umfassen und durch ihre Wechselwirkungen die Handlungsweisen des Individuums beeinflussen. Im Duden wird Psyche unter anderem wie folgt definiert: Gesamtheit des menschlichen Fühlens, Empfindens und Denkens; Seele[28]. Im digitalen Wörterbuch der deutschen Sprache (DWDS) heißt es unter dem Stichwort Psyche: Gesamtheit der an ein Subjekt gebundenen Erscheinungen der Widerspiegelung der Umwelt durch die höhere Nerventätigkeit[29]. Im Volksmund wird damit seit Langem das Innenleben oder auch Seelenleben bezeichnet und dabei in Denken und Gefühlsleben unterteilt.

---

28 Vgl. www.duden.de/rechtschreibung/Seele (abgerufen am 15.04.2016).
29 Vgl. www.dwds.de/?kompakt=1&sh=1&qu=psyche (abgerufen am 15.04.2016).

Vereinfacht kann man sagen, dass die Psyche dasjenige Element des Menschen ist, welches ihn unverwechselbar macht und von allen anderen Menschen unterscheidet, ihm also Individualität gibt. Die Psyche umfasst das Denken, Fühlen, Wahrnehmen und die Art, wie es erlebt und verarbeitet wird. Sie steht für die Gesamtheit bewusster und unbewusster Vorgänge sowie die geistigen und intellektuellen Funktionen. Die Psyche ermöglicht diejenigen Erfahrungen, die nur aus der ersten Person heraus als »Ich« erlebt werden können, und sie bildet die Grundlage der persönlichen Identität, der individuellen Erlebnisgeschichte eines Menschen.[30]

Das limbische System – Zentrale der Psyche

Lange Zeit wurde die Psyche ausschließlich als etwas Nicht-Materielles verstanden, als Wesenskern des Individuums Mensch, der das Innen- und Seelenleben steuert. Inzwischen ist einiges über die materiellen Hintergründe bekannt, man weiß, wo im Gehirn zentrale Aspekte der Psyche angesiedelt sind und kennt viele der dabei ablaufenden Prozesse.

Von Neurowissenschaftlern wird das sogenannte limbische System als Sitz wesentlicher psychischer Funktionen[31] angesehen. Das limbische System ist äußerst komplex organisiert und besteht aus einer ganzen Reihe von unterschiedlich gebauten Zentren, die das gesamte Gehirn durchziehen. In der untenstehenden Abbildung gehören alle blau dargestellten Regionen zum limbischen System.

Das limbische System liegt mittig unter dem Großhirn und ist von ihm umschlossen. Es ist bestens vernetzt mit den älteren wie neueren Arealen des Gehirns und kann so nahezu überall Einfluss nehmen, zum Beispiel auf die Motorik, Mimik, Gestik und Körperhaltung, die Sinneswahrnehmung, auf die Regelung der Hormonausschüttung, die bewusste Gefühlswelt, auf unbewusste Reaktionen und auch auf höhere Entscheidungs- und Bewusstseinsprozesse.

---

30 Vgl. www.psychologielexikon.com/184-psyche-seele-seelenleben (abgerufen am 15.04.2016).
31 Vgl. Roth, G., Strüber, N. (2014), S. 63.

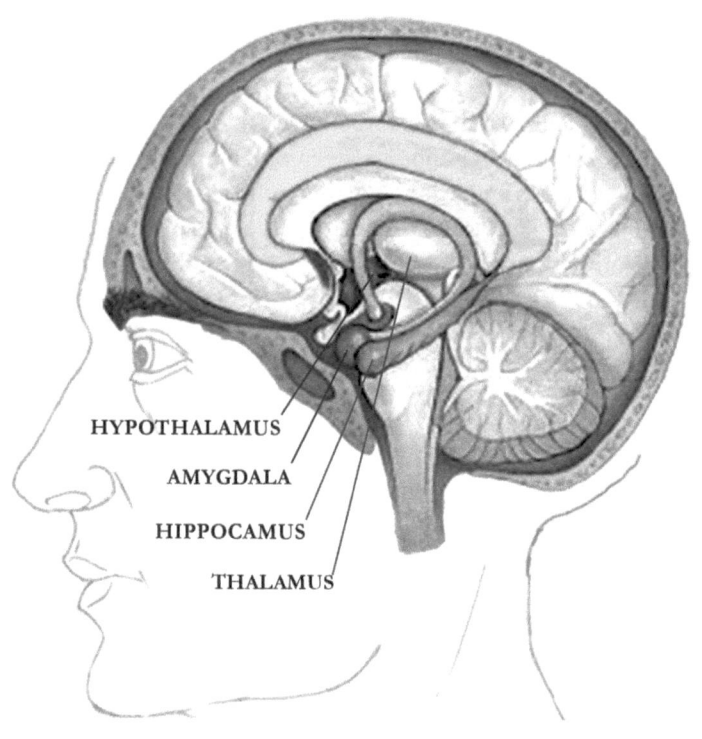

HYPOTHALAMUS

AMYGDALA

HIPPOCAMUS

THALAMUS

Abbildung: Limbisches System
(Grafik: R. Krätzig)

Man unterscheidet eine untere, eine mittlere und eine obere limbische Ebene. Die *untere* limbische Ebene ist eng mit der Regelung lebenswichtiger vegetativer Funktionen verbunden. Von hier aus werden auch angeborene Verhaltensweisen wie Flucht, Verteidigung, Aggression, Stressregulation und elementare Emotionen wie Zorn, Freude oder Trauer gesteuert. Die Steuerung dieser grundlegenden Eigenschaften ist überwiegend angeboren; sie macht das Temperament einer Person aus.

Für unsere Fragestellung ist besonders die *mittlere* limbische Ebene wichtig. Hier vollziehen sich emotionale Prägung und Konditionierung. Unter der Anleitung von Eltern oder deren

Vertretern lernt das Kind, die Gefühle anderer zu verstehen und seine eigene Gefühlswelt zu differenzieren. Was immer in dieser Zeit passiert, hat einen prägenden Einfluss auf die Entwicklung der Persönlichkeit. Das geschieht zunächst unbewusst. Bewusste Erinnerungen entstehen erst im Laufe des dritten Lebensjahres. Alles davor Erlebte wird vergessen, weil die Strukturen, die es festhalten könnten, noch nicht entwickelt sind.

Die Aktivität der dritten, der *oberen* limbischen Ebene, ist die Grundlage bewusster Gefühle und Motive, aber auch von Sozialisierung und Erziehung und der sozialen Motivation. Hier sind die Fähigkeiten zur Impulshemmung, zum Belohnungsaufschub, zur Frustrationstoleranz und zur Empathie angesiedelt sowie die Fähigkeit, mögliche Konsequenzen des eigenen Handelns und Risiken realistisch einzuschätzen. Hier wirken auch Schulkameraden, Lehrer, weitere Familienmitglieder, Freunde et cetera und beeinflussen das Verhalten. Diese obere Ebene bildet sich langsam bis zum Erwachsenenalter hin aus und ist entsprechend leichter zu verändern. Ihr Einfluss auf die Persönlichkeit ist aber auch geringer.

Wenn ich im weiteren Verlauf von der Psyche rede, beziehe ich mich wesentlich auf das limbische System und seine Tätigkeit. Für unsere Fragestellung ist vor allem ein Aspekt aus dem vielschichtigen Geschehen der Psyche interessant: die Steuerung der Person mit Hilfe von Emotionen. Dabei greifen unbewusste und bewusste Instanzen eng ineinander.

Navigationshilfe

Eine Aufgabe des hochkomplexen limbischen Systems besteht darin zu prüfen, ob etwas in unserer Umgebung für uns gut (lustvoll, erfolgreich und so weiter) oder schlecht (schmerzhaft, erfolglos und so weiter) ist. Es wird bewertet, ob Ereignisse und Handlungen für uns positive oder negative Folgen haben.

Diese Seite der Psyche ist für unsere Fragestellung besonders interessant. Sie ist so etwas wie eine Navigationshilfe. Mit Hilfe von Emotionen (lateinisch: emovere = herausbewegen) lenkt sie uns – zum Guten hin, vom Schlechten weg. Sie liefert Beweggründe beziehungsweise motiviert dazu, uns auf etwas zu- oder uns von etwas wegzubewegen.

Begriffsklärung: Emotionen und Gefühle

Die Begriffe Emotionen und Gefühle werden oft synonym gebraucht. Wenn wir die Bedeutung differenziert betrachten, sehen wir, wie eng die verschiedenen Ebenen des limbischen Systems miteinander verknüpft sind und wie unbewusste und bewusste Prozesse dabei zusammenwirken. Auf der einen Seite haben wir mit den Emotionen reflexhafte emotionale Prozesse, die sich über Jahrtausende entwickelt haben und die wir mit allen höher entwickelten Säugetieren (wie beispielsweise Hunden und Katzen) gemeinsam haben. Sie entstehen in der unteren Ebene des limbischen Systems. Die Basisemotionen Wut, Furcht, Trauer, Freude, Ekel und Überraschung dienen als Hilfsmittel im Überlebenskampf. Sie laufen ab, ohne dass eine reflektierte Bewertung der Situation stattfindet und gehen immer mit spezifischen körperlichen Prozessen zusammen.

Gefühle hingegen entstehen durch die bewusste Wahrnehmung und Reflexion emotionaler (Körper-)Empfindungen sowie durch damit einhergehende Bewertungsprozesse in den jüngeren Gehirnarealen (dem Neocortex). Gefühle sind komplexer als Emotionen. Sie können sich aus mehreren Basisemotionen zusammensetzen und sind in der Regel Folge eines Lernprozesses.

Vorerfahrungen werden zur Orientierung

Zur inneren Navigation gehört auch die Auswertung und Speicherung gemachter Erfahrungen. Jede Erfahrung, die wir machen, alles, was wir lernen, wird im Gehirn mit dem entsprechenden Gefühl verknüpft, das wir in dieser Situation empfinden. Je intensiver dieses Gefühl ist, umso deutlicher bleibt es in unserem Gedächtnis verankert. So wird für jemanden, der nie einen Verlust erlitten hat, der Begriff Trauer keine große Bedeutung haben. Andererseits wird das Gefühl der Trauer und des Schmerzes umso größer sein, je bedeutsamer die Verlusterfahrungen dieses Menschen sind. Das Erlebte wird Teil unserer Lebenserfahrung. Je größer dieser Erfahrungsschatz ist, umso differenzierter wird auch unser emotionales Navigationssystem.

Dadurch können negative Erfahrungen zukünftig besser vermieden und positive direkter erreicht werden. Ohne Aufbewahrung von Erfahrungen müssten wir immer wieder von vorne anfangen. Das Erfahrungsgedächtnis ist ein wichtiger Aspekt der Psyche.

Weil der »Datenspeicher« für Lebenserfahrungen am Anfang des Lebens noch fast leer ist, hat der erste Lebensabschnitt einen besonderen Stellenwert, denn in dieser Zeit entstehen die Grundstrukturen der individuellen Psyche. Auch vorgeburtliche Erfahrungen haben dabei bereits einen Einfluss. Am Anfang des Lebens werden grundlegende Verhaltens- und Erlebensweisen geprägt. Die ersten Lebenserfahrungen haben eine vergleichbare Bedeutung wie das Fundament eines Gebäudes für Größe und Form des späteren Hauses. Alles, was nachher errichtet wird, baut auf diesen Grundlagen auf. Das Kind lernt also schon früh die Grundzüge dafür, wie es mit den Gegebenheiten der Welt umgehen muss, um seinen Platz darin zu finden. Was genau es dabei lernt, hängt wesentlich von seinen Mitmenschen und seiner Lebenssituation ab. Am stärksten ist der Einfluss der Eltern beziehungsweise deren Ersatzpersonen und weiterer Menschen, die zum nahen Lebensumfeld eines Kindes gehören. Genetische Ausstattung, körperliche Gegebenheiten und die herrschende Kultur sind ebenfalls wesentlich. Inzwischen weiß man, dass Gene sehr viel plastischer sind, als lange Zeit vermutet wurde; das macht den Einfluss der sozialen Bedingungen, etwa der persönlichen Eigenschaften der Eltern, umso bedeutender.

All das geschieht noch unbewusst, das heißt die Psyche errichtet ihre Grundstruktur anfangs ohne ein begleitendes Bewusstsein.

Die Filter der unbewussten Psyche

Bevor das Bewusstsein Zugang zu den Informationen bekommt, die über die Sinnesorgane erfasst werden (sensorisch), sind diese Informationen bereits von unbewussten Funktionskreisen der Psyche bewertet und gefiltert worden. Sie werden dabei nach bestimmten Kriterien geprüft: zuerst ob bekannt oder unbekannt, danach, ob sie wichtig oder unwichtig für die eigene Person sind.

Das alles findet in Bruchteilen einer Sekunde statt. Innerhalb der ersten 100 Millisekunden nach der Wahrnehmung erfolgt die Untersuchung, ob ein Reiz neu oder bekannt ist. In den nächsten 100 Millisekunden erfolgt die – weiterhin unbewusste – Überprüfung der Wichtigkeit. Wird ein Reiz als unwichtig eingestuft, wird er nicht weiterverarbeitet, unabhängig davon, ob er neu oder unbekannt ist. Wird er als wichtig eingestuft, wird er zu den Hirnzentren geleitet, die diesen Reiz schon einmal verarbeitet haben. Auch das dringt in der Regel noch nicht ins Bewusstsein, allenfalls schwach, dann wird es hintergründig, vielleicht als Intuition wahrgenommen. Erst wenn ein Reiz als neu und potenziell wichtig eingestuft wird, gelangt er ins Bewusstsein, etwa wenn einem plötzlich ein Autofahrer die Vorfahrt nimmt. Diese ganze Einstufung erfolgt im Zeitintervall von 200 bis 300 Millisekunden nach dem Reiz.

Ob ein Reiz als potenziell wichtig eingestuft wird, kann verschiedene Gründe haben, etwa, wenn etwas sehr laut ist, grell oder farblich hervorstechend, wenn etwas sich schnell verändert oder sich bizarr bewegt. Aufgrund solcher auffälliger Sinnesqualitäten wird ein Input als potenziell bedrohlich bewertet und dringt dann sofort ins Bewusstsein.[32] Auch Belohnung versprechende Inputs können entsprechend bewertet werden.

Der konservative Navigator

Der Navigator funktioniert autonom und steuert in vielen Situationen ausschließlich entsprechend der bis dahin gemachten Erfahrungen, ohne dass dazu das Bewusstsein überhaupt in Anspruch genommen wird. Daher haben die Vorerfahrungen einen besonderen Stellenwert: Bewährtes wird beibehalten und Neues verworfen, wenn es keinen wesentlichen Vorteil zu bringen scheint. Der Navigator ist von seiner Konstruktion her also konservativ, einmal Gelerntes kann für das ganze Leben innere Leitlinie bleiben. Deshalb verändern sich die Eigenarten eines Menschen in

---

32 Vgl. Roth, G., Strüber, N. (2014), S. 211-213.

ihrer grundsätzlichen Erscheinung im Laufe des Lebens kaum. Ein ängstlicher Mensch bleibt ein ängstlicher Mensch, und wer einmal lernt, dass sein Platz nicht sicher ist, wird wahrscheinlich unsicher bleiben.

Jeder Mensch bringt andere Vorerfahrungen mit, und dies bedeutet, dass jeder das (äußerlich) gleiche Geschehen verschieden verarbeitet. Jeder bezieht es auf die eigenen Hintergründe und ordnet es darin ein. So können vollkommen unterschiedliche Reaktionen entstehen. Viele Kollisionen und Missverständnisse im Miteinander haben darin ihren Hintergrund.

Auf diesen Punkt komme ich später im Kapitel »Wirklichkeitsillusion« (Seite 195) noch einmal zurück.

Das Bewusstsein

Varianten des Bewusstseins

Bewusstsein kann in verschiedenen Intensitäten auftreten. Die häufigste Form ist der Zustand der Wachheit. Ist das Bewusstsein reduziert, unterscheidet man Dösen, Benommenheit, Reglosigkeit bis hin zu verschiedenen Stufen eines Komas.

In der Wachheit kann Bewusstsein mit verschiedenen Inhalten verbunden sein:

- Sinneswahrnehmungen von Vorgängen in der Umgebung oder im eigenen Körper
- Tätigkeiten wie Denken, Vorstellen und Erinnern
- Das Erleben von Emotionen oder Bedürfnissen

Diese Inhalte (in wechselnder Intensität und in verschiedenen Kombinationen) bilden das *Aktualbewusstsein*.

Gleichzeitig gibt es im Zustand der Wachheit ein *Hintergrundbewusstsein*, zu diesem gehören:

- Das Erleben der eigenen Identität und Kontinuität
- Die Gewissheit des eigenen Körpers

- Die Gewissheit der Autorschaft und Kontrolle der eigenen Handlungen und mentalen Akte
- Die Einordnung der eigenen Person und des eigenen Körpers in Raum und Zeit
- Die Unterscheidung von Realität und Vorstellung.[33]

Von Aufmerksamkeit spricht man, wenn das Bewusstsein zum einen erhöht und gleichzeitig auf bestimmte Aspekte der Gegenwart (sinnliche Wahrnehmung, eigene Befindlichkeit oder mentale Zustände) eingeschränkt wird. Das kann als Reaktion auf Ereignisse geschehen oder in einem willentlichen bewussten Akt.

Das, was wir als »Strom des Bewusstseins« (*Aktualbewusstsein*) erleben, wird wesentlich durch das *Arbeitsgedächtnis* konstituiert. Es hält für wenige Sekunden Teile der Wahrnehmungen, damit verbundene Gedächtnisinhalte und Vorstellungen in seinem Speicher und konstituiert damit den charakteristischen Strom des Bewusstseins. Für etwa fünf Sekunden bleiben wahrgenommene Dinge in allen Details erhalten und verschwinden danach nicht mehr erinnerbar, wenn sie nicht – wegen bedeutsamer Merkmale – im Langzeitgedächtnis gespeichert werden. Man nimmt an, dass das Arbeitsgedächtnis Zugriff zu den unterschiedlichen, in aller Regel unbewusst arbeitenden Sinnes-, Gedächtnis- und Handlungssteuerungssystemen hat und nach bestimmten Kriterien Informationen aus diesen Systemen »einlädt«. Diese werden dann aktuell bewusst. Weil das Arbeitsgedächtnis Schritt für Schritt nacheinander abarbeitet, kann man nicht zwei Gedanken auf einmal haben. Wirkliches Multitasking gelingt nur auf einer sehr geringen Aufmerksamkeitsstufe, ansonsten springt die Aufmerksamkeit zwischen den verschiedenen Aufgaben hin und her.[34]

Das bewusste Ich

Die Hirnstrukturen, in denen bewusste Vorgänge verarbeitet werden, sind am Anfang des Lebens noch nicht ausgebildet, sie entwickeln sich im Laufe der ersten Lebensjahre. Von einem bewussten Ich kann man erst ab etwa dem vierten Lebensjahr

---

33 Vgl. Roth, G., Struber, N. (2014), S. 209.
34 Vgl. Roth, G., Strüber, N. (2014), S. 211.

sprechen. Ein sensorisches Erlebnisbewusstsein[35] tritt vermutlich schon früher im Leben auf. Gemeint ist damit das bewusste Erleben der Gegenwart, ohne dass dessen Inhalte im Gedächtnis festgehalten werden, weil das Langzeitgedächtnis noch nicht funktionstüchtig ist. Das Erleben verschwindet also nach wenigen Sekunden unwiederbringlich.

Sind der Hippocampus (als Organisator des Gedächtnisses) und die Großhirnrinde (als Speicherort für das Langzeitgedächtnis) hinreichend ausgereift, endet die Zeit der kindlichen Amnesie. Das bewusste Ich zeigt sich als neu hinzukommende Instanz einer bis dahin noch gänzlich unbewusst gelenkten Persönlichkeit.

Lenkung aus dem Untergrund

Das Bewusstsein erlebt die Lenkung durch die unbewussten Aspekte der Psyche als unvermitteltes Auftauchen von Gefühlen, Gedanken und Handlungsimpulsen.[36] Plötzlich sind sie da und mit ihnen der Wunsch, sie zu verwirklichen beziehungsweise ihnen zu folgen. Der Begriff »Auftauchen« umschreibt sehr treffend, dass hier etwas aus der Tiefe nach oben kommt. Stellen Sie sich ein Gewässer vor mit trübem Wasser, das Ihnen nur wenige Zentimeter Sicht erlaubt. Wenn etwas daraus auftaucht, ist nicht auszumachen, woher es kam und warum es plötzlich da ist. So ähnlich geht es dem Bewusstsein mit dem, was aus den Tiefen der Psyche aufkommt. Es hat kein Wissen darüber, kann Hintergründe und Ursachen nicht erfassen, und normalerweise macht es sich auch keine Gedanken darüber. Es ist vielmehr bereit, das Auftauchende hinzunehmen und in sein Bild der gerade herrschenden Situation einzufügen.

Erklärungsbedürfnis

So wie die Psyche als Ganzes hat offenbar auch das darin eingebettete Bewusstsein den Wunsch, Ereignisse und auch das eigene Handeln als schlüssig zu erleben. Weil das bewusste Ich die Herkunft aus dem Unbewussten stammender (aufgetauchter)

---

35 Vgl. Roth, G., Strüber, N. (2014), S. 203.
36 Vgl. Roth, G. (2001), S. 10.

Empfindungen nicht zu den Quellen zurückverfolgen kann, konfabuliert[37] es (lateinisch con = mit; fabulare = erzählen), das heißt, es liefert Pseudoerklärungen, und zwar in der Regel solche, die dem Selbstwertgefühl und andererseits den Erwartungen der sozialen Umgebung am besten entsprechen.[38]

Plötzlich auftauchende Gefühle, Gedanken, Absichten, Wünsche und Handlungspläne schreibt es dann der eigenen Intuition zu oder sich selbst, also dem bewussten Ich. Unser Bewusstsein erfindet Begründungen und Sinnzusammenhänge, die uns unser – eigentlich unbewusst initiiertes – Handeln als sinnig, stimmig und notwendig belegen. Die dabei unvermeidlich auftretenden Diskrepanzen zwischen Tun und verbaler Erklärung werden durch ständige Abänderungen der verbalen Erklärungen[39] vorübergehend behoben. In der tiefenpsychologischen Tradition nennt man diesen Vorgang »Rationalisierung«.

Sollten Sie mitten in einer Diät das auf dem Index stehende Speiseeis eingekauft haben, dann wurde dies aus unbewussten Aspekten der Psyche heraus angestoßen. Weil Sie aber abnehmen wollen, müsste der Versuch, Eis zu kaufen eigentlich schon im Ansatz auffliegen und bewusst unterbrochen werden. Tatsächlich denkt das Bewusstsein während des Tuns etwas scheinbar Sinnvolles, um es sich als stimmig zu erklären. Zum Beispiel: „Ach, das Eis ist alle. Ist ja nicht für mich, aber am Sonntag kommt vielleicht Besuch, da kann ich es anbieten". Die Seite des Bewusstseins, die gerade die Begründung für den Einkauf des Eises geliefert hat, ist in diesem Moment nur ein Werkzeug der Psyche. Der Teil des Bewusstseins, der sich die Diät auferlegt hatte, wurde ausgebootet. Er ist in diesem Moment unterlegen. Warum hier zwei Seiten derselben Psyche miteinander in Konkurrenz treten, wird weiter unten (Seite 199) erklärt.

Die Experimente von Libet

Wir hatten eben schon gesehen, dass unbewusste Seiten der

---

37 Vgl. Roth, G. (2004, 2), S. 69.
38 Vgl. Roth, G. (2014), S. 228.
39 Vgl. Roth, G. (2001), S. 11.

Psyche als Erste den Sinnesinput bearbeiten und filtern. Es gibt bereits seit einigen Jahrzehnten Erkenntnisse darüber, dass auch das bewusste Handeln einen Vorlauf in unbewussten Regionen des Gehirns hat.

Benjamin Libet wurde Anfang der 1980er Jahre bekannt durch Versuche, in denen er die zeitliche Abfolge bewusster Handlungsentscheidungen und ihrer motorischen Umsetzung gemessen hat. In einem als »Libet-Experiment«[40] bekannt gewordenen Versuch wurde ein Proband gebeten, spontan eine Bewegung zu machen (zum Beispiel das Handgelenk zu drehen oder einen Finger zu beugen). Dann sollte er den Zeitpunkt angeben, zu dem er den Entschluss dazu gefasst hat. Gleichzeitig wurden seine Gehirnströme registriert. Die Auswertung ergab, dass die Gehirnströme bereits vor dem Zeitpunkt begannen, den die Person als den Zeitpunkt ihrer Entscheidung angegeben hat. Diese Experimente belegten erstmals, dass unser Unbewusstes vieles längst erledigt hat, bevor das Bewusstsein überhaupt auf den Plan tritt. Es erscheint lediglich als nachgeordnete Instanz und nicht mehr als eigentlich Handelnder.

Libets Experimente wurden vielfach wiederholt, variiert und die Ergebnisse bestätigt. Das Bewusstsein kommt also auch bei scheinbar bewusst initiierten Handlungen nur unter besonderen Bedingungen ins Spiel. Dies zeigt, wie problematisch die Annahme eines in sich ruhenden, unabhängigen bewussten Denkens ist.

Bewusstsein als blinder Passagier

Diese Erkenntnisse haben viele Spekulationen über die Bedeutung des Bewusstseins hervorgerufen. Der amerikanische Neurowissenschaftler David Eagleman[41] vergleicht es mit einer Zeitung, die (zwangsläufig) nachträglich über das Geschehen im Unbewussten berichtet. Über vieles wird gar nichts berichtet, zum Beispiel über die Regulation des Darms, der Atmung oder des Herzens, ebenso wenig wie über den Löwenanteil der Sinneseindrücke. Lediglich einige herausgehobene Aspekte finden in die Veröffent-

---

40 Vgl. Libet, B. (2005).

41 Vgl. Eagleman, D. (2012), S. 13.

lichung, sprich werden vom Bewusstsein wahrgenommen. Nach dieser Vorstellung ist das Bewusstsein weit davon entfernt, etwas zu entscheiden oder zu beeinflussen. Alles, was in einer »Zeitung« steht, war schon lange vorher durch andere vollzogen worden. Die Zeitungsschreiber wählen nur das Wichtigste aus und berichten darüber. In einem anderen Bild von Eagleman ist das Bewusstsein „wie ein blinder Passagier auf einem Ozeandampfer, der behauptet, das Schiff zu steuern, ohne auch nur von der Existenz des gewaltigen Maschinenraums im Inneren zu wissen".[42]

Diese Vergleiche zeigen aber nur eine Seite der Möglichkeiten des Bewusstseins. Im vorliegenden Buch machen wir uns andere Seiten des Bewusstseins zunutze. Wie ich, insbesondere im Teil 3 „Das Bewusstsein trainieren", deutlich gemacht habe, hat das Bewusstsein auch das Potenzial, den Status eines blinden Passagiers zu überschreiten und aktiv in die Steuerung der eigenen Person einzugreifen.

Wozu haben wir ein Bewusstsein?

Das Bewusstsein kann im Vergleich zum Unbewussten nur wenig Informationen bewältigen, tut dies aber sehr schnell. Es kann ungefähr 50 Basiseinheiten von Information (Bits) pro Sekunde verkraften, das Unbewusste wird dagegen mit Millionen von Bits fertig. In jeder Sekunde verarbeiten unsere Sinne aber mehrere Millionen Bits, das heißt, dass nur ein Bruchteil davon ins Bewusstsein dringen kann. Der Hirnforscher Gerhard Roth schätzt, dass uns weniger als 0,1 Prozent dessen, was das Gehirn tut, aktuell bewusst wird.[43] Der enorme Rest wird unbewusst erledigt, das geschieht aber relativ langsam.

Die bewusste Ratio ähnelt einem Scheinwerferlicht, das einen Punkt im Raum klar beleuchten kann, zum Beispiel das Gesicht eines Schauspielers. Jedes Detail wird sichtbar. Der Rest der Bühne bleibt im Dunkeln. Unser bewusstes Denken ist somit sehr präzise und fokussiert, verliert dabei aber unter Umständen das große Ganze aus dem Auge. Das unbewusste Gespür gleicht dagegen

---

42 Eagleman, D. (2012), S. 11.
43 Vgl. Roth, G., zit. n. Kast, B. (2009).

eher einem schwachen Flutlicht, mit dem man nicht jede Feinheit sehen kann, dafür aber – wenn auch nur grob – einen sehr viel größeren Bereich. Was macht 8 mal 15? Könnte man die Aufgabe an das Unbewusste delegieren, es käme nie zu einer Lösung. Die Lösung mathematischer Aufgaben gehört nicht zu seinen Stärken.

Vermutlich war einer der Gründe für das Entstehen eines Bewusstseins die Notwendigkeit, sich in einer hochkomplexen Umwelt schnell auf relevante Faktoren zu fokussieren. Das Bewusstsein arbeitet sehr viel schneller als die unbewussten Systeme – ideal für neues unbekanntes Geschehen. Dabei ist es hinnehmbar, dass es sich immer nur einem Prozess aktiv zuwenden kann. Würde es dagegen stärker einbezogen, beispielsweise in die Auswertung der Sinneswahrnehmungen, oder über die Herztätigkeit informiert werden, wäre es vollkommen überfordert und hätte keinen Platz für die eigentlichen Aufgaben.

Ein besonderer Vorteil ist die Möglichkeit zur Planung von Handlungen. Durch Bewusstsein entsteht demnach ein „internes Weltmodell", in dem gedankliche Probehandlungen möglich werden.[44]

Aufgaben des Bewusstseins

Die Aufgaben des Bewusstseins sind vielfältig. Roth und Strüber unterscheiden sechs Funktionsbereiche: „Bewusstsein ist nötig, wenn es darum geht:

- vom Gehirn als neu und wichtig eingestufte Inhalte zu bearbeiten
- Geschehnisse in größeren Details zu verarbeiten, insbesondere was ihre komplexe Zeitstruktur betrifft, wie sie sich also zeitlich einander zuordnen
- verschiedenartige Gedächtnisinhalte zusammenzufügen und sie langfristig im Gedächtnis zu verankern
- Geschehnisse und Mitteilungen hinsichtlich ihrer Bedeutung zu verarbeiten
- komplexe Handlungsplanung in neuartigen Situationen zu

---

44 Vgl. Roth, G. (2000).

leisten und schnelle Voraussagen zu machen
- komplexe soziale Interaktionen, insbesondere im Bereich sprachlicher Kommunikation durchzuführen."[45]

Wenn wir etwas lediglich unbewusst visuell wahrnehmen, können wir weder Farben noch Formen oder Bewegungsmuster so erfassen, dass wir darüber berichten könnten. Auch beim unbewussten Hören können weder Tonhöhen noch Lautstärken noch Melodien oder Harmonien detailliert erfasst werden.[46] Um die Einzelheiten einer Wahrnehmung zu erfassen, bedarf es konzentrierter bewusster Aufmerksamkeit. Auch das Erfassen von Zeitstrukturen und das Planen von Handlungen entlang einer Zeitachse sind kognitiv besonders anspruchsvoll. Wesentlich ist auch, dass alles Geschehen, an das wir uns bewusst erinnern wollen, bewusst wahrgenommen werden muss, sonst verschwinden die Eindrücke aus unserem Gehirn.

Wie Bewusstsein entsteht

So wie ein Wald aus einer Vielzahl von Bäumen entsteht und man an einem einzelnen Baum noch nicht die Eigenschaften eines Waldes erkennen kann, entsteht das Bewusstsein aus dem Miteinander der Nervenzellen im Cortex. Dieses Auftauchen von neuen Eigenschaften oder Strukturen eines Systems infolge des Zusammenspiels seiner Elemente nennt man Emergenz (von lateinisch emergere = auftauchen, herauskommen, emporsteigen). Darunter wird die spontane Herausbildung von neuen Eigenschaften oder Strukturen eines Systems infolge des Zusammenspiels seiner Elemente verstanden. Dabei lassen sich die emergenten Eigenschaften des Systems nicht auf Eigenschaften zurückführen, die die Elemente selbst haben. Emergente Prozesse spielen in vielen Bereichen eine Rolle. Sie werden in der Physik, Chemie, Biologie, Psychologie oder Soziologie beschrieben. Zum Beispiel ist Wasser bei Zimmertemperatur flüssig, ein einzelnes Wassermolekül ist es nicht. Die Eigenschaft flüssig ist daher emergent, weil sie sich erst

---

45 Roth, G., Strüber, N. (2014), S. 211.
46 Vgl. Roth, G., Strüber, N. (2014), S. 213.

aus dem Zusammenspiel vieler Wassermoleküle ergibt.[47] Gemäß dieser Annahme entsteht in einigen Regionen des Gehirns (genauer der Großhirnrinde) durch die dort gegebene Interaktion von Nervenzellen Bewusstsein. Bewusstsein ist also eine emergente Eigenschaft des Gehirns, das heißt nicht einfach Resultat bestimmter statischer Strukturen, sondern verdankt seine Existenz dynamischen Prozessen innerhalb dieser Strukturen.

Das menschliche Gehirn ist geprägt von vielfacher elektrischer Aktivität. Je nach Aktivitätsgrad der Großhirnrinde schwingt diese in verschiedenen Frequenzen. Dabei werden die folgenden Frequenzbereiche unterschieden:

> *Delta- (0,1-4 Hz),*
> *Theta- (4-8 Hz),*
> *Alpha- (8-13 Hz),*
> *Beta- (13-30 Hz) und hochfrequente*
> *Gamma-Wellen (30-70 Hz).*

Mit den verschiedenen Frequenzen hängen andere geistige und psychische Zustände wie Schläfrigkeit, Wachheit und Aufmerksamkeit zusammen. Theta-Wellen werden mit Lernvorgängen in Verbindung gebracht, die Gamma-Wellen mit selektiver Aufmerksamkeit und kognitiven Leistungen. Die EEG-Rhythmen entstehen als Ergebnis einer Ordnungsbildung innerhalb der Milliarden von Nervenzellen und Billionen von Synapsen. Sie sind vermutlich die Grundlage dafür, dass an ganz verschiedenen Orten des Gehirns gespeicherte Details als zusammengehörig erlebt werden.

Hirnareale, die dieselben Inhalte verarbeiten, sind untereinander vernetzt. So werden zum Beispiel bei der visuellen Wahrnehmung Kontrast, Bewegungsrichtung, Konturen, Farben, Gesichter, Dinge, Personen und auch komplette Szenen getrennt voneinander in verschiedenen Arealen des visuellen Cortexes verarbeitet. Dabei werden die in derselben Frequenz synchron zusammenschwingenden Neuronen und Neuronenverbände als zusammengehörig

---

47 Vgl. Wikipedia, Stichwort: Emergenz (abgerufen am 30.06.2016).

erlebt. Sie repräsentieren die Inhalte, die dann im Bewusstsein aufscheinen. Der Psychologe Donald O. Hebb hatte schon 1949 gesagt: Je häufiger ein bestimmtes Neuron gleichzeitig mit einem anderen Neuron aktiv ist, umso bevorzugter werden die beiden Neuronen aufeinander reagieren – ganz nach dem Motto: what fires together, wires together – was zusammen feuert, verdrahtet sich untereinander.

***

Übrigens galt lange Zeit die Großhirnrinde (Cortex) als »Sitz« der Persönlichkeit und des Ichbewusstseins. Dies ist im Lichte der neuesten Forschung nicht aufrechtzuerhalten. An den Gehirnaktivitäten, die Grundlage des Bewusstseins sind, sind auch Gehirnregionen unterhalb der Großhirnrinde (»subcortikale« Strukturen) beteiligt. Am Entstehen von Bewusstsein wirken stets viele Zentren mit, die über das ganze Gehirn verteilt sind. Es gibt kein »oberstes Bewusstseinszentrum«.

Die Hirnforschung hat inzwischen die Vorgänge auf der Ebene der einzelnen Zelle tiefgehend erforscht, man hat heute sehr differenzierte Kenntnisse über die mikrobiologischen Vorgänge im Gehirn. Auf der anderen Seite der Größenskala kann man mit Hilfe von EEG und funktioneller Kernspintomografie sehen, wie das Gehirn insgesamt arbeitet. Im mittleren Bereich bleiben aber viele Fragen offen. Wie machen es diese zig Milliarden Zellen, dass auf der höheren Ebene Gefühle entstehen, wir einen Willen haben und so weiter? Die Frage, wie es die Nervenzellen schaffen, Bewusstsein zu erzeugen, bleibt rätselhaft und wird die Wissenschaft noch lange Zeit beschäftigen.

Aktuell weiß man zwar, was im Gehirn vor sich geht, wenn Bewusstsein und Gefühle da sind. Aber obwohl Bewusstsein ein Produkt kommunizierender Nervenzellen ist, ist es nicht mit dieser Aktivität identisch. Auch die durch synchron feuernde Neuronen erzeugten elektromagnetischen Felder sind eine (nichtmaterielle) Grundlage für das Entstehen von Bewusstsein, aber ebenfalls nicht das Bewusstsein selbst. Elektromagnetische Felder in der

Hirnrinde sind zwar erforderlich, um Bewusstsein zu erzeugen, dieses geht aber über sie hinaus (»Emergenz«).

Mit dem Entstehen von Bewusstsein erscheinen auch neue Eigenschaften, die das Bewusstsein in die Lage versetzen, auf den eigenen Entstehungsprozess zurückzuwirken. Damit entstehen Möglichkeiten, die ein nur unbewusst agierendes Wesen nicht besitzt. Die Idee eines freien Willens stammt aus dieser Fähigkeit des Bewusstseins.

Tatsächlich ist das Bewusstsein zunächst ein Instrument des Unbewussten. Dabei gehört es zu den Eigenheiten des Bewusstseins, dass es die unbewusste Quelle seines Handelns nicht wahrnimmt und offenbar auch nicht gerne darauf hingewiesen wird. Der bewusste Geist erlebt es oft als Beleidigung oder Kränkung, wenn er auf unbewusste Gründe seiner Handlungen verwiesen wird. Das interpretiert er als anmaßend und leugnet infolgedessen auch alles, was etwas anderes belegt.

Hat nur der Mensch ein Bewusstsein?

Zum Bewusstsein gehört die Fähigkeit, sich auf ein Thema auszurichten. Das Bewusstsein kann auch die eigene Person beziehungsweise das eigene Gehirn als Thema auswählen und auf diese Weise ein Bewusstsein seiner selbst entwickeln. Diese Fähigkeit ist erst allmählich im Laufe der menschlichen Entwicklung entstanden. Sicher besitzt nur der Mensch ein voll ausgebildetes Selbstbewusstsein. Die Kluft zwischen Mensch und Tierreich ist aber möglicherweise nicht so groß, wie zuweilen angenommen. Auch Organismen, von denen wir glauben, dass sie rein reflektorisch auf die Umwelt reagieren, könnten eine mehr oder minder ausgeprägte Subjektivität besitzen. Bewusstsein ist nicht plötzlich mit dem Menschen und seinem großen Gehirn aufgetaucht, sondern hat sich graduell herausgebildet. Der Mensch hat vielleicht das komplexeste Bewusstsein, aber es gibt Vorstufen. Die Entwicklung des Bewusstseins war ein langer evolutionärer Prozess, in dessen Verlauf auch eine Reihe von Tieren ein Bewusstsein, bewusste Gefühle und vielleicht sogar ein Selbstbewusstsein entwickelt haben.[48]

---

48 G. Roth in einem Interview der Zeitschrift Der Spiegel (November 2014).

Bewusstes und Unbewusstes

Arbeitsteilung

Zwischen bewussten und unbewussten Systemen gibt es eine sehr differenzierte Arbeitsteilung beziehungsweise Zusammenarbeit. Wie eben schon gesagt, wird der größte Teil der Sinneseindrücke komplett unbewusst verarbeitet. Auch bei vertrauten Handlungsabläufen hat das Bewusstsein nur einen kleinen Anteil, der Löwenanteil wird unbewusst gesteuert. Dem bewussten Ich ist *das* aber nicht bewusst, es erlebt sein Tun als willentlich gesteuert.

Diese Reduzierung bewusster Aktivität hat ihren Sinn. Denn die Trägerin des Bewusstseins, die Großhirnrinde, verschlingt einen großen Teil der Energie im Gehirn. Die unbewussten Systeme verbrauchen weniger. Für alles, was die Routine übersteigt, muss der Organismus neue Netzwerke anlegen, in Sekundenschnelle Botenstoffe und Signalkaskaden hochfahren und andere Körperfunktionen dafür drosseln. In einer schwierigen Prüfung versinkt alles um einen herum, die Füße werden kalt, die Hände klamm. Das Gehirn saugt alle Energie ab. Bewusstsein ist Luxus.

Aus ökonomischer Sicht macht es daher Sinn, die Aktivität des Bewusstseins so gering wie nötig zu halten. Bevor es überhaupt in das Geschehen einbezogen wird, arbeiten andere, tiefer liegende Instanzen ihre Routinen ab, wie wir das bei der Verarbeitung der Sinneseindrücke schon gesehen haben. Wer einmal Fahrradfahren gelernt hat, verschwendet keinen Gedanken mehr an das Fahrrad oder seine Balance. Waren Sie schon mal beim Autofahren in ein spannendes Gespräch vertieft, haben ein Hörbuch oder einen Radiobericht verfolgt? Dann ist es etwa so wie in zukünftigen Autos, in denen ein Computer das Auto lenkt, nur dass sich dieser Automat in Ihrem Kopf befindet. Sie kriegen von der Fahrt so wenig mit, dass Sie später kaum etwas berichten können. Denn solange alles wie immer ist, verbringen Sie die Fahrt in einer Hörbuch- oder sonstigen Trance, und nur wenn etwas Ungewöhnliches passiert, wird zusätzlich zu den automatisierten unbewussten Abläufen auch das Bewusstsein hinzugezogen.

Wirklichkeitsillusion

In ihrer Zusammenarbeit zielen Psyche und Bewusstsein nicht darauf ab, die Objekte und Ereignisse in der Außenwelt möglichst naturgetreu zu erfassen und innerlich abzubilden, wie wir das zum Beispiel von einer Foto- oder Filmkamera kennen. Die biologische Aufgabe besteht vielmehr darin, das Überleben zu garantieren. Dafür muss sich unser Gehirn ständig gegen Fluten überlebenspraktisch uninteressanter Informationen abschirmen und die Komplexität der Umwelt stark reduzieren. Zu diesem Zweck verfügt es über sehr vereinfachende Annahmen darüber, wie die Wirklichkeit funktioniert und wie mit ihr umzugehen ist. Die Psyche sucht in der Sinnesinformation vorrangig Bestätigung für ihr – aus den eigenen Erfahrungen entstandenes – Wirklichkeitsmodell und filtert das meiste, das nicht zu diesem Modell passt, einfach aus. Wenn wir in die Welt sehen, sehen wir vor allem etwas aus unserer Vergangenheit und unsere auf ihr basierenden Erwartungen. Für den größten Teil der Welt sind wir von Natur aus blind. Das Bewusstsein unterstützt diese Tendenz. Es übernimmt die Vorauswahl der Psyche und erklärt sie sich so, dass ein stimmiges Gesamtbild entsteht. Das Bewusstsein wird daher auch als eine Wirklichkeits- und Benutzerillusion[49] bezeichnet. Die uns als objektiv erscheinende Wirklichkeit ist in Wahrheit von uns selbst erzeugt; wir können die Welt nicht einfach auf direktem Weg bewusst erleben. Die Wirklichkeit wird über die Sinnesorgane erfasst und von Psyche und Bewusstsein dann neu zusammengesetzt. Das so entstandene, extrem verkürzte Bild von der Wirklichkeit ist notwendig, denn ohne es wären wir gar nicht handlungsfähig. Um so schnell zu reagieren, wie das Leben es verlangt, müssen wir – das hat uns die Evolution gelehrt – auf Genauigkeit verzichten.

Unter Stress zählen nur die alten Muster

Bis hierher sollte klar geworden sein, dass unser Bewusstsein anders ist, als wir es lange Zeit annahmen. Die große Freiheit, die manche damit verbinden, existiert nur eingeschränkt. Der Grad der jeweils gegebenen Freiheit ist wesentlich davon abhängig, wie

---

49 Vgl. Boessmann, U. (2013).

hoch der innerliche Stress ist. Wie im nachfolgenden Textkasten näher erläutert wird, findet im limbischen System unter Stress ein Umschaltvorgang statt, der die Freiheit des Bewusstseins im Umgang mit den Gegebenheiten der Gegenwart wesentlich einschränkt. Unter Stress greift die unbewusste Psyche vorrangig auf das gesammelte Erfahrungswissen und auf bewährte Verhaltensmuster zurück. Das tut sie umso entschiedener, je mehr innerlicher Stress herrscht.

Dabei ist es gleich, welche Umstände den Stress verursachen. Hohe berufliche Anforderungen, private Probleme, Streitereien, Alltagsmissverständnisse, die verstopfte Straße oder einfach nur der falsche Ton in der Stimme des Gegenübers – alles kann dazu führen, dass die Psyche Stress erlebt und das limbische System die Freiheit bewusster Entscheidungen einschränkt.

Abbildung: Wegen Stress gesperrt
(Grafik: R. Krätzig)

Solange der innere Stresszustand anhält, greift die Psyche auf gelernte Verhaltensmuster zurück, auch wenn diese womöglich kaum Erfolg versprechen.

Im nachfolgenden Kasten finden Sie einen ausführlicheren Blick auf die Gründe, warum das so abläuft.

Amygdala und Hippocampus

Die Stress-Umweg-Regelung hat mit zwei sehr wichtigen Teilsystemen des limbischen Systems zu tun: Amygdala und Hippocampus.

Die **Amygdala** (zu Deutsch: Mandelkern beziehungsweise Mandelkernkomplex) beeinflusst Emotionen und Erinnerungen in vielfältiger Weise – vor allem, wenn Angst und Wut auftreten, ist sie im Spiel. Sie erhält Informationen von allen fünf Sinnen und wirkt auch auf die Sinne zurück. Wir spitzen die Ohren, wenn wir Gefahr vermuten. Sensorische Signale werden hier mit Gedächtnisinhalten und emotionalen Bewertungen verknüpft. Die Amygdala ist auch an das motorische System angeschlossen: Wenn wir plötzlich eine Spinne sehen und uns erschrecken, zucken wir zusammen. Wenn die Amygdala fehlt, beispielsweise in Tierversuchen bei Affen operativ entfernt wurde, wirken die Tiere insgesamt emotionsloser als früher, vor allem aber fehlt es ihnen an jedem aggressiven oder defensiven Verhalten. Sie zeigen nicht die Spur von Furcht – auch dann nicht, wenn sie einer echten Gefahr begegnen. Menschen ohne Amygdala haben Probleme, Gesichter zu erkennen, einen Gesichtsausdruck zu verstehen, und auch das Sozialverhalten ist stark gestört. Der Mandelkernkomplex spielt auch eine Rolle für das emotionale Gedächtnis. Er ist wichtig für die Fähigkeit, sich besser an eine Situation zu erinnern, wenn starke Gefühle dabei beteiligt waren – besonders Angst oder Furcht. Menschen mit geschädigtem Mandelkernkomplex können hier nicht nach Wichtigkeit unterscheiden. Sie erinnern alles gleich gut, egal, welche Emotionen mit dem Erleben verbunden waren.[50]

Der **Hippocampus** ist als Teilsystem des limbischen Systems für die Verarbeitung neuer Erfahrungen zuständig. Menschen ohne Hippocampus können keine neuen Erinnerungen aufbauen.

50 Vgl. Osterath, B. (2011).

Alte Erinnerungen bleiben bei der Entfernung oder Zerstörung des Hippocampus erhalten, aber Neues kann nicht mehr abgespeichert werden. Der Hippocampus hat also eine zentrale Funktion beim Erschließen von Neuem. Ohne Hippocampus sollte ein Mensch nicht in eine neue Wohnung umziehen, er würde sich darin nie zurechtfinden. Mit anderen Worten: Ohne Hippocampus geht ihm sein Leben im Jetzt verloren. Einziger Bezugspunkt für sein Handeln sind die bereits gespeicherten Erinnerungen.[51] Der Hippocampus kann durch starke emotionale Belastungen beeinträchtigt werden. Chronischer emotionaler Stress verkleinert den Hippocampus, wie es beispielsweise bei Menschen mit schweren emotionalen Traumata (etwa Kriegsveteranen oder Opfer sexuellen Missbrauchs als Kind) der Fall ist.[52] Auch an einer Depression erkrankte Personen zeigen eine Verkleinerung des Hippocampus.

Zusammenwirken von Amygdala und Hippocampus

Die stressbedingte Aktivierung der Amygdala führt zu einer Hemmung der Aktivität des Hippocampus. Das ist für unsere Fragestellung wesentlich. Versetzt die Amygdala wegen einer angenommenen Bedrohung den Körper in einen Stresszustand, ist der Hippocampus aufgrund dieser Hemmung nicht mehr in der Lage, auf gegenwärtige Bedingungen mit neuem Verhalten zu reagieren. Vielmehr veranlasst die Amygdala einen Rückgriff auf bewährte alte Verhaltensmuster, die auch *Bewältigungsmuster* genannt werden. Dazu muss man wissen, dass auch negative Annahmen über die eigene Person (wie zum Beispiel »ich bin es nicht wert«), die bei Ängsten oder Depressionen auftreten, solche *Bewältigungsmuster* sind. Erst wenn die Amygdala wieder herunterfährt, weil sie sich sicher fühlt, ist der betreffende Mensch in der Lage, die tatsächlichen Möglichkeiten der unmittelbaren Gegenwart einzuschätzen und zu nutzen und sich zum Beispiel ohne Angst auf andere zu beziehen. Unter Stress bleibt er Gefangener der eigenen Geschichte. Weil die innerlichen Bezugspunkte für sein Verhalten aus früheren Zeiten stammen, wird sein Benehmen von der Umgebung oft als irritierend, unangemessen oder störend erlebt.

---

51 Vgl. Wicht, H. (2011).
52 Vgl. Bremner, J. D. (2006).

Irrtümer – Das sollten Sie wissen

Auf Seite 143 hatte ich vier Aufgaben benannt, die zu bearbeiten sind, um aus einer inneren Beobachterinstanz (»Mindsight-Bewusstsein«) das eigene Denken und Tun skeptisch begleiten und eventuell steuernd eingreifen zu können. Dazu gehört auch die Aufgabe, sich Kenntnis über die beschränkten Möglichkeiten des Bewusstseins zu verschaffen. Im Folgenden stelle ich Ihnen Korrekturen einiger noch weit verbreiteter, aber irrtümlicher Annahmen über das Bewusstsein vor.

a) Die Illusion, innerlich eine Einheit zu sein

Reden mit gespaltener Zunge

Halten Sie einen Menschen für eine klar umrissene Ganzheit mit eindeutiger Meinung, Haltung und Moral? Die Idee einer durchgängig und eindeutig ausgerichteten Person ist nicht mit der Wirklichkeit des Menschen in Deckung zu bringen. Der Volksmund kennt das und gibt es in vielen Umschreibungen wieder: Er unterscheidet die Intuition vom rationalen Denken, die Steuerung vom »Kopf« von der durch den »Bauch«, spricht vom »Reden mit gespaltener Zunge« und Leuten, die ihre Meinung mit dem Wind drehen et cetera.

Dennoch erwarten wir von jemand, der eine Meinung äußert, einen Standpunkt vertritt oder sich in bestimmter Weise darstellt, dass er sich später oder an anderem Ort genauso zeigt. Fällt uns bei jemandem auf, dass er sich ständig anders zeigt, verstehen wir das als eine Schwäche dieser Person. Menschen, die in der Öffentlichkeit stehen, nehmen wir das besonders übel. Werden Seiten bekannt, die nicht deckungsgleich mit der von dieser Person sonst vertretenen Haltung sind, wird dieser Mensch rigoros angegriffen und in der Regel von seinem öffentlichen Platz entfernt.

Ein Team von Gegenspielern

Tatsächlich ist das Gehirn voller kleiner Untersysteme, deren Aufgabenbereiche sich überschneiden. Menschen sind offenbar nicht so konzipiert, dass es immer zu jeder Situation eine eindeutige Lösung gibt. Vielmehr haben sich im Laufe der Evolution und auch der individuellen Entwicklung verschiedene Systeme nebeneinander ausgeprägt.

Wenn ein Ingenieur eine Lösung für ein Problem gefunden hat, hört er auf, weiter zu suchen. Unser Gehirn sucht offenbar auch dann noch weiter, wenn längst Lösungen da sind. Dies scheint ein Naturgesetz zu sein. Die Biologie gibt sich offenbar selten mit einer einzigen Antwort zufrieden. Auch wenn bereits Lösungen für ein Problem gefunden wurden, werden immer weitere Variationen erprobt und existieren dann im Kopf nebeneinander. Versuche, nach der einen Methode zu suchen, mit der ein Gehirn eine bestimmte Aufgabe erledigt, führen daher schon im Grundansatz an der Realität vorbei.

Bei Gehirnuntersuchungen mit dem Ziel herauszubekommen, wie das Gehirn Bewegungen erkennt, lieferte dieselbe Versuchsanordnung immer wieder andere Ergebnisse. Letztendlich ergab sich die Schlussfolgerung, dass das visuelle System eine ganze Reihe von Methoden verwendet, um Bewegungen zu erkennen.[53]

Im Gehirn werden Lösungen unaufhörlich neu erfunden, das Ergebnis sind viele sich überschneidende Lösungen. Sollte ein System aufgrund von Krankheiten oder Verletzungen ausfallen, können die verbleibenden Systeme viele Aufgaben störungsfrei erfüllen. Eagleman benennt, dass auf jeden klinischen Fall von Gehirnverletzungen Hunderte kommen, bei denen bei derselben Art von Verletzungen keinerlei erkennbare Folgen sichtbar sind.[54]

Beim Menschen entwickelt sich auch deshalb eine so große Vielfalt an Lösungssystemen, weil die Entwicklung einer Person in Kindheit und Jugend über so eine lange Zeit läuft. In der Kindheit sind die Kompetenzzuwächse innerhalb weniger Monate manchmal riesig, und selbstverständlich entstehen dabei immer auch neue Zugänge zu dem gewohnten Lebensumfeld. Manche Lösungsmöglichkeiten werden durch neue überschrieben, andere bleiben lebenslang nebeneinander bestehen.

---

53 Vgl. Eagleman, D. (2012), S. 149.
54 Vgl. Eagleman, D. (2012), S. 151.

So existieren auch im Unbewussten verschiedene Programme für die gleichen Aufgaben. Unser jeweiliges Handeln ergibt sich somit immer aus einem Ringen der verschiedenen Systeme miteinander. Welches jeweils die Oberhand behält, lässt sich kaum vorhersagen. Es hängt wesentlich von der eigenen Befindlichkeit und der Situation ab.

In einem Interview in der Zeitschrift „Der Spiegel" sagt Eagleman, dass man sich „das Gehirn als ein Team von rivalisierenden Gegenspielern vorstellen"[55] muss und es wegen dieser widerstreitenden Vielheiten ständig innere Konflikte austrägt. Es kann zwei oder mehr Standpunkte gleichzeitig vertreten. Hinter dem Ich gibt es ein Wir. Wir können uns über uns selbst ärgern.

Teilpersonen – Die Vielfalt greifbar machen

Um die komplexe Vielfalt der menschlichen Psyche wenigstens annähernd beschreiben zu können, werden in der Psychotherapie schon seit Längerem Teilemodelle benutzt. Am bekanntesten sind wohl die drei Instanzen Ich, Es und Über-Ich von Sigmund Freud und aus jüngerer Zeit Ansätze, die mit dem »inneren Kind« arbeiten. Teilemodelle der Persönlichkeit geben auch Laien die Möglichkeit, tiefenpsychologische Erkenntnisse in gewissem Maße für sich zu nutzen. Sie sind Vereinfachungen der Realität, Menschen bestehen nicht wirklich aus verschiedenen Personen. Das Gehirn einer Person zeigt sich lediglich je nach Situation mit anderen Seiten.

Nicht jedem fällt es leicht, sich die eigene innere Vielfalt als eine Gruppe verschieden strukturierter Personen mit eigenen Zielen, eigenem Empfinden, Denken und Handeln vorzustellen. Auch weil damit der Abschied von der Vorstellung verbunden ist, sich selbst als eine durchgängige und einheitliche Person zu verstehen.

Aber diese Idee bietet einige Vorteile. Mein Buch „Streitpaare" handelt unter anderem davon, wie man mit der Annahme von Teilpersönlichkeiten (dort als »Ego-State« benannt) Kollisionen vermeiden und Frieden in eine Beziehung bringen kann. Dahinter

---

55 Eagleman, D.: „Das Ich ist ein Märchen", Interview in der Zeitschrift *Der Spiegel,* Heft 7/2012.

steht die Erfahrung, dass es nur Teilaspekte der Psyche von beiden Partnern sind, die miteinander nicht klarkommen, während gleichzeitig andere wunderbar harmonieren.

Auch im vorliegenden Buch ist ein Teilemodell der Bezugspunkt. Immer wenn ich von Programm, Verhaltensmuster oder -schema spreche, stecken dahinter die Teile-Idee und die Überzeugung, dass es neben diesen Programmen und Mustern auch ganz andere gibt.

Übrigens: Weil Menschen psychisch eher eine Ansammlung von mehreren Personen sind, macht es wenig Sinn, mit dem Anspruch an sich selbst heranzutreten, von einem Moment auf den anderen alles anders zu machen. Da tritt dann nur ein Teilsystem hervor und nimmt in Anspruch, mehr Bedeutung als andere einnehmen zu dürfen. Die tatsächliche Realität der Person war aber bis eben dadurch bestimmt, dass genau dieser Teilaspekt nur eine geringere Bedeutung hat als andere. Da dies Gründe hat, wird sich durch die bloße Wunschäußerung eines Teilaspekts überhaupt nichts ändern, wenn die Hintergründe für das bisherige Handeln nicht erkannt und ausgeräumt werden.

Widerstreit zwischen links und rechts

Die innere Vielfalt wird auch durch die Gehirnphysiologie selbst verursacht. Das Gehirn besteht aus zwei äußerlich ähnlichen Teilen, die lediglich durch einen Steg miteinander verbunden sind. Oft stehen diese miteinander im Konflikt. Die rechte Hälfte des präfrontalen Cortex hat einen anderen Blick auf die Welt als die linke Hälfte.

Hintergrund dafür ist die Tatsache, dass in den ersten Jahren des Lebens die rechte Gehirnhälfte dominiert. Dies ist gleichzeitig die Zeit, in der Beziehungen geknüpft werden und das Verhalten innerhalb der Beziehungen gelernt wird. Die rechte Seite ist vermutlich deshalb auf enge Beziehungen spezialisiert. Sie wird zur Expertin für das Innere,[56] die eigene Innenwelt sowie diejenige der Mitmenschen. Die linke Hälfte der präfrontalen Region entwickelt sich erst später, ist eher nach außen gewandt und auf

---

56 Vgl. Siegel, D. (2010), S. 178.

die Welt gerichtet. Daniel Siegel schreibt, dass eine Spezialität der linken Seite die sprachliche Artikulation ist. Sie hat eine Neigung für lineare sprachliche, logische und wortgewandte Kommunikation, sie sorgt gern für Ordnung und erstellt Listen. Logische Argumentationen stammen von hier. Dominiert die linke Hemisphäre, erscheint die Welt eher aufgeteilt, es gibt richtig und falsch. Geht es aber um emotionale Nähe, um das Miteinander, um nonverbale Kommunikation und um das Erfassen der Befindlichkeit des Gegenübers, ist die andere Seite gefragt. Die rechte Hirnhälfte ist näher an Körperempfindungen, am emotionalen Erleben und an bildhaften Zugängen zu autobiografischen Erinnerungen. Ganzheitliches Erleben und Denken in Bildern und Metaphern finden hier statt. Dominiert die rechte Seite, wird die Welt als miteinander vernetzte Möglichkeit erlebt. „Die linke Hemisphäre lebt in einer Art ‚Elfenbeinturm' von Ideen und rationalen Gedanken, verglichen mit seinem mehr Bauchgefühle enthaltenden, emotionalen, rechtshemisphärischen Gegenstück."[57]

Die beiden Hirnhälften sind durch das Corpus callosum miteinander verbunden. Über diese Nervenbrücke können sie miteinander zusammenarbeiten oder gegeneinander wirken. Letzteres geschieht, wenn ein Kind erfährt, dass grundlegende Bedürfnisse wie wahrgenommen zu werden, sich sicher zu fühlen, angenommen zu sein et cetera nicht befriedigt werden oder gar die Ursache von Angriffen sind. Dann wird das Wirken der rechten Hemisphäre unterbunden und auch die Kommunikation damit vermindert. Die Aktivität des Bewusstseins wird in die linke Gehirnhälfte verlagert, weil hier weniger Gefahr für schmerzhafte Erfahrungen besteht. Dies führt zu einer verminderten Kommunikation zwischen beiden Hälften und schlägt sich auch in der »Hardware« des Gehirns, also der neuronalen Verdichtung und Vernetzung nieder. Die neuronale Dichte im Corpus callosum nimmt ab.

Widerstreit zwischen kurz - und langfristiger Perspektive

In unseren Köpfen gibt es noch mehr Vielfalt. So existieren beispielsweise Systeme, die für die Befriedigung kurzfristiger Bedürfnisse arbeiten und andere, die für eine langfristige Perspektive

---

57 Vgl. Siegel, D. (2010), S. 171.

aktiv werden. Klar, dass diese öfter in Konflikt miteinander geraten. Am Übergewicht lässt sich dies leicht verdeutlichen: Langfristig wäre es für die Gesundheit der Person besser, weniger zu
essen. Dennoch setzt sich das kurzfristig orientierte System durch
und holt sich die gesuchte Befriedigung. In einer übergewichtigen
Gesellschaft ist es für jedermann sichtbar, dass sehr viele Menschen ein Problem damit haben, ihre kurzfristigen Handlungsim-
pulse zu bändigen.

Die neuronalen Schaltkreise für die langfristige Planung befinden sich in den Frontallappen des Gehirns, also direkt hinter der
Stirn. Wenn diese aufgrund von Unfällen oder Krankheiten beeinträchtigt oder zerstört sind, zeigen die Betroffenen sehr unsoziale
Verhaltensweisen. Daraus lässt sich schließen, dass wahrscheinlich
in allen Menschen eine Tendenz zu unsozialem Verhalten schlum-
mert. Wird es entsprechend gehemmt, ist dies nicht zu merken;
fällt die Hemmung weg, wird es sichtbar.

Das reglementierende, strenge und hemmende Über-Ich Freuds
lässt sich ohne große Schwierigkeiten in dieser hemmenden Instanz im Frontalhirn, dem orbitofrontalen Cortex, ansiedeln. Hier
sind die in der Kindheit und Jugend erworbenen moralischen und
ethischen Regeln niedergelegt. Es ist in diesem Zusammenhang
höchst bemerkenswert, dass der orbitofrontale Cortex derjenige
Hirnteil ist, der am spätesten, das heißt erst zum Ende der Pu-
bertät, ausreift, also zu einem Zeitpunkt, an dem die Jugendlichen
sprichwörtlich »zur Vernunft« kommen.

Auch diese Teile des Gehirns sind trainierbar. Gelingt es, sie zu
mobilisieren, können die Aktivitäten der kurzsichtigen Schaltkreise besser gehemmt oder sogar abgestellt werden. David Eagleman
hat mit Kollegen entsprechende Trainings unter Zuhilfenahme
von visuellem Feedback durchgeführt und war dabei sehr erfolgreich. Die Forscher präsentierten Bilder von süßen Verführungen
und maßen mit einem Computertomografen (CT) die Bereiche
des Gehirns, die besonderen Hunger nach Süßem entwickeln. Danach sollten die Probanden ihr Verlangen zügeln, was sich visuell
in einem nach unten sinkenden Balken auf einem Bildschirm ab-
bildete. Mit etwas Übung fanden die Teilnehmer immer schneller

dahin und lernten so, ihre Tendenz zur kurzfristigen Bedürfnisbe-friedigung zu bremsen.[58]

> *Verabschieden Sie sich von der Annahme,*
> *dass ein Mensch eine klar umrissene*
> *Ganzheit mit eindeutiger Meinung,*
> *Haltung und Moral ist.*

b) Die Illusion, dem eigenen Denken vertrauen zu können

Muster und stimmige Geschichten

Ich hatte bereits über die Tendenz des Bewusstseins gesprochen, beliebige Erklärungen für ein Geschehen zu finden, also zu fabulieren. Das Bewusstsein hat offenkundig die Absicht, zu allem, was geschieht, eine Erklärung zu finden, das heißt aus unter Umständen absurden Konstellationen dennoch scheinbar stimmige Geschichten zu formen. Offenbar ist das Finden von Mustern ein in der Evolution Vorteile bringender Prozess. Hat man eine Ordnung im Geschehen erfasst, kann man schneller und effizienter darauf reagieren.

Dabei funktioniert die linke Gehirnhälfte als eine Art Dolmetscher. Sie beobachtet die Handlungen und Verhaltensweisen des Körpers und fügt sie in eine stimmige Erzählung ein. Offenbar ist dieser Mechanismus fortwährend damit beschäftigt, den Sinn von Ereignissen zu ergründen. Selbst wenn es keine gibt, werden Gründe und Ordnungsstrukturen gefunden. Der schon erwähnte Neurowissenschaftler David Eagleman fügt das Beispiel an, dass ein Leser einen Text witziger findet, wenn er beim Lesen einen Bleistift zwischen den Zähnen hält. Dies liegt daran, dass sein Gehirn das durch den Bleistift erzwungene Grinsen als Ausdruck von Fröhlichkeit interpretiert. Sitzt er dabei gleichzeitig aufrecht, wird das ebenfalls als Ausdruck eines guten Gefühls verstanden.[59]

---

58 Vgl. Eagleman, D. (2012), S. 214.
59 Vgl. Eagleman, D. (2012), S. 158.

Die Psyche sucht diese Ordnung nicht nur in jedem Moment, sondern auch auf einer grundsätzlichen Ebene. Dabei ist das Ziel, das eigene Leben in eine sinnvolle Erzählung einzubetten, es in sich schlüssig werden zu lassen und ihm dabei möglichst auch einen Sinn zu geben. Seelische Gesundheit ist sehr wesentlich daran gebunden, dass solch eine Erzählung/Narration gelingt. Auch die im Laufe der Kindheit entstehenden Überzeugungen über die eigene Person sind ein Ergebnis dieser Suche. Jedes Kind sucht dabei zunächst nach positiven Möglichkeiten. Nur wenn sich diese nicht ergeben, werden auch negative Überzeugungen herangezogen, um das Bedürfnis nach Schlüssigkeit und Konsistenz zu befriedigen. Besonders problematisch daran ist, dass eine Überzeugung nicht nur zur Erklärung der Wirklichkeit dient, sondern gleichzeitig auch ein Plan ist, eine Vorlage für die zukünftige Entfaltung beziehungsweise Verhinderung des eigenen Lebens. Denkt eine Person über sich selbst: „Ich bin es nicht wert", liegt es nahe, dass sie es auch nicht wert ist, das zu bekommen, was sie braucht, die Ziele nicht zu erreichen, die sie sich wünscht, das Glück, die Fülle oder den Frieden nicht zu erleben, den sie sich ersehnt. Überzeugungen setzen sich auch in der täglichen Realitätskreation rigoros durch. Wenn ich denke, dass ich es nicht wert bin, entdecke ich die Wertlosigkeit auch unentwegt in meiner Umgebung, und selbst wenn sie nicht wirklich da wäre, würde ich sie eben erfinden.

Auch Träume werden von Eagleman als ein Beispiel für unsere Fähigkeit benannt, eine Ansammlung zufällig auftauchender Fäden zu einer schlüssigen Handlung zu verspinnen. Unsere Gehirne sind meisterhafte Erzähler und verstehen es, selbst aus eklatanten Widersprüchen eine in sich stimmige Geschichte zu fabrizieren.[60] So haben etwa Menschen mit Essstörungen immer diverse Argumente auf der Hand, die ihr abnormes Essverhalten als vollkommen angemessen erscheinen lassen. Die Eine findet als Begründung für ihre Unterernährung ihr zu hohes Körpergewicht, der Andere für sein Übergewicht die These, dass er eben ein guter Nahrungsverwerter sei. Auch bei Menschen mit Angsterkrankungen gehen die individuellen Begründungen niemals aus. Der Eine betritt die S-Bahn nicht, weil sie verunglücken könnte,

---

60 Vgl. Eagleman, D. (2012), S. 164.

der Andere, weil darin die Luft zu knapp ist, der Dritte, weil er Angst vor Belästigungen benennt. Alle drei bleiben zu Hause und verhindern auf diese Weise vor allem, sich draußen in der Welt zu entfalten. Hinter den Begründungen des Bewusstseins bleibt das wirkliche Begehren unsichtbar. Ich habe von einer Patientin mit Brückenangst gehört, deren Angst sich – erst nach genauer Betrachtung – nur auf eine einzige Brücke bezog: nämlich auf jene, die von der Insel wegführte, auf der sich die elterliche Wohnung befand.

Um zur wirklichen Not durchdringen zu können, darf man sich nicht von den bewussten Begründungen verführen lassen. Ohne diese könnte sich keine seelische Erkrankung ausbilden. So betrachtet gehört zu jeder seelischen Erkrankung ein grundlegender Irrtum, eine falsche Annahme über die gegebene Gegenwart. Die Psyche biegt sich einfach jede Realität zurecht, damit alles wieder zusammenpasst und sich so vertraut (und belastend) anfühlt wie in der Kindheit.

Unbewusste Vorurteile

Hier folgt ein weiterer Beleg dafür, dass das Bewusstsein keine Ahnung davon hat, was sich in der Tiefe der eigenen Psyche tatsächlich abspielt. Es geht um Untersuchungen, in denen unbewusste Vorurteile gegenüber Fremden erforscht werden.

Es gibt Möglichkeiten auszutesten, ob jemand unbewusste Vorurteile hat, etwa gegenüber Fremden oder Homosexuellen, auch wenn er bewusst eine liberale Meinung und Haltung vertritt. Weil das Gehirn schneller arbeitet, wenn es bei der Bewertung von Begriffen auf die unbewusste Abspeicherung zurückgreifen darf, werden Wortkolonnen verschieden schnell bearbeitet. Wenn man genau misst, wie lange die Person für eine Antwort braucht, kann man erschließen, welche Bewertungen unbewusst gespeichert sind. Diese kommen immer etwas schneller als bewusst erdachte Assoziationen. So macht Ap Dijksterhuis in seinem Buch „Das kluge Unbewusste" deutlich, dass viele Holländer unbewusst Vorurteile gegenüber Marokkanern haben, auch wenn sie es selbst bewusst ganz anders sehen[61]. Er benennt auch andere Studien[62], in denen die unbewusste Einstellung durch die Messung des räumlichen Abstandes nachgewiesen wurde. Trotz benannter Offenheit gegenüber Fremden hielten die Versuchsteilnehmer zu den Ausländern mehr Abstand als zu Einheimischen. Schweißmessungen belegten zusätzlich, dass dabei auch mehr Angst vor den Fremden entwickelt wird.

Hier ergibt sich die interessante Frage, wie sich eine Person mit unbewussten Vorurteilen gegenüber einem Ausländer *verhält*. Regiert das Unbewusste oder das Bewusstsein? Bei Untersuchungen hierzu wurde der Grad der Unfreundlichkeit im Kontakt zu Fremden gemessen. Es zeigte sich, dass eine negative unbewusste Einstellung eine größere Unfreundlichkeit erzeugte, die bewussten Einstellungen zeigten keine Auswirkungen.

Wieder sind wir mit dem Grunddilemma unserer Psyche konfrontiert. Das Unbewusste filtert und entscheidet vieles aufgrund längst vergangener und vielleicht nie bewusst gewordener Erfahrungen. Das Bewusstsein macht sich dennoch seinen Reim darauf. Es denkt sich etwas zurecht und geht dabei sehr großzügig mit Wahrheit und Fantasie um. Ein wesentlicher Faktor für die bewusste Meinungsbildung ist dabei die hohe Anpassungsbereitschaft an das jeweilige soziale Umfeld. Leicht kann sich eine ganz andere bewusste Einstellung ergeben, als im Unbewussten verankert.

Dijksterhuis kommentiert diese Ergebnisse dahin gehend, dass unsere bewusste Meinung oft nichts weiter ist als eine „nette, unterhaltsame rationale Konstruktion, ein interessanter Beitrag zur Konversation." Er unterstreicht, dass sie oft von unserer „echten" unbewussten Meinung abweicht und das Letztere auf unser Verhalten einen viel größeren Einfluss hat. „Unser Bewusstsein ‚labert sich etwas zusammen'".[63]

Es scheint sinnvoll, dem eigenen Denken skeptisch gegenüberzustehen, und weil Gefühle und Gedanken eng miteinander ver-

---

61 Vgl. Dijksterhuis, A. (2007), S. 109.
62 Vgl. Dijksterhuis, A. (2007), S. 109.
63 Dijksterhuis, A. (2007), S. 115.

bunden sind, gilt das Gleiche auch für Gefühle. Betrachten Sie Ihr emotionales Erleben insbesondere dann sehr argwöhnisch, wenn es mit negativen Gefühlen und Leid verbunden ist. Überprüfen Sie misstrauisch, ob es jetzt wirklich angemessen ist, zu leiden und sich damit den Moment zu verderben. In vielen Situationen sind belastende Gefühle durchaus angemessen, denn wenn Sie gerade gekündigt, verlassen, hintergangen oder betrogen wurden, haben Sie Grund zu weinen, Wut oder anderes zu erleben. Wenn Sie aber gerade nur innerlich zusammenbrechen, weil ein altes Bewältigungsprogramm aufgerufen wurde, dann ist tatsächlich gar nichts passiert, denn Sie haben innerlich nur auf einen anderen »Sender« umgeschaltet. Eine innere Instanz hat entschieden, dass Leiden und Not jetzt angemessener sind als ruhige Distanz. Inzwischen dürfte Ihnen klar sein, dass eine solche Entscheidung zwar innerlich Gründe hat, aber von außen betrachtet vollkommen falsch ist. Die Wiederholung des Kinderleids führt niemals zur Lösung, während ruhige Distanz meistens eine gute Grundlage ist, um auch aus schwierigen Situationen herauszufinden.

Wie unterscheidet man die angemessenen von den unangemessenen Gefühlen? Wer nichts über sich selbst und die eigenen Nöte und Lebensthemen weiß, hat kaum eine Chance, den Unterschied auszumachen. Manchmal können die Reaktionen anderer als Orientierung dienen. So sollte es einen skeptisch machen, wenn andere die eigene Reaktion überhaupt nicht verstehen können und man so etwas hört wie: „Was ist denn plötzlich in dich gefahren?“ oder: „Hey, komm mal runter, es ist doch nichts passiert!“ oder ähnliches. Am besten wäre aber, wenn man die Wunden kennt, die einem das Leben geschlagen hat, und einem dann die trainierte Beobachterinstanz des aktiven Bewusstseins sagen kann, dass das eigene Lebensthema gerade berührt wurde und man deshalb so schief drauf ist.

Verabschieden Sie sich von der Annahme,
dass Sie dem, was Sie über sich und die Welt
denken, vertrauen können.

c) Die Illusion, dass die Welt so ist, wie wir sie sehen

Aber es ist doch wirklich so! Die Als-ob-Realität

Viele Menschen sind davon überzeugt, dass die Realität genauso ist, wie sie diese wahrnehmen. So, als hätten sie selbst einen objektiven Zugang dazu. Den gibt es aber nicht, und wir müssen lernen, zwischen Realität und Wirklichkeit zu unterscheiden. Dabei ist die Wirklichkeit ein Produkt der eigenen Person, und Realität ist das, was unabhängig von jeder Person intersubjektiv beziehungsweise objektiv real ist. Wirklichkeit ist also immer etwas Persönliches, sie ist immer die eigene Wirklichkeit eines Menschen. Über die tatsächliche Realität kann kein Mensch eine Aussage machen, weil über die Sinne und die unbewusste Filterung immer nur ein winziger Auszug der Realität in persönlicher Interpretation erfahrbar ist. Nur über technische Hilfsmittel können wir etwas von der Realität erfahren, müssen uns dies aber wieder in unsere Wirklichkeit übersetzen. „Nehmen wir als Beispiel die Farbe Rot. Eigentlich sind es die Hirnzellen, die ein Wirrwarr von Lichtstrahlen so ordnen, dass wir uns orientieren können. Rot ist eine Erfindung des Hirns, das Wellenlängen als Farbe deutet. Diese Funktion ist im Lauf der Evolution entstanden, weil sie schon vor Jahrtausenden nützlich war, etwa damit Menschen im Dschungel Früchte erkennen konnten. Optische Täuschungen beweisen ebenfalls, wie sehr das Gehirn mogelt: In dem Versuch, Ordnung zu schaffen, sehen wir Dinge, die so gar nicht da sind."[64]

Der tägliche Irrtum

Ich möchte nicht leugnen, dass es Mitmenschen gibt, die wirklich schräg drauf sind und es anderen auch sehr schwer machen. Es gibt Egoisten, Betrüger, Ausbeuter, Mobber und noch fiesere Leute. Und vielleicht ist auch gerade Ihr Chef oder Ihr Partner so eine Person. Mit großer Wahrscheinlichkeit ist dies aber nicht der Fall. Geschieht es Ihnen dennoch, dass Sie derart unter einer Begegnung leiden, als wäre der andere ein übler Mensch, dann hat das meist die einzige Ursache, dass Sie sich selbst einmal wieder in Ihren Leidensnetzwerken verfangen haben. Sie halten das Ge-

---

64 Kasten, E. u. a. (2011).

schen für real, vergessen aber, dass Sie nur Zugriff auf eine selbst gemachte Wirklichkeit haben.

Vielleicht ist Ihr Gegenüber kurz vorher selbst in ein altes unzweckmäßiges Programm geraten und verhält sich deshalb so merkwürdig, weil er die Welt gerade durch einen grauen Schleier erlebt. Sein Grauschleier-Verhalten hat Sie animiert, den eigenen grauen Schleier hervorzuholen und sich darunter zu grämen. Irrtum führt zu Irrtum, Leid führt zu Leid. Hier entstehen sich selbstverstärkende Kreisläufe, denen man nur schwer entkommen kann, wenn es nicht wenigstens einem der Beteiligten gelingt, sich selbst von dem grauen Schleier wieder zu befreien. Für beide ist ihr Leiden gerade sehr wirklich. Es scheint angemessen und sinnvoll. Die Worte des anderen klingen noch im Kopf, man hat die Szene noch vor Augen ... Von außen ist davon nichts zu sehen. Ein unbeteiligter Dritter kann vielleicht gar nichts von der Last erfassen, sieht vielleicht nur zwei, die einander offenbar gerade missverstehen.

Der erste Schritt, um hier etwas zu verändern, geht mit der Aufgabe einher, diesem ganzen Negativszenario nicht zu vertrauen. Also immer dann, wenn Ihr Erleben mit Leiden verbunden ist, skeptisch zu werden und der vermeintlichen Gewissheit, dass man selbst gerade beleidigt, verhöhnt oder missachtet wird, keinen Glauben mehr zu schenken. Folgen Sie doch einfach mal der vordergründigen Logik, dass Menschen, die sich dafür entscheiden, ihr Leben in Ihrer Nähe zu verbringen, mit großer Wahrscheinlichkeit nicht feindselig sind. Dass diese vielmehr an Ihnen interessiert sind, offen für Sie sind und eher bereit, Sie zu fördern, als Sie zu behindern. Dann wären die Momente, in denen Sie sich mit Ihren Nächsten in Dissonanzen verhaken, einfach nur die Folge von Irrtümern und Missverständnissen. Ein Hinweis darauf, dass hier zwei miteinander noch etwas zu klären haben, eine andere Art der Sprache finden und noch etwas Wesentliches über das gemeinsame Miteinander lernen müssen.

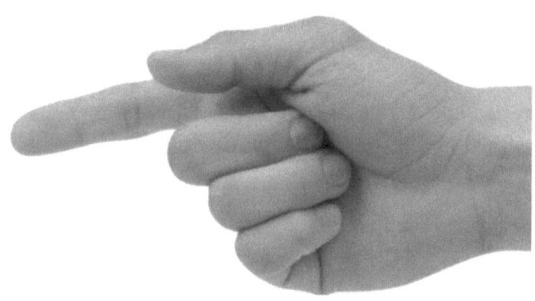

Abbildung 3: Fingerzeig 1
(Foto: R. Krätzig)

Wenn Sie mit *einem* Finger auf andere zeigen ...

... zeigen *drei* Finger auf die eigene Person. Wenn man diese Geste verwendet, ist man meist wütend und empört darüber, dass der andere so ist oder sich so verhält, wie er es gerade getan hat oder noch tut. „Wie kann man nur so sein", „warum tut er mir das an" oder ähnlich heißen die Gedanken, die dann durch den eigenen Kopf kreisen.

Ein Beispiel: Eine ganz normale Situation im Alltag einer Großstadt. Ein Autofahrer schnappt einem anderen den Parkplatz vor der Nase weg. Während der erste noch wartet, bis der Zugang frei ist, aber schon den Blinker gesetzt hat, fährt der andere einfach rein und lässt sich auch nicht mehr bewegen, wieder Platz zu machen. Interessant ist, mit welchen Worten der Ausgebootete den Missetäter belegt. Man könnte meinen, dass das doch irrelevant ist, weil in diesem Moment der Unmut die Worte bestimmt und man diese deshalb doch kaum ernsthaft betrachten sollte. Aber wenn das Bewusstsein nicht regiert, hat die Psyche ihre Finger im Spiel. Die Worte, die in so einer Situation ausgesprochen werden, sind also ein direkter Zugang zu den tieferen Schichten der wütenden Person.

Vielleicht spielt sich die »Konversation« so ab:

Fahrer 1: „Du (... Schimpfwort), woher nimmst Du das Recht, Dich hier vorzudrängeln? Bist Du was Besseres?"

Fahrer 2: „Hallo, bin ich unsichtbar? Oder bist Du einfach nur blind?"

Fahrer 3: „Kann ich noch irgendwas für Dich tun, nachdem ich Dir den Parkplatz besorgt habe? Noch ´nen Kaffee bringen …?"

Fahrer 4: „Egozentrisches … (Schimpfwort). Bist Du allein auf dieser Welt?"

Jede Formulierung dreht sich um ein bestimmtes Thema. Der erste Autofahrer redet von Recht und sozialer Hierarchie (was Besseres sein). Der zweite schimpft über fehlende oder unzureichende Wahrnehmung, während der dritte von Dienstleistung (dienen, etwas für den anderen Tun) spricht. Beim vierten geht es um Egozentrik, bei der andere nicht beachtet werden. Wenn man jetzt mit jedem einzelnen Autofahrer ein Gespräch darüber führen würde, was er selbst mit diesem Thema zu tun habe, würde man schnell fündig. Beim ersten zeigte sich, dass er sich gegenüber anderen oft zurücknimmt, innerlich überzeugt ist, weniger Rechte als andere zu besitzen und sich als jemand sieht, der in der sozialen Hierarchie niedriger zu stehen scheint als andere. Beim zweiten erführe man, dass er sich öfter übersehen fühlt und sich dringend wünscht, mal wahrgenommen zu werden, wie er ist. Beim dritten ginge es darum, dass er viel zu oft für andere zu viel tut und ihm jemand fehlt, der ihn mal umsorgt. Und auch der vierte drehte sich in seinem Leben immer um die Angelegenheiten anderer.

Der Schimpfende kann also sehr viel über eigene Schwachstellen erfahren und daraus Aufgaben für die persönliche Weiterentwicklung ableiten. Bei unserem ersten Autofahrer käme zum Beispiel heraus, dass es für ihn vorteilhaft wäre, sich selbst mal in besserem Licht zu sehen. Würde er sich außerdem mehr Rechte zugestehen, als er es im Moment tut, würde er sich deutlich besser in seinem Leben fühlen. Beim zweiten Autofahrer ginge es darum, sich öfter mal sichtbar zu machen, vielleicht auch mal zum Hindernis für andere zu werden. Beim dritten stünde an, sich auch mal bedienen zu lassen und nicht nur für andere da zu sein – und beim vierten, sich ab und zu auch mal mehr auf sich selbst zu konzentrieren und sich weniger um andere zu drehen. Aber noch sind diese Aufgaben nicht gelöst, sie bleiben deshalb (Lebens-) Themen.

Auch wenn es so aussieht, als könnte man nur durch eine Analyse der gesprochenen Schimpfworte zu den persönlichen Aufgaben gelangen, ist dies nicht so. Will man die Zornesausbrüche verwerten, muss man erst erfahren, was die Worte für den Sprecher selbst bedeuten. Das kann im Einzelfall sehr verschieden von dem sein, was andere darunter verstehen.

Mir geht es hier darum, dass Menschen *immer* von sich selbst reden und insbesondere, wenn sie unter Stress geraten, sich nur um ihre Kernthemen drehen. Auch in den meisten Streitereien ist das so: Es wird eigenes »Material« in dem Anderen erkannt oder auf ihn projiziert. Wenn man dann über ihn herfällt, verschwendet man nur Energie und reinszeniert alte Dramen. In dem Bild der Hand, die mit dem Finger vorwurfsvoll auf den Anderen zeigt, ist *ein* Finger auf den Anderen gerichtet, aber *drei* Finger zeigen auf die eigene Person. Bleibt man mit seinen Gedanken beim Thema des Zeigefingers (der Andere macht etwas falsch), kann man nicht das Thema der drei anderen Finger entdecken. Und das wäre für die eigene Person viel bedeutsamer.

Verabschieden Sie sich von der Annahme,
dass die Welt so ist,
wie Sie sie wahrnehmen.

ANHANG

KURZLEITFADEN FÜR IHRE SCHLÜSSELSUCHE

Die folgende Zusammenstellung soll Sie dabei unterstützen, die Inhalte dieses Buches optimal für sich zu nutzen.

K-1. Vorübungen

Fangen Sie am besten damit an, für ein kleines Alltagsproblem nach einer Lösung zu suchen, die Ihnen im Moment der Belastung geholfen hätte. Dabei kann Ihnen die Lösungstabelle 1 helfen. Auf Seite 92 finden Sie die Anleitung zum Ausfüllen, eine leere Tabelle ist im Anhang auf Seit 220. Achten Sie beim Erinnern an belastende Situationen auf genug emotionalen Abstand. Wie man das schafft, erfahren Sie auf Seite 66

Die Lösung, die Sie finden, muss mehr sein als nur ein Gedanke. Sie brauchen ein Gefühl – je positiver und je spürbarer, umso besser. Am leichtesten gelingt dies, wenn Sie das, was Sie in der belastenden Situation als Lösung gewünscht hätten, schon irgendwann erlebt haben. Sie dürfen sich aber ebenso eine Wunschlösung für Ihr Problem erfinden. Eine genaue Anleitung, wie Sie zu einer guten und wirkungsvollen Lösung kommen, finden Sie im Abschnitt »Von der Lösungsidee zum positiven Gefühl« ab Seite 73. Danach haben Sie nur noch die Aufgabe, sich auf das positive Erleben zu konzentrieren, das durch die gefundene Lösung ausgelöst wird. Sie erleben die Lösung. Wenn alles stimmt, spüren Sie eine Entlastung – für jeden etwas anders wahrnehmbar, aber in jedem Fall eindeutig positiv.

K-2. Den eigenen Schlüssel zur Psyche finden

Der eigene Schlüssel zur Psyche ist eine positive Erfahrung, die Ihnen in beinahe jedem Moment Ihres Lebens sofort Entlastung bereitet. Dieser Schlüssel ist eine positive Antwort auf Ihr Lebensthema.

K-2.1. Lebensthema

Wenn Sie noch einmal nachlesen wollen, was damit genau gemeint ist, schauen Sie auf die Seite 48. Um herauszubekommen, welches Ihr eigenes Lebensthema ist, können Sie den Anregungen im Kapitel »Das zentrale Lebensthema« folgen. Von a) bis h) finden Sie ab Seite 92 verschiedene Möglichkeiten, es aufzuspüren. Auch die Tabelle 12 mit einer »Liste zur Selbstbefragung« auf Seite 110 kann Ihnen dabei helfen, alle Informationen zusammenzutragen.

K-2.2. Eine Lösung für das Lebensthema finden oder erfinden

Wählen Sie eine für Ihr Lebensthema typische Belastungssituation aus und füllen mit diesem Stoff dann die Tabelle 13 »Die eigene Schlüsseltabelle« auf Seite 111 aus. Leere Tabellen finden Sie auch auf den folgenden Seiten in diesem Anhang und zum selber Ausdrucken im Internet. Die zentrale Aufgabe ist es, eine Lösung zu finden, die aus dem belastenden Erleben heraushilft. Wie Sie das bewerkstelligen, erfahren Sie ab Seite 111.

K-2.3. Von der Lösungsidee zur erlebten Erfahrung

Im jetzt folgenden Schritt muss die gefundene Lösung von einer Idee zu einer erlebten Erfahrung werden. Sie brauchen also ein Gemenge aus Gedanken und Gefühlen. Wenn Sie die Lösung schon einmal erlebt haben, erinnern Sie sich an die positive Wirkung. Auch ein genau abgestimmtes Hirngespinst oder eine Mischung aus Erinnerung und Fantasie kommen in Frage und sind genauso hilfreich. Mehrere positive Ereignisse, gleich ob reale Erinnerung oder Fantasie, können auch zu einem Film zusammengefügt werden, in dem sich eine gute Situation an die andere reiht. Ganz gleich, was Sie für sich finden oder erfinden: Stellen Sie sich vor, dass Sie mittendrin sind im Geschehen. Spüren Sie, wie sich das anfühlt.

Manchmal stellt sich die eigene Psyche quer und lenkt Sie von der Aufgabe ab. Sollte das bei Ihnen der Fall sein, lesen Sie noch einmal den Abschnitt »Nicht ablenken lassen« auf Seite 114 und eventuell auch »Anregung oder Störung« auf Seite 116.

K-2.4. Am Ziel – Schlüsselmomente genießen

Erste Aufgabe: Nutzen Sie Ihre ganze Konzentration, um sich für einige Minuten ganz auf das positive Erleben Ihres Schlüsselmoments einzulassen.

Zweite Aufgabe: Tun Sie dies mehrmals täglich. Erst wenn Sie regelmäßig üben, entfaltet Ihr Schlüssel seine positive Wirkung auf Ihren Alltag und gibt Ihnen auch die Freiheit für Ihre Diätwünsche.

K-3. Das Bewusstsein trainieren

Auch wenn Sie schon Ihren Schlüssel zur Psyche in der Hand halten, sind Ihnen immer noch Ihre Gewohnheiten im Weg. Das, was jahrelang normal war, hat sich bewährt und bleibt deshalb der Maßstab für Ihre Psyche. Errichten Sie eine Kontrollinstanz, die das, was im eigenen Kopf abläuft, kritisch beobachten und steuernd beeinflussen kann. Sie bauen diese Instanz auf, indem Sie Ihre Fähigkeit zur Achtsamkeit entfalten. Fangen Sie mit einfachen Übungen an wie Wahrnehmen des eigenen Atems oder achtsames Spüren Ihrer Sitzposition. Anregungen und Anleitungen finden Sie ab Seite 144 unter der Überschrift „Übungen". Für den weiteren Verlauf wird es wichtig, die Wahrnehmung immer wieder auf die eigene Person, das eigene Erleben, Tun und Denken zu richten. Fangen Sie damit an, jeden Abend ein kurzes Problembeziehungsweise Positivprotokoll zu führen mit der Überschrift »Was war gut, was war schlecht?«, wie ab Seite 159 Abschnitt »Beobachterinstanz errichten und trainieren« beschrieben. Mit etwas Übung wird es Ihnen schon bald gelingen, steuernd in die Aktivitäten des eigenen Gehirns einzugreifen, ungewünschte Aktivitäten zu bemerken und zu unterbrechen und gewünschte in Gang zu bringen.

Zum Schluss

Hinter diesem Buch steht kein Verlag mit entsprechender Werbemaschine. Um an neue Leser zu kommen, bin ich als Autor auf die Kommentare und Bewertungen derjenigen Leser angewiesen, die das Buch schon kennen. Gute Bewertungen und entsprechende Kommentare auf den bekannten Webseiten sind für andere Leser ein Hinweis, dass es sich lohnt, dieses Buch zu kaufen. Wenn Ihnen also der Text gefällt und Sie meine Arbeit unterstützen möchten, schreiben Sie bitte einen Kommentar, zum Beispiel bei Amazon, Buch.de oder Ihrer anderen Lieblings-Buch-Webseite.

Sie müssen keinen »Roman« schreiben, es darf auch ganz kurz sein, zum Beispiel: „Das hat mir geholfen" oder: „Ja, finde ich gut!" Wenige Worte reichen vollkommen! Entscheidend sind die Sterne, die Sie vergeben. Am liebsten wären mir alle fünf, aber das entscheiden Sie selbst.

Wenn Ihnen aber etwas nicht gefällt, schreiben Sie es bitte mir. Dann kann ich Ihre Gedanken bei der Überarbeitung des Buches nutzen. Wenn es mir möglich ist, beantworte ich auch gerne Ihre Fragen. Schreiben Sie mir einfach eine E-Mail.

Reinhardt Krätzig, am 22.10.2017

Web- und Mailadressen des Verfassers:

www.reinhardt-kraetzig.de

www.ihr-coach.com

www.psychotherapie-birkenwerder.de

E-Mail: r.kraetzig@online.de

In meinem Blog finden Sie in unregelmäßigen Abständen meine Gedanken zu Themen, mit denen ich mich gerade auseinandersetze. Klicken Sie auf www.reinhardt-kraetzig.de in der Menüleiste auf »Blog«.

Alle Tabellen für eigene Notizen

Hier finden Sie alle im Text verwendeten Tabellen, um Ihre eigenen Erfahrungen einzutragen:

- **Lösungstabelle 1** zum Teil 2, Abschnitt »Vorbereitungen« ab Seite 66

- **Liste zur Selbstbefragung** zum Abschnitt »Passepartout»/ »Das zentrale Lebensthema« ab Seite 92

- **Die eigene Schlüsseltabelle** zum Abschnitt »Passepartout»/ »Das zentrale Lebensthema« ab Seite 92

Zum Ausdrucken finden Sie alle Listen auch auf meiner Webseite bei den Informationen zu diesem Buch unter:

www.reinhardt-kraetzig.de

Lösungstabelle 1

Gehört zum Teil 2, Abschnitt »Vorbereitungen« ab Seite 65

Problem	
Belastung	
Durch die Belastung ausgelöstes Gefühl Grad der Belastung	
Lösung	

Liste zur Selbstbefragung

Gehört zum Abschnitt »Passepartout« / »Das zentrale Lebensthema« ab Seite 92

Fragen an sich selbst	Antworten
Was waren die belastenden Umstände der Situation?	
Was war mein Erleben?	
Was habe ich über mich selbst gedacht?	
Was habe ich über andere Menschen gedacht?	
Mit welchem Mittel (altes Muster) versuchte ich, die Situation zu lösen?	
Was habe ich als Scheitern erlebt?	
Wie sieht die Stimmung aus, die nach dem Scheitern entstand?	
Was ist zu viel?	
Was hat gefehlt?	
Warum fehlte es?	

Die eigene Schlüsseltabelle

Gehört zum Abschnitt »Passepartout« / »Das zentrale Lebens-thema« ab Seite 92

Typische Belastungssituation	
Erlebte Not	
Dabei erlebte Gefühle Grad der Belastung (Belastungsskala)	
Lösung	
Lösungsgefühl Grad der Entlas-tung (Positivskala)	

LITERATURVERZEICHNIS

Alberini, C. M. (Hrsg.), 2013. Memory Reconsolidation. Oxford: Elsevier LTD.

Avena, N. M. u. a. (2006). Evidence for sugar addiction: Behavioral and neurochemical effects of intermittent, excessive sugar intake. Neuroscience & Biobehavioral Reviews 2008; 32 (1): 20-39. www.sciencedirect.com/science/article/pii/S0149763407000589 (abgerufen am 30.06.2016).

Boessmann, U. (2013). Bewusstsein – Unbewusstes, Band I: Bewusstsein: Was wissen wir? Berlin: Deutscher Psychologen Verlag.

Born, J. u. a. (02.2007). Odor Cues During Slow-Wave Sleep Prompt Declarative Memory Consolidation. *Science Magazin,* Vol. 315 no. 5817, S. 1426-1429.

Bremner, J. D. (2006). Traumatic stress: effects on the brain. www.dialogues-cns.com/pdf/DialoguesClinNeurosci-8-445.pdf (abgerufen am 30.06.2016).

Busch, B. G. (2002). Denken mit dem Bauch. Intuitiv das Richtige tun. Kempten: Kösel Verlag.

Chinmoy, S. (12. Auflage, 2013). Meditation. Menschliche Vervollkommnung in göttlicher Erfüllung. Nürnberg: The Golden Shore Verlags-ges.mbH.

Dahlitz, M., Hall, G. (Hrsg.), 2015. Memory Reconsolidation in Psychotherapy. The Neuropsychotherapist, Special Issue, Printed in the USA: Create Space Independent Publishing Platform.

Dijksterhuis, A. J. (2007). Das kluge Unbewusste. Denken mit Gefühl und Intuition. Stuttgart: Klett-Cotta.

Eagleman, D. (2012). Inkognito: Die geheimen Eigenleben unseres Gehirns. Frankfurt: Campus Verlag.

Ecker, B. (2015, 1). A Primer on Memory Reconsolidation and its Psychotherapeutic use as a Core Process of Profound Change. In: Dahlitz, M., Hall, G., Memory Reconsolidation in Psychotherapy, *The Neuropsychotherapist, Special Issue* (S. 6-28; 69-78; 94-152). Leipzig: Amazon Distribution.

Ecker, B. (2015, 2). Can You Really Change Your Mind? Memory Reconsolidation and EFT. www.efttappingtraining.com/change-bruce-ecker-memory-reconsolidation-and-eft (abgerufen am 30.06.2016).

Ecker, B., Ticic, R., Hulley, L. (2012). Unlocking the Emotional Brain: Eliminating Symptoms at Their Roots Using Memory Reconsolidation. Oxford: Routledge. (Erscheint wahrscheinlich 2016 in deutscher Übersetzung unter dem Titel: Der Schlüssel zum emotionalen Gehirn. Mit Gedächtnisrekonsolidierung die Ursachen von Symptomen beseitigen. Paderborn: Junfermann.)

Freund, M. (26.10.2010). Ohne Schlaf würde unser Hirn wohl platzen, Interview mit Prof. Dr. Jan Born. www.zeit.de/wissen/gesundheit/2010-10/schlaf-gehirn-gedaechtnis (abgerufen am 30.06.2016).

Fuß, H. (05.05.2009). Achtsamkeit verändert das Gehirn, Interview mit Ulrich Ott. www.stern.de/panorama/wissen/mensch/meditationsforscher-achtsamkeit-veraendert-das-gehirn-3560756.html (abgerufen am 30.06.2016).

Germer, C. K. u. a. (2009). Achtsamkeit in der Psychotherapie. Freiburg: Arbor.

Grawe, K. (2004). Neuropsychotherapie. Göttingen: Hogrefe.

Grawe, K. (24.04.2002). Potential und Grenzen störungsspezifischer Behandlungen, Vortrag. Lindau: Lindauer Psychotherapiewochen. www.lptw.de (abgerufen am 30.06.2016).

Grimm, H.-U. (2013). Chemie im Essen: Lebensmittel-Zusatzstoffe. Wie sie wirken, warum sie schaden. München: Droemer-Knaur.

Hüther, G. (7. Auflage, 2011). Die Macht der inneren Bilder. Göttingen: Vandenhoeck & Ruprecht.

Jochims, I. (2015). Süchtig nach Süßem? So schaffen Sie den Ausstieg aus der Zuckersucht. Wien: Kneipp.

Kast, B. (02.2006). Ich fühle, also bin ich. www.zeit.de/zeit-wissen/2006/02/Gefuehle_Titel/komplettansicht (abgerufen am 30.06.2016).

Kasten, E., Oberhummer, H., Mertens, M. (05. 04. 2011). Woher wissen wir, was Realität ist? www.zeit.de/zeit-wissen/2011/03/Will-wissen (abgerufen am 30.06.2016).

Killingsworth, M. A., Gilbert, D. T. (12.11.2010). A Wandering Mind Is an Unhappy Mind, *Science Magazin*, Vol. 330, Issue 6006, S. 932.

Krätzig, R. (2002). Positiv-Ansatz. www.reinhardt-kraetzig.de/books.html (abgerufen am 30.06.2016).

Krätzig, R. (2014). Streitpaare. Frieden schaffen mit dem Ego-State-Ansatz aus der Paartherapie. Hamburg: BoD Verlag.

Lazar, S. W. (11.2005). Meditation experience is associated with in-creased cortical thickness. *Neuroreport*, Band 16, Heft 17, S. 1893-897.

Lefkoe, M. (2003). Re-Create Your Life. Austin, Texas, United States: TLI Publishing.

Libet, B. (2005). Mind Time: Wie das Gehirn Bewusstsein produziert. Frankfurt a. M.: Suhrkamp Verlag.

Magrabi, A. (04.09.2015). Libet-Experimente: Die Wiederentdeckung des Willens. www.spektrum.de/ news/die-wiederentdeckung-des-willens/1341194 (abgerufen am 30.06.2016).

Myers, D. G. (3. Auflage, 2014). Psychologie. Berlin/ Heidelberg: Springer Verlag.

Nussbaum, C. (2015). Selbst-Test: Welcher Wahrnehmungstyp bin ich? (PDF) www.kreative-chaoten.com/wp-content/uploads/2015/04/ Wahrnehmungs-Typ-Analyse.pdf (abgerufen am 30.06.2016).

Osterath, B. (2011). Die Amygdala. www.dasgehirn.info/ entdecken/anatomie/die-amygdala (abgerufen am 30.06.2016).

Ott, U. (2010). Meditation für Skeptiker. München: O. W. Barth.

Ott, U. (08.2011). Meditation für Skeptiker. Interview in *Tattva-Viveka, Zeitschrift für Wissenschaft, Philosophie und spirituelle Kultur,* Nr. 48.

rme/aerzteblatt.de (07.01.2014). Meditation: Meta-Analyse sieht (begrenzte) Wirkung auf psychische Leiden. www. aerzteblatt.de/nachrichten/57134/Meditation-Meta-Analyse (abgerufen am 30.06.2016).

Roth, G. (2000). Lexikon der Neurowissenschaft, Bewusstsein. www.spektrum.de/Lexikon/Neurowissenschaft/ Bewusstsein/1446 (abgerufen am 30.06.2016).

Roth, G. (2001). Wie das Gehirn die Seele macht, Vortrag. Lindau: 51. Lindauer Psychotherapiewochen. www. lptw.de/archiv/vortrag/2001/roth_gerhard.pdf (abgerufen am 30.06.2016).

Roth, G. (2004, 2). Das Verhältnis von bewusster und unbewusster Verhaltenssteuerung. *Psychotherapie Forum*, Volume 12, Band 2, S. 59-70.

Roth, G. (20.03.2009). Die heimliche Macht des Unbewussten, Interview in der Zeitung *Die Welt*. www.welt.de/wissenschaft/article3411612/Die-heimliche-Macht-des-Unbewussten.html (abgerufen am 30.06.2016).

Roth, G. (2011). Die Entwicklung des kindlichen Gehirns – Normalität und traumatische Störungen, Skript. Institut für Hirnforschung Universität Bremen. www.daer.de/html/symposien/2011/download/Prof-Roth-Vortrag-Gehirnentwicklung-Normalitaet-u-traumatische-Stoerungen.pdf (abgerufen am 30.06.2016).

Roth, G. (05.08.2015). Wie das Gehirn die Seele formt. *Frankfurter Allgemeine Zeitung*, Nr. 179, S. N2.

Roth, G., Strüber, N. (2014). Wie das Gehirn die Seele macht. Stuttgart: Klett-Cotta.

Ruff, J. S. u. a. (2013). Human-relevant levels of added sugar consumption increase female mortality and lower male fitness in mice. www.ncbi.nlm.nih.gov/pmc/articles/PMC3775329 (abgerufen am 30.06.2016).

Schulze, M. B. u. a. (2004). Sugar-Sweetened Beverages, Weight Gain, and Incidence of Type 2 Diabetes in Young and Middle-Aged Women. *JAMA* Vol. 292, S. 927-934.

Schwabe, L., Wolf, O. T. (2009). New Episodic Learning Interferes with the Reconsolidation of Autobiographical Memories. Department of Cognitive Psychology, Ruhr-University Bochum, Germany: http://journals.plos.org/plosone/article?id=10.1371/journal.pone.0007519 (abgerufen am 30.06.2016).

Siegel, D. J. (2010). Die Alchemie der Gefühle. München: Kailash Verlag.

Siegel, D. J. (2011). What is Mindsight? Interview. Video auf: www.psychalive.org (abgerufen am 30.06.2016).

Stüvel, H. (20.03.2009). Die heimliche Macht des Unbewussten. www.welt.de/wissenschaft/article3411612/Die-heimliche-Macht-des-Unbewussten.html (abgerufen am 30.06.2016).

Wicht, H. (2011). Der Hippocampus. www.dasgehirn.info/entdecken/anatomie/der-hippocampus (abgerufen am 30.06.2016).

Williams, M., Penman, D. (2015). Das Achtsamkeitstraining. München: Goldmann Verlag.

Wolf, C. (01.02.2015). Unbewusstes Denken statt sechsten Sinns. www.dasgehirn.info (abgerufen am 30.06.2016).

Wolf, D. (1998). *Übergewicht und seine seelischen Ursachen.* München: Gräfe und Unzer Verlag.

Weitere Bücher des Verfassers

MIR GEHT ES WIEDER GUT

SCHLUSS MIT
SCHLECHTEN
GEFÜHLEN

Bod-Verlag, 2016, 100 Seiten

Druck: 9,95, E-Book: 5,99 €

Würden Sie manchmal gerne unangenehme Gefühle wie Ärger, Anspannung, Verletztheit, Wut, Unruhe oder Verzweiflung einfach ablegen, um sich anschließend mit klarem Kopf und einem guten Gefühl wieder Ihren Aufgaben und Zielen zuwenden zu können?

Dann möchte ich Ihnen in diesem Buch mit einer sehr wirkungsvollen und vielfach erfolgreich praktizierten Technik aus der Psychotherapie unter dem Namen FFT ("Feel-Free-Technik") eine leicht zu erlernende Methode näher bringen, die Ihnen helfen wird, den inneren Schalter umzulegen und unangenehme Gefühle innerhalb weniger Minuten einfach abzulegen.

Was auch immer die Ursache Ihrer belastenden Gefühle sein mag: Schwierigkeiten am Arbeitsplatz, Konflikte in der Partnerschaft, mit den Kindern oder Eltern. Mit FFT können Sie die eigene Psyche mühelos zurück in ein gutes Gefühl steuern.

Für die Anwendung von FFT wird kein Vorwissen benötigt! In diesem Buch finden Sie eine leicht verständliche Anleitung, unterstützt von vielen Beispielen und Illustrationen.

Mit einer leicht verständlichen Anleitung, unterstützt von vielen Beispielen und Bildern, be kommen Sie alles, was Sie benötigen, um sich schnell wieder gut zu fühlen.

PAARE IN KRISEN

NAVIGATIONSHILFE FÜR SCHWIERIGES GELÄNDE

Bod-Verlag,

2. Auflage 2016, 200 Seiten

Die 1. Auflage erschien 2014 unter dem Titel: «Streitpaare»

Druck: 12,50, E-Book: 6,99 €

Alle Paare kennen Krisen: Bei manchen wird es laut, bei anderen läuft alles ganz leise. Schlecht gelöste Konflikte schwächen eine Beziehung und sie kann daran auch kaputtgehen. Mit der Navigationshilfe lernen Sie mit Ihren Paarkrisen vollkommen anders umzugehen. Sie erfahren in verständlicher Weise, was sich in der Psyche der Beteiligten im Hintergrund abspielt, wie das die Konflikte erzeugt und wie Sie darauf einwirken können. Ihnen werden Wege gezeigt, wie Sie in Selbsthilfe ein fruchtbares und gutes Miteinander aufrecht erhalten oder es, falls es schon verloren gegangen ist, wiederherstellen können.

Das hier vermittelte Konzept ist in vielen Jahren paartherapeutischer Praxis entstanden und erprobt. Ihre eben noch als pure Belastung erlebten Paarprobleme werden jetzt zu Trittstufen auf ein vollkommen neues Niveau des Miteinanders.

Die gewonnenen Einblicke in die unbewusste Dynamik des Miteinanders sind übrigens auch für den Umgang mit Kollegen oder Freunden sehr nützlich.

In einem Anhang bekommen Paartherapeuten zusätzliche Infos über die hilfreiche Arbeit mit Ego-States in der Paartherapie.

ABNEHMEN

MIT DEM SCHLÜSSEL
ZUR PSYCHE

Bod-Verlag, 2016, 240 Seiten

Druck: 14,50, E-Book: 7,99 €

Mehr als 90 Prozent aller Versuche abzunehmen scheitern, daran haben unbewusste psychische Prozesse einen wesentlichen Anteil. In diesem Buch erfahren Sie, wie das vor sich geht. Und vor allem lernen Sie, was Sie dagegen tun können.

Das Problem ist, dass die Psyche die überzähligen Kilos zur Regulation der seelischen Befindlichkeit nutzt und deswegen die Diäten vereitelt. Mit dem »Schlüssel zur Psyche« bekommen Sie ein Werkzeug in die Hand, mit dem Sie diesen unbewussten Vorgängen den Boden entziehen. Das Prinzip ist einfach: Sie bringen das in Ihr Leben, was Ihre Psyche seit Langem vermisst. Dieses Fehlende ist selten bekannt und unterscheidet sich bei jedem. Für den eigenen »Schlüssel« ist daher ein Blick auf sich selbst erforderlich. Bei Ihrer Suche werden Sie schrittweise angeleitet, und diverse Beispiele erleichtern Ihnen den Weg.

Fangen Sie ein paar Wochen vor der nächsten Diät mit diesem Buch an. So haben Sie die Chance, tatsächlich etwas zu bewirken und sich Ihrem Wunschgewicht zu nähern.

Im Anhang vermittelt Ihnen das Buch zusätzliches Wissen über die Hintergründe der störenden psychischen Prozesse.

LIEBE IN DER PSYCHOTHERAPIE

POTENTIAL
PROBLEM
PERSPEKTIVE.

Bod-Verlag, 2015, 190 Seiten
Druck: 11,99, E-Book: 6,99 €

Es geht um die Liebe, die nicht selten zwischen Behandler und Patient entsteht, sei es in der Psychotherapie, beim Arzt oder in der Physiotherapie. Oft ist sie einseitig, manchmal ergreift sie beide Personen. Der Autor macht klar, dass eine Liebe innerhalb einer Therapie etwas anderes ist als eine Liebe außerhalb. Sie kann zu einem positiven und stärkenden Faktor werden, wenn sie als Teil der Behandlung verstanden wird und der Rahmen des Settings nicht verletzt wird. Ansonsten wird sie zum Hindernis und vielleicht sogar zur Ursache von sexuellem Missbrauch. Der Autor betrachtet vorrangig die Psychotherapie, aber vieles ist auch auf andere Bereiche übertragbar. Das Buch ist eine Hilfe für Behandler die sich in dem schwierigen Gelände orientieren wollen. Auch betroffene Patienten finden Unterstützung und Rat.

Der Autor vermittelt einen Zugang zum Thema, schaut auf die Hintergründe für das Entstehen von intensiver Zuneigung und zeigt mit vielen Beispielen, wie mit den verschiedenen Spielformen von Liebe umgegangen werden kann. Vorrangig wird die Psychotherapie betrachtet, aber viele Erkenntnisse sind auch auf andere Therapiefelder übertragbar.